古典文獻研究輯刊

三八編

潘美月・杜潔祥 主編

第49冊

高似孫《子略》校理集釋（下）

司馬朝軍 著

國家圖書館出版品預行編目資料

高似孫《子略》校理集釋（下）／司馬朝軍 著 -- 初版 -- 新
北市：花木蘭文化事業有限公司，2024〔民113〕
目 4+184 面；19×26 公分
（古典文獻研究輯刊 三八編；第 49 冊）
ISBN 978-626-344-752-3（精裝）
1.CST：（宋）高似孫 2.CST：子略 3.CST：目錄學
4.CST：研究考訂
011.08   112022611

古典文獻研究輯刊
三八編　第四九冊　　　　　　　ISBN：978-626-344-752-3

高似孫《子略》校理集釋（下）

作　　者　司馬朝軍
主　　編　潘美月、杜潔祥
總 編 輯　杜潔祥
副總編輯　楊嘉樂
編輯主任　許郁翎
編　　輯　潘玟靜、蔡正宣　美術編輯　陳逸婷
出　　版　花木蘭文化事業有限公司
發 行 人　高小娟
聯絡地址　235 新北市中和區中安街七二號十三樓
　　　　　電話：02-2923-1455／傳真：02-2923-1452
網　　址　http://www.huamulan.tw 信箱 service@huamulans.com
印　　刷　普羅文化出版廣告事業
初　　版　2024 年 3 月
定　　價　三八編 60 冊（精裝）新台幣 156,000 元

高似孫《子略》校理集釋（下）

司馬朝軍　著

目
次

子略卷二

老子注

河上丈人戰國時人。

河上公漢文帝時人。

毋丘望之漢長陵三老。又《章句》二卷。

嚴遵漢處士。又《指歸》十一卷。

王弼又《老子指例略》二卷。

鍾會

羊祜又有《解釋》。

蜀才

孫登晉尚書郎。

汪尚〔註1〕晉江州刺史。

劉仲融

袁真晉中郎將。

張馮〔註2〕

曹道沖

盧景裕

陶弘景

陳皋

〔註1〕「汪尚」，學津本、四部本、叢編本作「王尚楚」。
〔註2〕「馮」，學津本、四部本、叢編本作「憑」。

鍾植

李允願

陳嗣古

惠琳僧。

惠嚴僧。

鳩摩羅什

義盈僧。

程韶《集注》。

任真子《集注》。

張道相道士，集三十〔註3〕家注。

梁曠又《道經經品》四卷。

偓松子

李納

李榮道士。

辟閭仁諝

傅奕

楊上善

吳善經又《小解》二卷。

李若愚

顧歡《義疏》一卷，又《義綱》一卷。

孟智周《義疏》五卷。

韋處元《義疏》四卷。

戴詵《義疏》九卷。

趙志堅《義疏》四卷。

王顧《義疏》四卷。

江徵《義疏》十四卷。

賈青夷《義疏》四卷。

梁武帝《講疏》四卷，又六卷。

何晏《講疏》四卷，又《道德問》二卷。

〔註3〕「三十」，學津本、四部本、叢編本作「二十」。

王肅《妙〔註4〕言道德新記》二卷。

葛洪《序訣》二〔註5〕卷。

李〔註6〕玄英《義疏》七〔註7〕卷。

韓莊《玄旨》二卷。

劉遺民《玄譜》一卷。

扶少明道士，《道德經譜》二卷。

陸希聲《道德經傳》四卷。

杜光庭《廣聖義》三十卷。

賈大隱《老子述義》十卷。

元景先生《簡要義》五卷。

陸修靜《道德經新〔註8〕說》一卷。

陳景先道士，《以〔註9〕微》二卷。

崔少元《老子心鑒》一卷。

賈善翊《傳》三卷。

何晏道德二論晏又有《講疏》四卷。

何平叔〔一〕晏注《老子》始成，詣〔二〕王輔嗣〔三〕，見王注精奇，乃神伏曰：「若斯人，可與論天人之際矣。」〔四〕因以所注為《道德二論》。又，晏注《老子》未畢，見弼自說注《老子》旨，何意多所短，不復得作聲，但應唔唔，遂不復注，因作《二論》。《文章敘錄》〔五〕曰：「自儒者論以老子非聖人，絕禮棄學，晏說與聖人同，著論行於世。」〔六〕《魏氏春秋》〔七〕曰：「弼論道約美，不如晏自然，出拔過之。」〔八〕又曰：「晏少有異才，善談《易》、《老》。」〔九〕

【集釋】

〔一〕何平叔：即何晏（？～249），字平叔，南陽宛（今河南南陽）人。正始年間黨附曹爽，累官侍中、吏部尚書，典選舉，爵列侯。著有《論語集解》、《道

〔註4〕 「妙」，學津本、四部本、叢編本作「元」。

〔註5〕 「二」，百川本作「一」。

〔註6〕 「李」，學津本、四部本、叢編本、四明本作「成」。

〔註7〕 「七」，百川本作「十」。

〔註8〕 「新」，學津本、四部本、叢編本作「雜」。

〔註9〕 「以」，學津本、四部本、叢編本作「纂」，四庫本作「發」。

德論》。

〔二〕詣：前往，往見。《蒼頡篇》：「詣，至也。」《說文》：「詣，候至也。」

〔三〕王輔嗣：即王弼（226～249），字輔嗣，三國魏山陽人。少負盛名，拜尚書郎。正始末，司馬氏專權，廢曹爽，弼以公事免。好論儒道，與何晏、夏侯玄等開玄學清談之風。其說以貴無、主靜、聖人體無、言不盡意為宗，力倡名教出於自然。著有《周易注》、《老子注》等。

〔四〕語本《世說新語·文學第四》。

〔五〕《文章敘錄》：晉人荀勗著。

〔六〕語本《世說新語·文學第四》。

〔七〕《魏氏春秋》：東晉史學家孫盛著。

〔八〕語本《世說新語·文學第四》。

〔九〕語本《世說新語·文學第四》。

裴徽論老子

王輔嗣弱冠〔一〕詣裴徽〔二〕，徽問曰：「夫無者，誠萬物之所資〔三〕，聖人莫肯致言，而《老子》申之無已，何耶？」弼曰：「聖人體無，無又不可以訓〔四〕，故言必及有，《老》、《莊》未免於有，恒訓其所不足。」〔五〕《永嘉流人名》曰：徽，字文季，河東聞喜人，太常〔六〕潛〔七〕少弟也，仕至冀州刺史。〔八〕《王弼別傳》曰：弼父為尚書郎，裴徽為吏部郎，徽見異之，故問。〔九〕

【集釋】

〔一〕弱冠：古時以男子二十歲為成人，初加冠，因體猶未壯，故稱弱冠。

〔二〕裴徽：字文季，三國魏河東聞喜人。歷任吏部郎、冀州刺史。才理清明，善言玄理。

〔三〕資：憑藉；依靠。

〔四〕訓：解說。

〔五〕從「王輔嗣弱冠」至「訓其所不足」，語本《世說新語·文學第四》。

〔六〕太常：官名。秦置奉常，漢景帝六年更名太常，掌宗廟禮儀，兼掌選試博士。歷代因之，則為專掌祭祀禮樂之官。北魏稱太常卿，北齊稱太常寺卿，北周稱大宗伯，隋至清皆稱太常寺卿。

〔七〕潛：即裴潛（？～244），三國魏河東聞喜人，字文行。官至光祿大夫。卒諡貞。

〔八〕語本《世說新語·文學第四》。

〔九〕語本《世說新語·文學第四》。

老 子〔註10〕

卦始於犧，重於文王，成於孔子，天人之道極矣。究人事之始終，合天地之運動，吉凶悔吝，禍福興衰，與陰陽之妙，迭為銷復，有無相乘〔一〕，盈虛相蕩〔二〕，此天地之用、聖人之功也。《易》有憂患，此之云乎？《書》紀事，《詩》考俗，《春秋》以明道，《禮》、《樂》以稽〔三〕政，往往因其行事，書以記之者也。《易》之作，極聖人之蘊奧〔四〕，而天下無遺思矣。《老子》之學，於道深矣。反覆其辭，鉤研〔五〕其旨，其造辭立用，特欲出於天地範圍之表，而道前古聖人之所未道者，然而不出於有無相乘、盈虛相蕩之中。所謂道者，蓋犧皇之所鑿，周、孔之所貫，豈復有所增損哉？六經之學，立經垂訓，綱紀〔六〕萬世。老氏用心，又將有得於六經之外，非不欲返世真淳、挈〔七〕民清淨。然善用之者，蓋可為黃、昊〔八〕，為唐、虞；其不善用之，則兩晉、齊、梁之弊有不可勝言者，此非言者之過也。世之言老氏者，往往以為其道出於虛無恬漠〔九〕，非道之實而病之，其又偏矣。太史公所謂「尊孔氏者，則黜老子；尊老子者，則黜孔氏。」柳宗元〔十〕獨曰：「老子，孔子之異流也，不得以相抗。」〔十一〕何斯言之審且安也！楊雄氏《太玄》則曰：「孔子，文足者也。老君，玄足者也。」〔十二〕淵乎斯言！

【集釋】

〔一〕乘：利用；憑藉。

〔二〕蕩：推移。《周易·繫辭》「八卦相蕩」，韓康伯注曰：「相推蕩也，言運化之推移。」孔穎達疏曰：「雖諸卦遞相推移，本從八卦而來，故云『八卦相蕩也』。」

〔三〕稽：治理。

〔四〕蘊奧：精深的涵義。

〔五〕鉤研：鉤沉探研，深入研究。

〔六〕綱紀：治理；管理。

〔七〕挈：攜帶；率領。

〔註10〕「老子」，四庫本作「老子總論」。

〔八〕黃、昊：黃帝與太皥的並稱。昊，通「皥」。

〔九〕恬漠：寧靜淡泊。

〔十〕柳宗元：(773～819)，字子厚，唐河東解人，世稱柳河東。德宗貞元九年擢進士第，十四年登博學宏詞科。授集賢殿正字，調藍田尉，拜監察御史裏行。憲宗元和十年徙柳州刺史，故又稱柳柳州。與韓愈並稱「韓柳」，共倡古文運動。其文峭拔矯健。著有《柳河東集》。

〔十一〕語見《柳河東集》卷二十五：「太史公嘗言：『世之學孔氏者則黜老子，學老子者則黜孔氏』。道不同，不相為謀。余觀老子亦孔氏之異流也，不得以相抗。」

〔十二〕《意林》卷三引《太玄》：「孔子文足，老君玄足。」

莊子注

向秀二十卷。

司馬彪十六卷。

郭象十卷。

李頤晉，三十卷。〔註11〕

崔撰十卷。

楊上善十卷。

盧藏用十二卷。

文如海道士，十卷。

成玄英道士，三十卷。又《義疏》十二卷。

張昭十卷。

李頤〔註12〕《集解》二十卷〔註13〕。

王元古《集解》二十卷。

梁簡文帝《講疏》三十卷。

張機《講疏》二卷。

李叔之《義疏》三卷。宋處士。

戴詵《義疏》八卷。

王穆《義疏》十卷。

〔註11〕此條學津本、四部本、叢編本作「李頤三十卷」，四明本作「李頤晉三十卷」。
〔註12〕「頤」，學津本、四部本、叢編本、四明本作「頤」。
〔註13〕四庫本無小字注文。

周宏正《講疏》八卷。

陸德明《文義句》二十卷。

馬廓《古本正義》十卷。

梁曠《南華論》二十五〔註14〕卷。

李充《論》二卷。

張隱居《指要》三十三篇。

張遊朝《南華罔象說》十卷。

賈參寥《通真論》三卷。唐人。

碧虛子《南華總章》二卷，又《章句》七卷。

元載《南華通微》十卷。

向秀莊子解義

初注《莊子》者數十家，莫能究其旨要。向秀〔二〕於舊注外為解義，妙析奇致〔三〕，大暢玄風。《秀別傳》曰：秀與嵇康〔三〕、呂安〔四〕為友，趣舍〔五〕不同。嵇康傲世不羈，安放逸邁俗，而秀稚〔註15〕好讀書，二子頗以此嗤之。後秀將注《莊子》，先以告康、安，康、安咸曰：「此書詎〔六〕復須注，徒棄人〔七〕作樂事耳。」及成，以示二子，康曰：「爾故復勝不？」安乃驚曰：「莊周不死矣！」後注《周易》，大義可觀，而與漢世諸儒互有彼此，未若隱〔註16〕莊之絕倫也。《秀本傳》或言秀遊託數賢，蕭屑〔八〕卒歲，都無注述，唯好《莊子》，聊隱崔撰〔九〕所注，以備遺忘云。《竹林七賢論》云：秀為此義，讀之者無不超然若已出塵埃而窺絕冥〔十〕，始了視聽之表，有神德〔十一〕玄哲〔十二〕，能遺天下、外〔十三〕萬物，雖復使動競〔十四〕之人，顧觀所徇〔十五〕，皆悵〔註17〕然自有振拔〔十六〕之情矣。唯《秋水》、《至樂》二篇未竟而秀卒。秀子幼，義遂零落，然猶有別本。郭象〔十七〕者，為人薄行，有儁才，《文士傳》曰：象，字子玄，河南人，少有才理，慕道好學，託〔註18〕志《老》、《莊》，時人咸以為王弼之亞。辟司空〔十八〕掾〔十九〕、太傅〔二十〕主簿〔二一〕。見秀義不傳於世，遂竊以為已注，乃自注《秋水》、

〔註14〕「二十五」，四庫本作「三十五」。

〔註15〕「稚」，學津本、四庫本、四部本、叢編本、四明本作「雅」。今按：秀雅，秀麗文雅；秀麗雅致。

〔註16〕「隱」，四庫本作「注」。

〔註17〕「悵」，學津本、四部本、叢編本作「怡」，四庫本作「恨」。

〔註18〕「託」，學津本、四庫本、四部本、叢編本作「篤」。

《至樂》二篇，又易《馬蹄》一篇，其餘眾篇，或定點文字而已。《文士傳》曰：象作《莊子注》，最有清辭道旨。後秀義別本出，故今有向、郭二《莊》，其義一也。

【集釋】

〔一〕向秀：字子期，西晉河內懷人，竹林七賢之一。清悟有遠識，雅好老莊之學。仕黃門郎、散騎常侍。為《莊子》作注，於舊注外，發明奇趣，振起玄風。

〔二〕奇致：新奇的意趣或情致。

〔三〕嵇康：（223～262？），字叔夜，三國魏譙郡銍人。正始間，遷郎中，拜中散大夫，史稱嵇中散。後隱居不仕，與阮籍等交遊，為竹林七賢之一。崇尚老莊，聲言「非湯武而薄周禮」，主張「越名教而任自然」。友人呂安被誣，康為之辯，遭鍾會構陷，為司馬昭所殺。

〔四〕呂安：（？～262），字仲悌，三國魏東平人。與嵇康為好友。為鍾會構陷，與嵇康同為司馬昭所殺。

〔五〕趣舍：取捨。趣，通「取」。

〔六〕詎：副詞。表示否定。相當於「無」；「非」；「不」。

〔七〕棄人：被遺棄的人；廢人。

〔八〕蕭屑：淒涼。

〔九〕崔譔：清河人，晉議郎。（《經典釋文》）

〔十〕絕冥：指極幽深之處。

〔十一〕神德：高潔的品德。

〔十二〕玄哲：深悟妙理的聖哲。

〔十三〕外：越出，超出。

〔十四〕動競：猶奔競。謂追逐名利。

〔十五〕徇：誇示。

〔十六〕振拔：超群出眾。

〔十七〕郭象：（約252～312），字子玄，西晉河南人。少有才理，好《老》、《莊》，能清言，常閒居。辟司徒掾，稍遷黃門侍郎。東海王司馬越引為太傅主簿。任職專權，為時論所輕。嘗以向秀《莊子注》攘為己有，述而廣之。力倡「獨化論」，主張名教即自然。

〔十八〕司空：官名。相傳少昊時所置，周為六卿之一，即冬官大司空，掌管工程。

漢改御史大夫為大司空，與大司馬、大司徒並列為三公，後去大字為司空，歷代因之，明廢。清時別稱工部尚書為大司空，侍郎為少司空。

〔十九〕掾：官府中佐助官吏的通稱。

〔二十〕太傅：輔導太子的官，西漢時稱為太子太傅。

〔二一〕主簿：官名。漢代中央及郡縣官署多置之。其職責為主管文書，辦理事務。至魏晉時漸為將帥重臣的主要僚屬，參與機要，總領府事。此後各中央官署及州縣雖仍置主簿，但任職漸輕。唐宋時皆以主簿為初事之官。明清時各寺卿也有設主簿的，或稱典簿。外官則設於知縣以下，為佐官之一。後省併。

支道林莊子逍遙義

《莊子‧逍遙》篇舊是難處〔一〕，諸名賢所可鑽味〔二〕，而不能拔理於郭、向之外。支道林〔三〕在白馬寺〔四〕中，將〔五〕馮太常共語，《馮氏譜》曰：馮懷，字祖思，長樂人，歷太常、護軍將軍〔六〕。因及《逍遙》，支卓然標新理於二家之表，立異義於眾賢之外，皆是諸名賢尋味〔七〕之所不得，後遂用支理。向子期、郭子玄《逍遙義》曰：夫大鵬〔八〕之上九萬尺，鷃〔九〕之起榆枋〔十〕，小大雖差，各任其性，苟當其分，逍遙〔十一〕一也。然物之芸芸，同資有待，得其所待，然後逍遙耳。唯聖人與物冥，而循大變〔十二〕，為能無待而常通，豈獨自通而已？又從有待者，不失其所待，不失則同於大通〔十三〕矣。支氏《逍遙論》曰：夫逍遙者，明至人〔十四〕之心也。莊生建言〔十五〕大道，而寄指鵬、鷃：鵬以營生之路曠，故失適於體外；鷃以在近而笑遠，有〔註19〕矜伐〔十六〕於心內。至人乘天正而高興，遊無窮於放浪〔十七〕。物物〔十八〕而不物於物，則遙然不我得；玄感不為，不疾而速，則道然靡不適。此所以為逍遙也。若夫有欲，當其所足，足於所足，快然有似天真〔十九〕。猶饑者一飽，渴者一盈，豈忘烝嘗〔二十〕於糗糧〔二一〕、絕觴爵〔二二〕於醪醴〔二三〕哉？苟非至足〔二四〕，豈所以逍遙乎！此向、郭之注所未盡。

【集釋】

〔一〕處：決斷；定奪。

〔二〕鑽味：鑽研體味。

〔三〕支道林：即支遁（314～366），東晉僧，字道林，河東林慮人，或曰陳留人，世稱「林公」、「支公」。少任心獨往，嘗於餘杭山沉思道行，二十五出家。

〔註19〕「有」，四庫本作「者」。

遊京師，為當時名士所激賞。後隱郊，與王羲之、謝安等遊。晉哀帝曾請其
赴京都建康講《道行般若經》。善談玄理，注《莊子‧逍遙遊》，有見解。著
《即色遊玄論》。

〔四〕白馬寺：佛寺名。在河南省洛陽市東郊。東漢明帝永平十一年建，為佛教在
中國最早的寺院。

〔五〕將：共；與。

〔六〕護軍將軍：官名，始設於漢武帝元光二年（前133）馬邑之謀時。韓安國以
護軍將軍，護諸將軍，既為領兵長官，又有監督諸將之權。

〔七〕尋味：探求體會。

〔八〕大鵬：傳說中的大鳥。《莊子‧逍遙遊》：「北冥有魚，其名為鯤。鯤之大不
知其幾千里也。化而為鳥，其名為鵬。鵬之背不知其幾千里也。怒而飛，其
翼若垂天之雲。」

〔九〕鷃：鴳雀，鷃的一種。

〔十〕榆枋：榆樹與枋樹。比喻狹小的天地。

〔十一〕逍遙：優游自得；安閒自在。

〔十二〕大變：自然的變化。

〔十三〕大通：猶大道。

〔十四〕至人：道家指超凡脫俗，達到無我境界的人。

〔十五〕建言：陳述。

〔十六〕矜伐：恃才誇功；誇耀。

〔十七〕放浪：放縱不受拘束。

〔十八〕物物：指人對於萬物的役使、支配。

〔十九〕天真：語本《莊子‧漁父》：「禮者，世俗之所為也；真者，所以受於天也，
自然不可易也。故聖人法天貴真，不拘於俗。」後因以「天真」指不受禮俗
拘束的品性。

〔二十〕烝嘗：本指秋冬二祭。後亦泛稱祭祀。

〔二一〕糗糧：乾糧。

〔二二〕觴爵：酒器。

〔二三〕醪醴：醪酒，甜酒。

〔二四〕至足：極其充實。道德內充，無所求待於外者。

晉人好言老莊

魏阮籍〔一〕《達莊論》曰：天道貴順，地道貴靜，聖人修之以建其名。吉凶有分，是非有經〔二〕，務利高勢，惡死重生，故天下安而大功成也。今莊子周〔三〕乃齊禍福而一死生，以天地為一物，以萬類為一指，無乃〔四〕繳惑以失真，而自以為誠〔五〕者也。

殷仲堪〔六〕精覈玄論，人謂莫不研究。殷乃歎曰：「使我解四本〔七〕，談不翅〔八〕爾。」《周祗隆安記》曰：「仲堪好學而有理思也。」

殷仲堪云：「三日不讀《道德經》，便覺舌本〔九〕間強。」《晉安帝紀》曰：仲堪有思理〔十〕，能清言〔十一〕。

庾子嵩〔十二〕讀《莊子》，開卷一尺許便放去，曰：「了不〔十三〕異人意。」《晉陽秋》曰：庾敳，字子嵩，潁川人，侍中〔十四〕峻〔十五〕第三子。恢闊有度量，自謂是老莊之徒。曰：「昔□〔註20〕讀此書，嘗謂至理如此，今見之，正與人意暗同。」仕至豫州〔十六〕刺史〔十七〕。

支道林、許〔十八〕、謝〔十九〕盛德共集王家〔二十〕，許詢，謝安，王蒙〔註21〕。謝顧謂諸人：「今日可謂彥會〔二一〕，時既不可留，此集固亦難常，當共言詠，以寫其懷。」許便問主人有《莊子》不，正得《漁父》一篇。《莊子》曰：孔子游乎緇帷〔二二〕之林，休坐乎杏壇〔二三〕之上，孔子弦鼓琴，奏曲未半，有漁者下〔註22〕船而來。鬚眉交白，被髮揄〔註23〕袂〔二四〕，行原以上，距陸而止，左手據膝、右手持頤以聽。曲終而招子貢〔二五〕、子路〔二六〕，語曰：「彼何為者也？」曰：「孔氏。」曰：「孔子何治〔二七〕？」子貢曰：「服〔二八〕忠信，行仁義，飾〔二九〕禮樂，選人倫〔三十〕，孔氏之所治也。」曰：「有上〔註24〕之君歟？」曰：「非也。」漁人曰：「仁則仁矣，恐不免其身。」孔子聞而求問之，遂言八疵〔註25〕四病以誠〔註26〕孔子。謝看題便各使四坐，通〔註27〕支道林先通〔三一〕，作七百許語，敘致精麗〔三二〕，才藻奇拔〔三三〕，眾咸稱善。

〔註20〕□，百川本、學津本、四庫本、四部本、叢編本、四明本作「未」。
〔註21〕「蒙」，學津本、四庫本、四部本、叢編本作「公」。
〔註22〕「下」，四庫本作「叩」。
〔註23〕「揄」，四庫本、四部本作「揄」，百川本、叢編本、四明本作「褕」。今按：當作「揄」。
〔註24〕「上」，學津本、四庫本、四部本、叢編本作「土」。
〔註25〕「疵」，四庫本作「症」。
〔註26〕「誠」，學津本、四庫本、四部本、叢編本、四明本作「誡」。
〔註27〕「通」，學津本、四庫本、四部本、叢編本作「適」。

於是四坐各言懷畢，謝問曰：「卿等盡不？」皆曰：「今日之言，少不自竭。」謝後粗難〔三四〕，因自敘其意，作萬餘語，才峰秀逸〔三五〕。《文字志》曰：「安神情秀悟〔三六〕，善談玄遠。」既自難干〔三七〕，加意氣擬託〔三八〕，蕭然〔三九〕自得。四坐莫不厭心〔四十〕，支謂謝曰：「君一往奔詣〔四一〕，故復自佳耳。」

阮宣子〔四二〕有令聞，太尉〔四三〕王夷甫〔四四〕見而問曰：「《老》、《莊》與聖教〔四五〕同異？」對曰：「將無同〔四六〕。」太尉善其言，辟〔四七〕之為掾，世謂三語掾。《名士傳》曰：「阮修，字宣子，陳留人，好《老》、《易》，能言理。」

郭子玄有儁才，能言《老》、《莊》，庾敳嘗稱之，每曰：「郭子玄何必減庾子嵩？」《名士傳》曰：郭象，字子玄，自黃門郎〔四八〕為太傅主簿，任事用勢，傾動一府。敳謂象曰：「象自是當世大才，我疇昔之意，都已盡矣。」其伏理推心，皆此類也。

【集釋】

〔一〕阮籍：（210～263），字嗣宗，阮瑀子，三國魏陳留尉氏人。齊王芳時任尚書郎，以疾歸。大將軍曹爽被誅後，任散騎常侍、步兵校尉，封關內侯。世稱阮步兵。好《老》、《莊》，蔑視禮教。與嵇康齊名，為「竹林七賢」之一。後人輯有《阮步兵集》。

〔二〕經：劃分界限。

〔三〕莊子周：即莊子，又名莊周，戰國時宋國蒙人。嘗為蒙漆園吏，後居家講學、著書。家貧，嘗貸粟於監河侯。楚威王聞其賢，兩次遣使厚幣往聘。周以寓言作譬，願逍遙物外，卻楚王之聘。多次與惠施辯論。學祖老子，發展「道法自然」之精微，以為「道」乃「自本自根」，「先天地生」，看到一切均處「無動而不變，無時而不移」之中。

〔四〕無乃：相當於「莫非」、「恐怕是」，表示委婉測度的語氣。

〔五〕誠：真實。

〔六〕殷仲堪：（？～399），東晉陳郡長平人。初補佐著作郎。謝玄鎮京口，請為參軍。孝武帝召為太子中庶子，授都督荊益寧三州軍事、荊州刺史。鎮江陵。為政綱目不舉，好行小惠。安帝隆安元年，與王恭共起兵討王國寶等，國寶被殺，次年與王恭再起兵，討譙王司馬尚之等。用桓玄、楊佺期統兵，進逼京師。恭敗，仲堪被黜為廣州刺史，尋復本位。隆安三年，朝廷離間

殷仲堪、楊佺期與桓玄，加玄都督荊州四郡，玄襲取江陵，仲堪戰敗，被逼自殺。

〔七〕四本：即「四本論」，討論才性之同、異、離、合。

〔八〕不翅：不啻。翅，通「啻」。不僅；不止。

〔九〕舌本：舌根；舌頭。

〔十〕思理：猶思致。才思情致。

〔十一〕清言：即清談，指魏晉時期何晏、王衍等崇尚《老》、《莊》，擯棄世務，競談玄理的風氣。

〔十二〕庾子嵩：庾敳（262～311），字子嵩，西晉潁川鄢陵人，庾峻子。為陳留相，未嘗以事嬰心。讀《老》、《莊》，為王衍所重。遷吏部郎，參太傅東海王司馬越軍事，轉軍諮祭酒。與王衍同死於石勒之亂。

〔十三〕了不：絕不；全不。

〔十四〕侍中：古代職官名。秦始置，兩漢沿置，為正規官職外的加官之一。因侍從皇帝左右，出入宮廷，與聞朝政，逐漸變為親信貴重之職。晉以後，曾相當於宰相。隋因避諱改稱納言，又稱侍內。唐復稱，為門下省長官，乃宰相之職。北宋猶存其名，南宋廢。

〔十五〕峻：庾峻（？～288），字山甫，西晉潁川鄢陵人。初仕魏郡功曹。鄭袤舉為博士。高貴鄉公幸太學，問《尚書》義，峻對答詳悉，遷秘書丞。魏、晉禪代之際，與荀顗、羊祜等撰定晉禮。入晉，武帝賜爵關中侯，拜侍中。

〔十六〕豫州：漢以來所設置的州名。初為漢武帝所置十三刺史部之一。轄境約當今淮河以北、伏牛山以東豫東、皖北地。東漢治所在譙（今安徽省亳州市），三國魏以後屢有移徙，轄境亦伸縮不常。東晉、南朝時治所最北在懸瓠城（今河南汝南），最南在邾城（今湖北黃岡西北）。轄境最大時相當今江蘇、安徽長江以西，安徽省望江縣以北的淮河南北地區。經常只轄有今安徽淮河以南部分地區。北魏治所在懸瓠城。隋大業初因改洛州為豫州（後即改河南郡），乃先後改此為溱州、蔡州。地處中原衝要，為東晉、南北朝時戰爭重地。

〔十七〕刺史：古代官名。原為朝廷所派督察地方之官，後沿為地方官職名稱。漢武帝時，分全國為十三部（州），部置刺史。成帝改稱州牧，哀帝時復稱刺史。魏晉於要州置都督兼領刺史，職權益重。隋煬帝、唐玄宗兩度改州為郡，改稱刺史為太守。後又改郡為州，稱刺史，此後太守與刺史互名。宋於州置知

州，而無刺史職任，刺史之名僅為武臣升遷之階。元明廢名，清僅用為知州之別稱。

〔十八〕許：許詢，東晉高陽人，字玄度。好黃老，尚虛談，善屬文，作玄言詩與孫綽齊名。徵辟不就，與謝安、支遁遊處。晉簡文帝稱其五言詩妙絕時人。

〔十九〕謝：謝安（320～385），字安石，東晉陳郡陽夏人。初無處世意，累辟不就。與王羲之、許詢、支遁等放情丘壑。年四十餘始出仕。為桓溫司馬。晉孝武時，進中書監，錄尚書事。時前秦強盛，晉軍屢敗。太元八年，前秦大軍南下，次淝水，江東震動，安任征討大都督，使弟謝石與侄謝玄加強防禦，指揮作戰，終獲大勝。封建昌縣公。繼又使石等北征，收復洛陽及青、兗等州，進都督揚、江、荊等十五州軍事。

〔二十〕王家：王蒙（約309～約347），字仲祖，東晉太原晉陽人。少放縱不羈，晚節克己屬行，以清約見稱，善隸書。司徒王導辟為掾，補長山令，徙中書郎。長於清談，穆帝永和二年司馬昱為會稽王輔政，貴倖之，與談客劉惔號為入室之賓。轉司徒左長史。

〔二一〕彥會：即俊彥集會。

〔二二〕緇帷：喻林木繁茂之處。

〔二三〕杏壇：相傳為孔子聚徒授業講學處。後人因莊子寓言，在山東省曲阜市孔廟大成殿前，為之築壇、建亭、書碑、植杏。北宋時，孔子四十五代孫道輔監修曲阜祖廟，將大殿北移，於其舊基築壇，環植杏樹，即以「杏壇」名之。壇上有石碑，碑篆「杏壇」二字為金翰林學士黨懷英所書。明隆慶間重修，並築方亭。清乾隆於其中立《杏壇贊》御碑。

〔二四〕揄袂：揮動衣袖。

〔二五〕子貢：即端木賜（前520～？），名賜，字子貢，春秋時衛國人。孔子弟子，善辭令，列言語科。經商曹、魯之間，家累千金。歷仕魯、衛，出使各諸侯國，分庭抗禮。曾為魯游說齊、吳、晉、越等國，促使吳伐齊救魯。卒於齊。

〔二六〕子路：即仲由（前542～前480），春秋時魯國卞人，仲氏，字子路，一字季路。孔子弟子。性直好勇。孔子任魯司寇時，使為季孫氏家臣。後仕衛，為衛大夫孔悝邑宰，因不願從孔悝迎立蒯聵為衛公，被殺。

〔二七〕治：作；為。

〔二八〕服：從事；致力。

〔二九〕飭：修習。

〔三十〕人倫：人才。

〔三一〕通：敘說；陳述。

〔三二〕精麗：精美華麗。

〔三三〕奇拔：奇特出眾。

〔三四〕粗難：大致提出一些疑問。難，責難、詰問。

〔三五〕秀逸：秀美灑脫，不同凡俗。

〔三六〕秀悟：秀美聰慧。

〔三七〕難干：難以企及。干：觸犯，這裡指趕上。

〔三八〕意氣：志向氣概。擬託：比擬寄託。

〔三九〕蕭然：蕭灑；悠閒。

〔四十〕厭心：心服。

〔四一〕一往奔詣：一向抓緊鑽研。

〔四二〕阮宣子：即阮修（270～311），字宣子，西晉陳留尉氏人。好三玄，善清言。王衍嘗問《易》於修，深為歎服。與王敦、謝鯤、庾敳同為王衍四友。性簡任，不修人事。王敦以為鴻臚丞，轉太傅行參軍、太子洗馬。

〔四三〕太尉：官名。秦至西漢設置，為全國軍政首腦，與丞相、御史大夫並稱三公。漢武帝時改稱大司馬。東漢時太尉與司徒、司空並稱三公。歷代亦多曾沿置，但漸變為加官，無實權。至宋徽宗時，定為武官官階的最高一級，但本身並不表示任何職務。一般常用作武官的尊稱。元以後廢。

〔四四〕王夷甫：即王衍（256～311），字夷甫，西晉琅邪臨沂人。初為太子舍人，累遷黃門侍郎。妙善玄言，唯談《老》、《莊》，義理不安，隨即更改，時人稱為「口中雌黃」。「八王之亂」中累居顯職，官至尚書令、司空、太尉。

〔四五〕聖教：舊稱堯、舜、文、武、周公、孔子的教導。

〔四六〕將無同：將，豈、難道，表反問語氣。意為：難道有不同嗎？或以「將無」為當時熟語，表揣測語氣，恐怕、大概。意為：恐怕沒什麼不同吧，大概相同吧！

〔四七〕辟：徵召；薦舉。

〔四八〕黃門郎：官名。秦置，漢沿設，即給事於宮門之內的郎官。宮禁之門黃闥，故稱黃門郎或黃門侍郎。秦、漢另有給事黃門，職司相同，東漢並為一官，或稱給事黃門侍郎。秩六百石，掌侍從皇帝，傳達詔命。魏、晉、南朝官名前均有「給事」二字。南朝以下因掌管機密文字，職位日漸重要。南朝梁提

高品級至十班（班多者貴，最高十八班，下至一班）。北朝亦置，北齊屬北
下省，秩第四品。隋去「給事」二字。唐曾稱東臺侍郎、鸞臺侍郎。玄宗天
寶元年（742）改稱門下侍郎。

莊 子〔註28〕〔一〕

《道德》三千言，辭絜〔二〕旨謐〔三〕，澹然六經之外，其用則《易》
也。莊周則不然，潘滌沉潛，若老於玄〔四〕者，而泓崢蕭瑟，乃欲超
遙〔註29〕於老氏之表。是以其說意空一〔註30〕塵，倜儻峻拔〔五〕，無一
毫蹈襲沿仍之陋，極天之荒〔六〕，窮人之偽〔七〕。放肆迤演〔八〕，如長
江長〔註31〕河，衰衰灌注，泛濫乎天下，又如萬籟〔九〕怒號，澎湃洶
湧，聲沉影滅，不可控搏。率以荒怪詭誕，狂肆虛眇，不近人情之說，
瞀〔註32〕亂而自呼。至於法度森嚴，文辭雋健，自作瑰新，亦一代之
奇才乎！戰國多奇士，荀卿之學有志斯世者也，魯連之辯獨善其身者
也。寓言〔十〕一書，非深乎道者未易造此，顧獨以滑稽發之。士至於
無所用其才，而猶區區於矯拂〔十一〕世俗之弊者，不亦悁悁〔十二〕乎！
方是時，天下大壞，蕩不可支，攘奪爭凌，斬然〔十三〕一律，其意思
〔十四〕有以激之回之，矯之夷〔十五〕之。肆意無忌，以放乎辭；矯世之
私，曾不一二。而亂天下之過，特〔註33〕不可免於中。若其言託孔子以
自致其過者，二十有九章。又言堯、禹、文王、太公之事，皆非《詩》、
《書》所見，而竊快其無稽之論，狎聖侮道，茲為亦〔註34〕甚矣。學
者知之乎？

【集釋】

〔一〕郭象《莊子注序》：「夫莊子者可謂知本矣，故未始藏其狂言，言雖無會而獨
　　應者也。與夫寂然不動不得已而後起者固有間矣。斯可謂知無心者也。此其
　　所以不經而為百家之冠也。然莊生雖未體之，言則至矣。通天地之統，序萬

〔註28〕「莊子」，四庫本作「莊子總論」。
〔註29〕「遙」，四庫本作「逸」。
〔註30〕「一」，四庫本作「世」。
〔註31〕「長」，四庫本作「大」。
〔註32〕「瞀」，四庫本作「瞽」。今按：瞀亂，昏亂。
〔註33〕「特」，四庫本作「將」。
〔註34〕「亦」，四庫本作「已」。

物之性，達死生之變，而明內聖外王之道，上知造化無物，下知有物之自造也。其言宏綽，其旨玄妙。其書超然，自以為己當經崑崙，涉太虛，而遊惚恍之庭矣。雖復貪婪之人、進躁之士，暫而攬其餘芳，味其溢流，彷彿其音影，猶足曠然有忘形自得之懷，況探其遠情而玩永年者乎？」

〔二〕絜：通「潔」。簡潔，簡約。

〔三〕謐：寂靜。《說文》：「謐，靜語也，一曰無聲也。」

〔四〕玄：《老子》書中稱「道」為「玄之又玄」，後因以指道家學說。《文選·孔稚珪〈北山移文〉》：「既文且博，亦玄亦史。」張銑注：「玄，謂老莊之道也。」

〔五〕峻拔：超然不凡；智慧出眾。

〔六〕荒：高遠。

〔七〕偽：人為也，非天真也。慮積焉、能習焉而後成謂之偽。

〔八〕迤演：即「演迤」，綿延不絕貌。

〔九〕萬籟：各種聲響。籟，從孔穴中發出的聲音。

〔十〕寓言：借代《莊子》。《莊子·寓言》：「寓言十九，藉外論之。」《史記·老莊申韓列傳》：「其著書十餘萬言，大抵率寓言也。」

〔十一〕矯拂：糾正。

〔十二〕㤪：忽略；淡然。

〔十三〕斬然：整肅貌；整齊貌。

〔十四〕其意：莊子之意。思：想，欲。

〔十五〕夷：使平，拉平。

列　子〔一〕

劉向論《列子》書穆王〔二〕、湯問之事，迂誕〔三〕恢詭〔四〕，非君子之言。又觀穆王與化人〔五〕遊，若清都、紫微、鈞天、廣樂〔六〕，帝之所居，夏革〔七〕所言，四海之外，天地之表，無極無盡。傳記所書，固有是事也，人見其荒唐幻異，固〔註35〕以為誕。然觀太史公《史》，殊不傳列子，如《莊周》所載許由〔八〕、務光〔九〕之事。漢去古未遠也，許由、務光往往可稽，遷猶疑之。所謂禦寇〔十〕之說，獨見於寓言耳，遷於此詎得不致疑耶？周之末篇〔十一〕，敘墨翟〔十二〕、禽滑釐〔十三〕、

〔註35〕「固」，四庫本作「因」。

慎到〔十四〕、田騈〔十五〕、關尹〔十六〕之徒，以及於周，而禦寇獨不在其列，豈禦寇者其亦所謂鴻蒙〔十七〕列缺〔十八〕者歟？然則是書與《莊子》合者十七章，其間尤有淺近迂僻〔十九〕者，特出於後人會稡而成之耳。至於「西方之人有聖者焉，不言而自信，不化而自行」〔二十〕，此固〔註36〕有及於佛，而世尤疑之。夫天毒之國，紀於《山海》。竺乾〔二一〕之師，間〔二二〕於柱史〔二三〕，此楊文公〔二四〕之文也。佛之為教，已見於是，何待於此時乎？然其可疑可怪者不在此也。

【集釋】

〔一〕《四庫全書總目》卷一百四十七云：「《列子》八卷。舊本題周列禦寇撰。前有劉向校上奏，以禦寇為鄭穆公時人。唐柳宗元集有《辨列子》一篇，曰：『穆公在孔子前幾百歲，《列子》書言鄭國，皆言子產、鄧析，不知向何以言之如此。《史記》鄭繻公二十四年、楚悼王四年，圍鄭，殺其相駟子陽。子陽正與列子同時。是歲魯穆公十年，不知向言魯穆公時，遂誤為鄭耶？其後張湛徒知怪《列子》書言穆公後事，每不能推知其時，然其書亦多增竄，非其實，其言魏牟、孔穿皆出《列子》後，不可信』云云。其後高似孫《緯略》遂疑列子為鴻蒙雲將之流，並無其人。今考第五卷《湯問》篇中，並有鄒衍吹律事，不止魏牟、孔穿。其不出禦寇之手，更無疑義。然考《爾雅》疏引《尸子‧廣澤》篇曰：『墨子貴兼，孔子貴公，皇子貴衷，田子貴均，列子貴虛，料子貴別囿，其學之相非也數世矣。而已皆弇於私也。天、帝、皇、后、辟、公、弘、廓、宏、博、介、純、夏、幠、冢、晊、昄，皆大也，十有餘名，而實一也。若使兼、公、虛、均、衷、平、易、別囿一實也，則無相非也』云云。是當時實有列子，非莊周之寓名。又《穆天子傳》出於晉太康中，為漢、魏人之所未睹。而此書第三卷《周穆王》篇所敘駕八駿、造父為御至巨搜、登崑崙，見西王母於瑤池事，一一與傳相合。此非劉向之時所能偽造，可信確為秦以前書。考《公羊傳‧隱公十一年》『子沈子曰』，何休注曰：『子沈子，後師。沈子稱子冠氏上，著其為師也。』然則凡稱『子某子』者，乃弟子之稱師，非所自稱。此書皆稱『子列子』，則決為傳其學者所追記，非禦寇自著。其雜記列子後事，正如《莊子》記莊子死，《管子》稱吳王、西施，《商子》稱秦孝公耳，不足為怪。晉光祿勳張湛作是書注，

〔註36〕 「固」，《文獻通考》卷二百十一作「故」。

於《天瑞》篇首所稱子列子字，知為追記師言，而他篇復以載及後事為疑，未免不充其類矣。書凡八篇，與《漢志》所載相合。趙希弁《讀書附志》載：『政和中，宜春彭瑜為積石軍倅，聞高麗國《列子》十卷，得其第九篇曰《玄瑞》於青唐卜者』云云。今所行本，皆無此卷，殆宋人知其妄而不傳歟？其注自張湛以外，又有唐當塗丞殷敬順《釋文》二卷，此本亦散附各句下。然音注頗為淆亂，有灼然知為殷說者，亦有不辨孰張、孰殷者。明人刊本，往往如是，不足訝也。據湛自序，其母為王弼從姊妹，湛往來外家，故亦善談名理，其注亦弼注《老子》之亞。葉夢得《避暑錄話》乃議其雖知《列子》近佛經，而逐事為解，反多迷失。是以唐後五宗之禪繩晉人，失其旨矣。」

〔二〕穆王：即周穆王，姬姓，名滿，昭王之子，周王朝第五位帝王。他是我國古代歷史上最富於傳奇色彩的帝王之一，世稱「穆天子」。

〔三〕迂誕：迂闊荒誕；不合事理。迂，即「迂」的俗字。

〔四〕恢詭：荒誕怪異。

〔五〕化人：指有道術的人。

〔六〕清都、紫微、鈞天、廣樂：神話傳說中天帝居住的宮闕。

〔七〕夏革：即夏棘，字子棘，為湯大夫。

〔八〕許由：亦作「許繇」。傳說中的隱士。相傳堯讓以天下，不受，遁居於潁水之陽，箕山之下。堯又召為九州長，由不願聞，洗耳於潁水之濱。

〔九〕務光：古代隱士。相傳湯讓位給他，他不肯接受，負石沉水而死。《莊子·外物》：「堯與許由天下，許由逃之。湯與務光，務光怒之。」

〔十〕禦寇：即列子，亦作列圄寇、列圉寇。戰國時鄭國人。相傳與鄭穆公同時，或以為先於莊子。主張清靜無為，尚玄虛，被道家尊為前輩。

〔十一〕周之末篇：即《莊子·天下篇》。

〔十二〕墨翟：即墨子（約前468～前376），戰國初魯國人，一說宋國人。墨家創始人。

〔十三〕禽滑釐：亦作滑釐、骨釐、屈釐，戰國初人。初受業於子夏，後為墨子弟子，盡傳其學。

〔十四〕慎到：（約前395～約前315），戰國時趙國人。學黃老術，而主張法治，提倡「民一於君，事斷於法，是國之大道」。齊宣王、湣王時，與鄒衍、淳于髡、接予、環淵等為上大夫，曾在齊國稷下學宮講學，負有盛名。有《慎子》，今存七篇。

〔十五〕田駢：戰國時齊國人，習黃老之學。齊宣王時至稷下講學，長於論辯，有「天口駢」之稱。

〔十六〕關尹：姓尹，名喜，字公度，春秋末人。為函谷關吏，故稱關尹。隱德行仁，時人莫知。老子西遊至關，授《道德經》五千餘言。後隨老子西去，不知所終。

〔十七〕鴻蒙：元氣，宇宙形成前的混沌狀態。

〔十八〕列缺：閃電。

〔十九〕迂僻：迂誕怪僻，不合情理。

〔二十〕語本《列子》卷四：「西方之人有聖者焉，不治而不亂，不言而自信，不化而自行，蕩蕩乎民無能名焉。」

〔二一〕竺乾：天竺。古印度的別稱。

〔二二〕間：阻隔；間隔。

〔二三〕柱史：「柱下史」的省稱。代指老子。

〔二四〕楊文公：楊億（974～1020），字大年，宋建州浦城人。年十一，太宗召試詩賦，授秘書省正字。淳化中，獻《二京賦》，賜進士及第。真宗即位，超拜左正言，預修《太宗實錄》。又與王欽若同總修《冊府元龜》。曾兩為翰林學士，官終工部侍郎，兼史館修撰。嫻熟典章制度，喜獎掖後進。詩學李商隱，詞藻華麗，號「西崑體」。卒諡文，編《西崑酬唱集》，有《楊文公談苑》、《武夷新集》等。

文　子〔一〕

　　柳子厚以《文子》徐靈府〔二〕注十二卷、李（白進）〔暹〕〔註37〕〔三〕訓注十二卷，天寶〔四〕中，以《文子》為《通玄真經》。子〔註38〕為老子弟子，其辭指皆本之《老子》。其傳曰老子弟子。雖其辭指，柳子厚以為時有若可取，蓋駁書也。凡《孟子》數家，皆入剽竊，文詞義牙〔註39〕相抵而不合，人其損益之歟？或聚斂以成其書歟？乃為刊去謬亂，頗發〔五〕其意。子厚所刊之書，世不可見矣。今觀其言，曰：「神者，智之淵，神清則智明；智者，心之府，智公則心平。」〔六〕又曰：「上學

〔註37〕「李白進」，為「李暹」之訛，誤將「暹」字離為「白進」二字。
〔註38〕「子」，學津本、四部本、叢編本作「文子」。
〔註39〕「義牙」，學津本、叢編本作「又牙」，四庫本、四部本作「又互」。

以神聽之，中學以心聽之，下學以耳聽之。」〔七〕又曰：「貴則觀其所舉〔註40〕，富則觀其所欲，貧則觀其所愛〔註41〕。」〔八〕又曰：「人性慾平，嗜欲害之。」〔九〕此亦文子〔註42〕之一臠也。

【集釋】

〔一〕《四庫全書總目》卷一百四十六云：「《文子》二卷。案：《漢志》道家，《文子》九篇，注曰：『老子弟子，與孔子並時。而稱周平王問，似依託者也。』（案：此班固之原注，《讀書志》以為顏師古注，誤也。）《隋志》載《文子》十二篇，注曰：『老子弟子。《七略》有九篇，梁十卷亡。』二《志》所載，不過篇數有多寡耳，無異說也。因《史記・貨殖傳》有『范蠡師計然』語，又因裴駰《集解》有『計然姓辛，字文子，其先晉國公子』語，北魏李暹作《文子》注，遂以計然、文子合為一人。文子乃有姓、有名，謂之辛鈃（案：暹注今已不傳，此據《讀書志》所引。）案：馬總《意林》列《文子》十二卷，注曰：『周平王時人，師老君。』又列《范子》十三卷，注曰：『並是陰陽、曆數也。』又曰：『計然者，葵丘濮上人，姓辛，名文子。其先晉國公子也。其書皆范蠡問而計然答。』是截然兩人、兩書，更無疑義。暹移甲為乙，謬之甚矣。柳宗元集有《辨文子》一篇，稱『其旨意皆本《老子》，然考其書，蓋駁書也，其渾而類者少，竊取他書以合之者多。凡《孟子》輩數家，皆見剽竊，嶢然而出其類，其意緒文詞，又互相抵而不合。不知人之增益之歟？或者眾為聚斂以成其書歟？今刊去謬惡濫雜者，取其似是者，又頗為發其意，藏於家』。是其書不出一手，唐人固已言之。然宗元所刊之本，高似孫《子略》已稱不可見。今所行者，仍十二篇之本。別本或題曰《通玄真經》，蓋唐天寶中嘗加是號，事見《唐書・藝文志》云。」

〔二〕徐靈府：唐杭州錢塘人，號默希子。隱居天台山，以修煉自樂。武宗徵辟，力辭不就。曾注《文子》。

〔三〕李暹：（701～762），北魏人，作《文子注》，今已不傳。

〔四〕天寶：是唐玄宗李隆基的年號（742～756），共計15年。

〔五〕發：闡發。《論語・為政》：「吾與回言終日，不違，如愚。退而省其私，亦

〔註40〕「舉」，《文獻通考》卷二百十一作「齊」。

〔註41〕「愛」，四庫本作「受」。

〔註42〕「文子」，宋本作「季」（即「學」之俗字），《文獻通考》卷二百十一作「學」，底本誤將一字分為兩字。

足以發。回也不愚。」邢昺疏：「亦足以發明大體。」

〔六〕語本《文子·守清》：「神者智之淵也，神清則智明；智者心之府也，智公則心平」。

〔七〕語本《文子·道德》：「上學以神聽，中學以心聽，下學以耳聽」。上學，最好的學習方法。中學，中等的學習方法。下學，最差的學習方法。

〔八〕語本《文子·上義》：「論人之道，貴即觀其所舉，富即觀其所施，窮即觀其所受，賤即觀其所為、視其所患，難以知其所勇，動以喜樂以觀其守，委以貨財以觀其仁，振以恐懼以觀其節，如此，則人情可得矣。」

〔九〕語本《文子·上德》、《文子·下德》。

子略卷三

戰國策〔一〕

　　班固〔二〕稱太史公取《戰國策》、《楚漢春秋》〔三〕、陸賈〔四〕《新語》作《史記》，三書者，一經太史公採擇，後之人遂以為天下奇書。予惑焉。每讀此書，見其叢脞〔五〕少倫〔六〕，同異錯出，事或著於秦、齊，又復見於楚、趙，言辭謀議如出一人之口。雖劉向校定，卒不可正其淆駁，會其統歸。故是書之汩〔七〕，有不可〔得〕〔註1〕而辨者。況於《楚漢春秋》、陸賈《新語》乎？二書紀載殊無奇耳，然則太史公獨何有取於此？夫載戰國、楚、漢之事，捨三書，他無可考者，太史公所以加之採擇者在此乎？柳子厚嘗謂左氏《國語》〔八〕，其閎深〔九〕傑異〔十〕，固世之耽嗜〔十一〕而不已也，而其說多誣淫〔十二〕，不概〔十三〕於聖。余懼世之學者惑其文采而淪〔十四〕其是非，作《非國語》。〔十五〕昔讀是書，殊以子厚言之或過矣；反覆〔十六〕《戰國策》，而後三歎《非國語》之作其用意切、用功深〔註2〕也。予遂效此，盡取《戰國策》與《史記》同異，又與《說苑》〔十七〕、《新序》〔十八〕雜見者，各匯正之，名曰《戰國策考》。

【集釋】

　　〔一〕《四庫全書總目》卷五十一雜史類云：「《戰國策注》三十三卷。舊本題漢高

〔註1〕「得」，底本無，據《文獻通考》卷二百十二引文補。
〔註2〕「用意切用功深」，《文獻通考》卷二百十二「用意切且深」。

誘注。今考其書，實宋姚宏校本也。《文獻通考》引《崇文總目》曰：『《戰國策》篇卷亡闕，第二至第十、第三十一至第三十三闕。又有後漢高誘《注》二十一卷，今闕第一、第五、第十一至二十，止存八卷。』曾鞏校定序曰：『此書有高誘注者二十一篇，或曰三十二篇。《崇文總目》存者八篇，今存者十篇。』此為毛晉汲古閣影宋鈔本。雖三十三卷皆題曰『高誘注』，而有誘注者僅二卷至四卷、六卷至十卷，與《崇文總目》八篇數合，又最末三十二、三十三兩卷合前八卷，與曾鞏序十篇數合。而其餘二十三卷則但有考異而無注。其有注者多冠以『續』字。其偶遺『續』字者，如《趙策一》郗疵注、雒陽注，皆引唐林寶《元和姓纂》；《趙策二》甌越注，引魏孔衍《春秋後語》；《魏策三》芒卯注，引《淮南子注》。衍與寶在誘後，而《淮南子注》即誘所自作，其非誘注，可無庸置辨。蓋鞏校書之時，官本所少之十二篇，誘書適有其十，惟闕第五、第三十一；誘書所闕，則官書悉有之，亦惟闕第五、第三十一。意必以誘書足官書，而又於他家書內撼二卷補之，此官書、誘書合為一本之由。然鞏不言校誘《注》，則所取惟正文也。迨姚宏重校之時，乃並所存誘注入之。故其自序稱『不題校人並題續注者，皆余所益』，知為先載誘注，故以續為別。且凡有誘注復加校正者，並於夾行之中又為夾行，與無注之卷不同，知校正之時，注已與正文並列矣。卷端曾鞏、李格、王覺、孫樸諸序、跋，皆前列標題，各題其字，而宏序獨空一行列於末，前無標題，序中所言體例，又一一與書合，其為宏校本無疑。其卷卷題高誘名者，殆傳寫所增以贋古書耳。書中校正稱曾者，曾鞏本也；稱錢者，錢藻本也；稱劉者，劉敞本也；稱集者，集賢院本也；無姓名者，即宏序所謂不題校人為所加入者也。其點勘頗為精密，吳師道作《戰國策鮑注補正》，亦稱為善本。是元時猶知注出於宏。不知毛氏宋本，何以全題高誘？考周密《癸辛雜識》稱賈似道嘗刊是書，豈其門客廖瑩中等皆媟褻下流，昧於檢校，一時誤題，毛氏適從其本影抄歟？近時揚州所刊，即從此本錄出，而仍題誘名，殊為沿誤。今於原有注之卷題高誘注、姚宏校正續注、原注已佚之卷則惟題姚宏校正續注，而不列誘名，庶幾各存其真。宏字令聲，一曰伯聲，剡川人。嘗為刪定官，以忤直忤秦檜，瘐死大理獄中。蓋亦志節之士，不但其書足重也。（案：漢《藝文志》，《戰國策》與《史記》為一類，歷代史志因之。晁公武《讀書志》始改入子部縱橫家，《文獻通考》因之。按班固稱司馬遷作《史記》，據左氏《國語》，採《世本》、《戰國策》，述《楚漢春秋》，接其後

事，迄於天漢。則《戰國策》當為史類，更無疑義。且『子』之為名，本以
稱人，因以稱其所著，必為一家之言，乃當此目。《戰國策》乃劉向裒合諸
記並為一編，作者既非一人，又均不得其主名，所謂『子』者安指乎？公武
改隸子部，是以記事之書為立言之書，以雜編之書為一家之書，殊為未允。
今仍歸之史部中。）」

〔二〕班固：（32 年～92 年），史學家班彪之子，字孟堅，扶風安陵人（今陝西咸
　　　陽東北）。

〔三〕《楚漢春秋》：西漢陸賈撰，九卷。所記從劉邦、項羽起事起，至漢文帝初期
　　　止，為一部雜史。

〔四〕陸賈：（前 240～前 170），西漢政治家、文學家、思想家。以客從劉邦定
　　　天下，有辯才。奉命使南越，說南越王趙倫稱臣。歸拜太中大夫。著有《新
　　　語》。

〔五〕叢脞：瑣碎；雜亂。

〔六〕倫：條理，順序。

〔七〕汩：亂。

〔八〕《國語》：是中國最早的一部國別史著作，相傳為左丘明所作。它記錄了周朝
　　　王室和魯國、齊國、晉國、鄭國、楚國、吳國、越國等諸侯國的歷史。

〔九〕閎深：廣博深遠；博大精深。

〔十〕傑異：卓越不凡。

〔十一〕耽嗜：深切愛好。

〔十二〕誣滛：荒誕虛浮。

〔十三〕概：謂超越，壓倒。

〔十四〕淪：陷入；沉淪。

〔十五〕語本柳宗元《柳河東集》卷四十四《非國語序》：「左氏《國語》，其文深閎
　　　　傑異，固世之所耽嗜而不已也，而其說多誣滛，不概於聖。余懼世之學者溺
　　　　其文采而淪於是非，是不得由《中庸》以入堯、舜之道。本諸理，作《非國
　　　　語》。」

〔十六〕反覆：再三考慮；再三研究。又作「反覆」。

〔十七〕《說苑》：西漢劉向撰，本書為劉向校書時根據皇家藏書和民間圖籍，按類編
　　　　輯的先秦至西漢的一些歷史故事和傳說，並夾有作者的議論，借題發揮儒家
　　　　的政治思想和道德觀念，帶有一定的哲理性。

〔十八〕《新序》：西漢劉向編撰的一部以諷諫為政治目的的歷史故事類編，是現存
　　　　劉向所編撰的最早的一部作品。

管子〔一〕尹知章〔二〕注，三十卷，杜佑〔三〕《管氏指略》二卷。

　　古者盛衰之變，甚可畏也。先王之制，其盛極於周。后稷〔四〕、公
劉〔五〕、大王〔六〕、王季〔七〕、文、武、成〔八〕、康〔九〕、周公之所以制
周者，非一人之力，一日之勤，經營之難，積累之素〔十〕，況又有出於
唐、虞、夏、商之舊者。及其衰也，一夫之謀，一時之利，足以銷靡
破鑿，變徙剗〔十一〕蝕，而迄無餘脈。吁，一何易耶？九合之力，一霸
之圖，〔十二〕於齊何有也？使天下一於兵而忘其為農，天下一於利而忘
其為義。孰非利也，而乃攻之以貪，騁之以詐。孰非兵也，而乃趨之
以便，行之以〔註3〕。一切先王之所以經制天下者，煙散風靡，無一可
傳。嗚呼，仲其不仁也哉！而況井田〔十三〕既壞，概量〔十四〕既立，而
商鞅〔十五〕之毒益滋矣。封建〔十六〕既隳，《詩》、《書》既燎，而李斯
〔十七〕之禍益慘矣。繄〔十八〕誰之咎耶？漢、唐之君，貪功苟利〔十九〕，
兵窮而用之無法，民削而誅之無度，又有出於管仲、鞅、斯之所不為者，
豈無一士之智、一議之精？區區有心於復古者，而卒不復可行〔註4〕。
蓋三代之法其〔註5〕壞而掃地久矣。壞三代之法，其一出於管仲乎？劉
邵〔註6〕〔二十〕之志人物也，曰管仲，曰商鞅，皆以隸之法家〔二一〕。李
德裕〔二二〕以邵之索隱〔二三〕精微，研幾〔二四〕玄妙，實天下奇才。至
以管仲與商鞅俱人物之品，往往不倫。德裕顧未嘗熟讀其書耳，邵所
謂皆出於法者，其至論歟？孔子曰：「齊一變至於魯，魯一變至於道。」
〔二五〕使齊盡變其功利之習，僅庶幾於魯耳，然則安得而變哉？聖人非
有志於變齊也，古之不可復也，為可歎耳。

【集釋】

〔一〕晁公武《郡齋讀書志》曰：「劉向所定，凡九十六篇，今亡十篇。世稱齊管
　　　仲撰。杜佑《指略序》云唐房元齡注。其書載管仲將沒對桓公之語，疑後

〔註3〕　學津本、四部本、叢編本「以」下有「險」字，《文獻通考》卷二百十二作「巧」
　　　　字。
〔註4〕　「不復可行」，《文獻通考》卷二百十二「不可復行」。
〔註5〕　「其」，《文獻通考》卷二百十二作「甚」。
〔註6〕　「邵」，四庫本作「劭」，下同。

人續之，而注頗淺陋，恐非玄齡，或云尹知章也。管仲九合諸侯，以尊王室，而三歸反坫，僭擬邦君，是以孔子許其仁，而陋其不知禮義者，以故謂仲但知治人，而不知治己。予讀仲書，見其謹政令，通商賈，均力役，盡地利，既為富強，又頗以禮義廉恥化其國俗，如《心術》、《白心》之篇，亦嘗側聞正心誠意之道，其能一正天下，致君為五伯之盛，宜矣。其以泰侈聞者，蓋非不知之，罪在於志意易滿，不能躬行而已。孔子云爾者，大抵古人多以不行禮為不知禮，陳司敗譏昭公之言亦如此，然則其為書固無不善也。後之欲治者庶幾之，猶可以制四夷而安中國，學者何可忽哉！因為是正其文字，而辯其音訓云。」《四庫全書總目》卷一百零一云：「《管子》二十四卷。舊本題管仲撰。劉恕《通鑒外紀》引《傅子》曰：『管仲之書，過半便是後之好事所加，乃說管仲死後事，《輕重篇》尤復鄙俗。』葉適《水心集》亦曰：『《管子》非一人之筆，亦非一時之書，以其言毛嬙、西施、吳王好劍推之，當是春秋末年。』今考其文，大抵後人附會多於仲之本書。其他姑無論，即仲卒於桓公之前，而篇中處處稱桓公。其不出仲手，已無疑義矣。書中稱《經言》者九篇，稱《外言》者八篇，稱《內言》者九篇，稱《短語》者十九篇，稱《區言》者五篇，稱《雜篇》者十一篇，稱《管子解》者五篇，稱《管子輕重》者十九篇。意其中孰為手撰，孰為記其緒言如語錄之類，孰為述其逸事如家傳之類，孰為推其義旨如箋疏之類，當時必有分別。觀其五篇明題《管子解》者，可以類推。必由後人混而一之，致滋疑竇耳。晁公武《讀書志》曰：『劉向所校本八十六篇，今亡十篇。』考李善注陸機《猛虎行》曰：『江邃《文釋》引《管子》云：「夫士懷耿介之心，不蔭惡木之枝，惡木尚能恥之，況與惡人同處」。今檢《管子》近亡數篇，恐是亡篇之內而邃見之。』則唐初已非完本矣。明梅士享所刊，又復顛倒其篇次。如以《牧民解》附《牧民篇》下，《形勢解》附《形勢篇》下之類，不一而足。彌為竄亂失真。此本為萬曆壬午趙用賢所刊，稱由宋本翻雕。前有紹興己未張嵲後跋云：『舛脫甚眾，頗為是正。』用賢序又云：『正其脫誤者逾三萬言。』則屢經點竄，已非劉向所校之舊。然終逾於他氏所妄更者，在近代猶善本也。舊有房玄齡注，晁公武以為尹知章所託，然考《唐書·藝文志》，玄齡注《管子》不著錄，而所載有尹知章注《管子》三十卷。則知章本未託名，殆後人以知章人微，玄齡名重，改題之以炫俗耳。案：《舊唐書》，知章，絳州翼城人，神龍初，官太常博士。睿宗即位，

拜禮部員外郎，轉國子博士。有《孝經注》、《老子注》，今並不傳，惟此注藉玄齡之名以存。其文淺陋，頗不足採。然蔡條《鐵圍山叢談》，載蘇軾、蘇轍同入省試，有一題，軾不得其出處，轍以筆一卓而以口吹之，軾因悟出《管子注》。則宋時亦採以命題試士矣。且古來無他注本，明劉績所補注，亦僅小有糾正，未足相代，故仍舊本錄之焉。」

〔二〕尹知章：（？～718年），絳州翼城（今山西翼城）人，唐前期大臣。從小勤學，精通六經，遂以儒學稱著。所注《孝經》、《老子》、《莊子》、《韓子》、《管子》、《鬼谷子》，頗行於時。

〔三〕杜佑：（735～812），字君卿。京兆萬年（今陝西西安附近）人。生於世宦之家，父杜希望，官至鄯州都督、隴右節度留後。佑以門資入仕，歷任江淮青苗使、容管經略使、水陸轉運使、度支郎中兼和糴使等，又以戶部侍郎判度支。後出為嶺南、淮南節度使。著有《通典》。

〔四〕后稷：古代周族的始祖。傳說有邰氏之女姜原踏巨人腳跡，懷孕而生，因一度被棄，故又名棄。

〔五〕公劉：古代周族的領袖。傳為后稷的曾孫。

〔六〕大王：古公亶父，周文王的祖父。

〔七〕王季：名季歷，周太王古公亶父少子，文王姬昌之父。

〔八〕成：周成王姬誦，周武王之子。西周王朝第二代君主。

〔九〕康：周康王姬釗，成王子。

〔十〕素：廣博。

〔十一〕剗：滅除；廢除。

〔十二〕九合：管仲曾佐齊桓公「九合諸侯，一匡天下。」

〔十三〕井田：相傳古代的一種土地制度。以方九百畝為一里，劃為九區，形如「井」字，故名。其中為公田，外八區為私田，八家均私百畝，同養公田。公事畢，然後治私事。

〔十四〕概量：概稱斗斛等量器。

〔十五〕商鞅：（約前395～前338），衛國國君的後裔，公孫氏，故稱為衛鞅，又稱公孫鞅，後封於商，後人稱之商鞅。戰國時期政治家，思想家，著名法家代表人物。應秦孝公求賢令入秦，說服秦孝公變法圖強。孝公死後，被車裂而死。在位執政十九年，秦國大治，史稱商鞅變法。

〔十六〕封建：封邦建國。古代帝王把爵位、土地分賜親戚或功臣，使之在各該區域

內建立邦國。相傳黃帝為封建之始，至周制度始備。

〔十七〕李斯：（約前281年～前208年），姓李，名斯，字通古。戰國末年楚國上蔡（今河南上蔡西南）人。協助秦始皇統一天下。後為秦朝丞相，參與制定了法律，統一車軌、文字、度量衡制度。

〔十八〕緊：是。

〔十九〕茍利：貪求不正當的利益。

〔二十〕劉邵：（？～242），三國時文學家。字孔才。邯鄲人。建安年間開始做官，早期曾為管理地方戶賦的計吏，因學識淵博而升任秘書郎。入曹魏後任尚書郎、散騎侍郎、陳留太守，賜爵關內侯。編撰有《皇覽》、《新律》，著《律略論》。

〔二一〕法家：古代的思想流派之一。起源於春秋時的管仲、子產，發展於戰國時的李悝、商鞅、申不害、慎到等人，戰國末韓非集法家學說的大成。主張以法治代替禮治，反對貴族特權，代表了新興地主階級的利益。《史記·太史公自序》：「法家不別親疏，不殊貴賤，一斷於法，則親親尊尊之恩絕矣。」《漢書·藝文志》：「法家者流，蓋出於理官，信賞必罰，以輔禮制。」

〔二二〕李德裕：（787～850），唐趙郡人，字文饒，李棲筠孫、李吉甫子。穆宗即位，召入翰林充學士，禁中書詔，尋轉考功郎中、知制誥、中書舍人。敬宗時出為浙西觀察使。文宗即位，加檢校禮部尚書，召為兵部侍郎。武宗時由淮南節度使入相。德裕為李黨首領，後為牛黨所構，貶崖州司戶卒。追贈尚書左僕射、太子少保、衛國公。著有《次柳氏舊聞》、《會昌一品集》。

〔二三〕索隱：探求隱微奧秘的道理。

〔二四〕研幾：窮究精微之理。

〔二五〕語本《論語·雍也》。

尹文子〔一〕

班固《藝文志》名家〔二〕者流錄《尹文子》。其書言大道，又言名分，又言仁義禮樂，又言法術〔三〕權勢，大略則學老氏而雜申〔四〕、韓〔五〕也。其曰：「民不畏死，由過於刑罰者也。刑罰中則民畏死，畏死則知生之可樂。知生之可樂，故可以死懼之。」〔六〕此有希〔七〕於老氏者也。又有不變之法、齊等之法、理眾之法、平準之法，此有合於申、韓，然則

其學雜矣，其學〔註7〕淆矣，非純〔註8〕乎道者也。仲長統〔八〕為之序，以子學於公孫龍〔九〕。按龍客於平原君〔十〕，趙惠文王〔十一〕時人也。齊宣王〔十二〕死，下距趙王之立四十餘〔註9〕矣，則子之先於公孫龍為甚明，非學乎此者也。晁氏〔十三〕嘗稱其宗六藝，數稱仲尼。熟考其書，未見所以稱仲尼、宗六藝者，僅稱誅少正卯〔十四〕一事耳。嗚呼，士之生於春秋、戰國之間，其所以薰炙〔十五〕染習、變幻捭闔、求騁於一時而圖其所大欲者，往往一律而同歸，其能屹立中流，一掃群異。學必孔氏、言必六經者，孟子一人而已。

【集釋】

〔一〕《四庫全書總目》卷一百十七云：「《尹文子》一卷，周尹文撰。前有魏黃初末山陽仲長氏序，稱條次撰定為上、下篇。《文獻通考》著錄作二卷。此本亦題《大道上篇》、《大道下篇》，與序文相符，而通為一卷。蓋後人所合併也。《莊子·天下篇》以尹文、田駢並稱，顏師古注《漢書》謂齊宣王時人。考劉向《說苑》載文與宣王問答，顏蓋據此。然《呂氏春秋》又載其與湣王問答事，殆宣王時稷下舊人，至湣王時猶在歟？其書本名家者流。大旨指陳治道，欲自處於虛靜，而萬事萬物則一一綜覈其實，故其言出入於黃、老、申、韓之間。《周氏涉筆》謂其『自道以至名，自名以至法』，蓋得其真。晁公武《讀書志》以為誦法仲尼，其言誠過，宜為高似孫《緯略》所譏。然似孫以儒理繩之，謂其淆雜，亦為未允。百氏爭鳴，九流並列，各尊所聞，各行所知，自老、莊以下，均自為一家之言。讀其文者，取其博辨閎肆足矣，安能限以一格哉！序中所稱熙伯，蓋繆襲之字。其『山陽仲長氏』不知為誰？李淑《邯鄲書目》以為仲長統，然統卒於建安之末，與所云『黃初末』者不合。晁公武因此而疑史誤，未免附會矣。」

〔二〕名家：戰國時諸子百家之一。以正名辨義為主，主要代表為鄧析、惠施、公孫龍等。

〔三〕法術：「法」與「術」的合稱。先秦韓非認為商鞅言「法」，申不害言「術」，兩人所言皆有所偏，因而主張兩者兼用。後因以「法術」指法家之學。《後漢書·班彪傳》：「漢興，太宗使鼂錯導太子以法術，賈誼教梁王以《詩》、

〔註7〕「學」，《文獻通考》卷二百十二作「識」。

〔註8〕「純」，四庫本作「統」。

〔註9〕學津本、四庫本、四部本、叢編本、四明本「餘」下有「年」字。

《書》。」

〔四〕申：即申不害（約前385～前337），亦稱申子，鄭國京邑（今河南新鄭）人。他在韓為相19年，使韓國走向國治兵強。作為法家人物，以「術」者稱，是三晉時期法家中的著名代表人物。

〔五〕韓：即韓非（約前280～前233），戰國晚期韓國人（今河南新鄭），王室諸公子之一，戰國法家思想的集大成者。《史記》記載，韓非精於「刑名法術之學」，與秦相李斯都是荀子的學生。

〔六〕語本《尹文子・大道下》：「老子曰：『民不畏死，如何以死懼之？』凡民之不畏死，由刑罰過；刑罰過則民不賴其生；生無所賴，視君之威未如也；刑罰中則民畏死，畏死由生之可樂也，知生之可樂，故可以死懼之。」

〔七〕希：迎合。

〔八〕仲長統：（179～220），字公理，山陽高平（今山東金鄉西北）人。著有《昌言》。

〔九〕公孫龍：（前320～前250），戰國時期趙國人，曾經做過平原君的門客，名家的代表人物，主要著作為《公孫龍子》。

〔十〕平原君：（？～前253），嬴姓，趙氏，名勝。東周戰國時期趙國宗室大臣，趙武靈王之子，封於東武（今山東武城），號平原君。以善於養士而聞名，與齊國孟嘗君田文、魏國信陵君魏無忌、楚國春申君黃歇合稱「戰國四公子」。

〔十一〕趙惠文王：（約前307～前266），原名趙何，趙武靈王次子，戰國時期趙國君主。

〔十二〕齊宣王：田辟彊（？～前301），戰國時齊國國君，齊威王之子，媯姓，公元前320年繼齊威王為田氏齊國第五代國君。

〔十三〕晁氏：晁公武，字子止，澶州清豐（今山東鉅野縣）人。紹興二年進士，初為四川總領財賦司。紹興時，為榮州守。乾道中，以敷文閣直學士為臨安府少尹，官累禮部侍郎。存世著作有《郡齋讀書志》。

〔十四〕少正卯：（？～前496），是中國春秋時期魯國的大夫，他和孔子都曾經在魯國講學。

〔十五〕薰炙：比喻時代思潮。

韓非子〔一〕

士生戰國，才不一伸，抱智懷謀，其求售殊切切，亦可憐也。商鞅以法治秦，李斯又以法治秦。秦之立國，一出於刑罰法律，而士以求合者，非此不可。始皇一見韓非之書，喟然歎曰：「寡人得見斯人，與之遊，死不恨矣。」〔二〕始皇所以惓惓〔三〕於非者，必〔註10〕有所契者〔註11〕。今讀其書，往往尚法以神其用，薄仁義，屬〔四〕刑名〔五〕，背《詩》、《書》，課〔六〕名實，心術辭旨，皆商鞅、李斯治秦之法，而非又欲凌跨之。此始皇之所投合，而李斯之所忌者，非迄坐是〔七〕為斯所殺，而秦即以亡，固不待始皇之用其言也。《說難》一篇，殊〔註12〕為切於事情者，惟其切之〔註13〕於求售，是以先為之說，而後說於人，亦庶幾萬一焉耳。太史公以其說之難也〔註14〕，固嘗悲之。太史公之所以悲之者，抑亦有所感慨焉而後發歟？嗚呼，士生〔註15〕不遇，視時以趨，使其盡遇，固無足道，而況《說難》、《孤憤》之作，有如非之不遇者乎！楊〔註16〕雄氏曰「秦之士賤而拘。」〔八〕信哉！

【集釋】

〔一〕《四庫全書總目》卷一百一云：「《韓子》二十卷。周韓非撰。《漢書·藝文志》載《韓子》五十五篇，張守節《史記正義》引阮孝緒《七錄》載《韓子》二十卷，篇數、卷數皆與今本相符。惟王應麟《漢藝文志考》作五十六篇，殆傳寫字誤也。其注不知何人作。考元至元三年何犿本，稱『舊有李瓚注，鄙陋無取，盡為削去』云云。則注者當為李瓚。然瓚為何代人，犿未之言。王應麟《玉海》已稱《韓子注》不知誰作，諸書亦別無李瓚注《韓子》之文，不知犿何所據也。犿本僅五十三篇，其序稱『內佚《姦劫》一篇、《說林下》一篇及《內儲說下》，《六微》內似煩以下數章』。明萬曆十年趙用賢購得宋槧，與犿本相校，始知舊本《六微篇》之末尚有二十八條，不止犿所云數章。《說林下》篇之首尚有《伯樂教二人相踶馬》等十

〔註10〕「必」，四庫本作「其」。
〔註11〕「者」，學津本、四部本、叢編本作「焉」，四庫本作「乎」。
〔註12〕「殊」，四庫本作「蓋」。
〔註13〕「切之」，《文獻通考》卷二百十二作「切切」。
〔註14〕「也」，四庫本小字注文作「關」。
〔註15〕《文獻通考》卷二百十二無「生」字。
〔註16〕「楊」，學津本、四庫本、四部本、叢編本、四明本作「揚」。

六章，諸本佚脫其文，以《說林上篇》田伯鼎好士章徑接此篇。《蟲有蚵章‧和氏篇》之末自『和雖獻璞而未美，未為王之害也』以下脫三百九十六字。《姦劫篇》之首，『自我以清廉事上』以上脫四百六十字。其脫葉，適在兩篇之間，故其次篇標題與文俱佚。傳寫者各誤以下篇之半連於上篇，遂求其下篇而不得，其實未嘗全佚也。今世所傳，又有明周孔教所刊大字本，極為清楷。其序不著年月，未知在用賢本前後。考孔教舉進士在用賢後十年，疑所見亦宋槧本。故其文均與用賢本同，無所佚闕。今即據以繕錄，而校以用賢之本。考《史記》非本傳，稱『非見韓削弱，數以書諫韓王，韓王不能用。悲廉直不容於邪枉之臣，觀往者得失之變，故作《孤憤》、《五蠹》、《內外儲說》、《說林》、《說難》十餘萬言。』又云『人或傳其書至秦，秦王見其《孤憤》、《五蠹》之書。』則非著書，當在未入秦前。《史記‧自敘》所謂韓非囚秦，《說難》、《孤憤》者，乃史家駁文，不足為據。今書冠以《初見秦》，次以《存韓》，皆入秦後事，雖似與《史記》自敘相符，然《傳》稱『韓王遣非使秦，秦王悅之，未信用。李斯、姚賈害之，下吏治非。李斯使人遺之藥，使自殺』，計其間未必有暇著書。且《存韓》一篇，終以李斯駁非之議，及斯上韓王書。其事與文，皆為未畢。疑非所著書本各自為篇，非歿之後，其徒收拾編次，以成一帙。故在韓、在秦之作，均為收錄，並其私記未完之稿，亦收入書中。名為非撰，實非非所手定也。以其本出於非，故仍題非名，以著於錄焉。」

〔二〕語本《史記‧老莊申韓列傳》：「秦王見《孤憤》、《五蠹》之書，曰：『嗟乎，寡人得見此人，與之遊，死不恨矣！』」

〔三〕惓惓：深切思念；念念不忘。

〔四〕厲：揣摩；鑽研。

〔五〕刑名：戰國時以申不害為代表的學派。主張循名責實，慎賞明罰。後人稱為「刑名之學」。

〔六〕課：考核。

〔七〕坐是：因此獲罪。

〔八〕語本揚雄《揚子法言‧五百篇》：「周之人多行，秦之人多病；行有之也，病曼之也；周之士也貴，秦之士也賤；周之士也肆，秦之士也拘。」

墨　子〔一〕

　　《韓非子》謂：墨子死，有相里氏〔二〕之墨、相芬氏〔三〕之墨、鄧陵氏〔四〕之墨。孔、墨之後，儒分為八，墨離為三〔五〕，其為說異矣。《墨子》稱堯曰：「采椽不斫，茅茨不剪。」〔六〕稱周曰：「嚴父配天，宗祀文王。」〔七〕又引「若保赤子」〔八〕、「發罪惟均」〔九〕，出於《康誥》、《泰誓》〔十〕篇，固若依於經、據於禮者。孟子方排之不遺一〔註17〕力，蓋聞之夫子曰：「惡似而非者。惡莠〔十一〕，恐其亂苗〔十二〕也。惡鄭聲〔十三〕，恐其亂雅〔十四〕也。惡紫，恐其亂朱〔十五〕也。惡鄉原〔十六〕，恐其亂德也。」〔十七〕墨之為書，一切如莊周，如申、商，如韓非、惠施〔十八〕之徒，雖不辟可也。唯其言近乎訑〔註18〕，行近乎誣，使天下後世人盡信其說，其害有不可勝言者，是不可不加辟也。嗚呼，《孟子》之學，一於羽翼群經、推尊聖人者歟？異時有纏子〔十九〕者，修《墨子》之業，唯曰：「勸善兼愛，墨子重之。」〔二十〕嗚呼，學《墨子》者豈學此乎！

【集釋】

　　〔一〕《四庫全書總目》卷一百十七云：「《墨子》十五卷，舊本題宋墨翟撰。考《漢書·藝文志》，《墨子》七十一篇，注曰：『名翟，宋大夫』。《隋書·經籍志》亦曰：『宋大夫墨翟撰』。然其書中多稱『子墨子』，則門人之言，非所自著。又諸書多稱墨子名翟，周亮工《書影》則曰：『墨子姓翟，母夢烏而生，因名之曰烏，以墨為道。今以姓為名，以墨為姓，是老子當姓老耶？』其說不著所出，未足為據也。宋《館閣書目》稱《墨子》十五卷，六十一篇。此本篇數與《漢志》合，卷數與《館閣書目》合。惟七十一篇之中，僅佚《節用下》第二十二，《節葬上》第二十三，《節葬中》第二十四，《明鬼上》第二十九，《明鬼下》第三十，《非樂中》第三十三，《非樂下》第三十四，《非儒上》第三十八，凡八篇。尚存六十三篇，與《館閣書目》不合。陳振孫《書錄解題》又稱有一本止存十三篇者，今不可見。或後人以兩本相校，互有存亡，增入二篇歟？抑傳寫者訛以六十三為六十一也？墨家者流，史罕著錄，蓋以孟子所辟，無人肯居其名。然佛氏之教，其清淨取諸老，其慈悲則取諸墨。韓愈《送浮屠文暢序》，稱『儒名墨行，墨名儒行，以佛

〔註17〕「一」，四庫本作「餘」。

〔註18〕「訑」，《文獻通考》卷二百十二作「偽」。

為墨，蓋得其真』，而《讀墨子》一篇乃稱『墨必用孔，孔必用墨』，開後人三教歸一之說，未為篤論。特在彼法之中，能自嗇其身，而時時利濟於物，亦有足以自立者。故其教得列於九流，而其書亦至今不泯耳。第五十二篇以下皆兵家言，其文古奧，或不可句讀，與全書為不類。疑因五十一篇言公輸般九攻、墨子九拒之事，其徒因採摭其術，附記於末。觀其稱『弟子禽滑釐等三百人已持守固之器在宋城上』，是能傳其術之證矣。」

〔二〕相里氏：咎繇之後，為理氏。商末理徵孫仲師遭難去王為里。至晉大夫里克為惠公所戮，克妻司城氏攜少子季連逃居相城，因為相里氏。季連元孫勤見莊子。韓子云：相里子，古賢人也，著書七篇。

〔三〕相芬氏：或作「相夫氏」。

〔四〕鄧陵氏：芊姓，楚公子食邑，鄧陵因氏焉。鄧陵氏著書見《韓子》。

〔五〕從「墨子死」至「墨離為三」，語本《韓非子・顯學》：「自墨子之死也，有相里氏之墨，有相夫氏之墨，有鄧陵氏之墨。故孔、墨之後，儒分為八，墨離為三」。

〔六〕語見《墨子閒詁・墨子後語下》：「墨者亦尚堯舜道，言其德行，曰：『堂高三尺，土階三等，茅茨不翦，采椽不斫；食土簋，啜土刑，糲粱之食，藜藿之羹；夏日葛衣，冬日鹿裘』。」又見《韓非子・五蠹》：「堯之王天下也，茅茨不翦，采椽不斫，糲粢之食，藜藿之羹，冬日麑裘，夏日葛衣，雖監門之服養，不虧於此矣。」

〔七〕語見《孝經・聖治章第九》：「天地之性，人為貴。人之行，莫大於孝。孝莫大於嚴父，嚴父莫大於配天，則周公其人也。昔者周公郊祀后稷以配天，宗祀文王於明堂，以配上帝。」

〔八〕語本《尚書・康誥》。

〔九〕語本《尚書・泰誓》：「厥罪惟鈞」。又見《墨子》卷三：「小人見奸巧乃聞，不言也，發罪鈞。」

〔十〕《康誥》、《泰誓》：皆《尚書》篇名。

〔十一〕莠：狗尾草，一種田間常見野草。

〔十二〕苗：尚未開花結實的禾類植物。

〔十三〕鄭聲：原指春秋戰國時鄭國的音樂，多淫聲，為靡靡之音。因與孔子等提倡的雅樂不同，故受儒家排斥。此後，凡與雅樂相背的音樂，甚至一般的民間音樂，均為崇「雅」黜「俗」者斥為「鄭聲」。

〔十四〕雅：即雅樂，古代帝王祭祀天地、祖先及朝賀、宴享時所用的舞樂。周代用
　　　　為宗廟之樂的六舞，儒家認為其音樂「中正和平」，歌詞「典雅純正」，奉之
　　　　為雅樂的典範。歷代帝王都循例制作雅樂，以歌頌本朝功德。

〔十五〕朱：大紅色，古代視為五色中紅的正色。

〔十六〕鄉原：指鄉里中貌似謹厚，而實與流俗合污的偽善者。原，同「愿」，謹
　　　　厚貌。

〔十七〕語本《孟子‧盡心下》：「孔子曰：『惡似而非者。惡莠，恐其亂苗也；惡
　　　　佞，恐其亂義也；惡利口，恐其亂信也；惡鄭聲，恐其亂樂也；惡紫，恐
　　　　其亂朱也；惡鄉原，恐其亂德也。』又見《論語‧陽貨》：「子曰：『惡紫之
　　　　奪朱也，惡鄭聲之亂雅樂也，惡利口之覆邦家者。』」

〔十八〕惠施：（約前 370～約前 310），戰國時宋國人。嘗為魏襄王相，主張聯合
　　　　齊楚消弭戰亂，為「合縱」策略之組織者。後受張儀排斥，一度遊於楚、
　　　　宋。善辯，與莊周友善。莊周稱「惠施多方，其書五車」。為名辯學派「合
　　　　同異」論之代表人物，持論有「大同而與小同異，此之謂小同異；萬物畢
　　　　同畢異，此之謂大同異」，「至大無外，謂之大一，至小無內，謂之小一」，
　　　　「泛愛萬物，天地一體」等。

〔十九〕纏子：戰國時墨子之徒，修墨子之業，以教於世。與董無心同時。（《意林》）

〔二十〕語見《意林》卷一：「纏子曰：『文言華世，不中利民。傾危繳繞之辭者，
　　　　並不為墨子所修；勸善兼愛，則墨子重之。』」

鄧析子〔一〕

　　劉向曰：非子產〔二〕殺鄧析。推《春秋》驗之，按《左氏‧魯定公八年》，鄭駟歂〔三〕嗣子太叔為政，明年殺鄧析而用其竹刑〔四〕，君子謂歂嗣〔註19〕於是為不忠。考其行事，固莫能詳。觀其立言，其曰：「天於人無厚〔五〕，君於民無厚。」〔六〕又曰：「勢者君之輿，威者君之策。」〔七〕其意義蓋有出於申、韓之學者矣。班固《藝文志》乃列之名家，《列子》固嘗言其操兩奇〔註20〕之說，設無窮之辭，數難子產之治〔註21〕，而子產誅之，蓋則〔註22〕與《左氏》異矣。《荀子》又言其不

〔註19〕「歂嗣」，學津本、四庫本、四部本、叢編本作「駟歂」，四明本作「歂」。
〔註20〕「奇」，學津本、四部本、叢編本作「歧」。按：《列子》「兩奇」應為「兩可」。
〔註21〕「治」，《文獻通考》卷二百十二作「法」。
〔註22〕「則」，學津本、四部本、叢編本作「列」，四庫本作「又」，《文獻通考》卷二

法先王，不是〔八〕禮義，察而不惠，辯而無用，則亦流於申、韓矣。夫傳者乃曰，歂殺鄧析，是為不忠，鄭以衰弱。夫鄭之所以為國者，有若裨諶〔九〕草創〔十〕之，世叔〔十一〕討論〔十二〕之，東里子產潤色之，庶幾於古矣。子產之告太叔曰：「有德者能以寬服人，其次莫如猛。」〔十三〕子產，惠人也，固已不純乎德，他何足論哉？不止竹刑之施，而民懼且駭也。嗚呼，春秋以來，列國棊錯〔十四〕，不以利勝，則以威行，與其民揉輴〔註23〕於爭抗侵凌之域，豈復知所謂仁漸義摩〔二四〕者？其民苦矣。固〔註24〕有惠而不知為政〔十五〕者，豈不賢於以薄〔十六〕為度〔十七〕、以威為神〔十八〕乎？析之見殺，雖歂之過，亦鄭之福也。

【集釋】

〔一〕《四庫全書總目》卷一百零一云：「《鄧析子》一卷。周鄧析撰。析，鄭人。《列子·力命篇》曰：鄧析操兩可之說，設無窮之詞。子產執政，作竹刑，鄭國用之，數難子產之治。子產屈之。子產執而戮之，俄而誅之。劉歆奏上其書（案：高似孫《子略》誤以此奏為劉向，今據《書錄解題》改正），則曰於《春秋左氏傳》昭公二十年而子產卒，子太叔嗣為政。定公八年，太叔卒，駟歂嗣為政。明年乃殺鄧析，而用其竹刑。然則《列子》為誤矣。其書《漢志》作二篇，今本仍分《無厚》、《轉辭》二篇，而並為一卷。然其文節次不相屬，似亦掇拾之本也。其言如『天於人無厚，君於民無厚，父於子無厚，兄於弟無厚』，『勢者君之輿，威者君之策』，則其旨同於申、韓。如令煩則民詐，政擾則民不定，心欲安靜，慮欲深遠，則其旨同於黃、老。然其大旨主於勢統於尊，事核於實，於法家為近。故竹刑為鄭所用也。至於『聖人不死，大盜不止』一條，其文與《莊子》同。析遠在莊子以前，不應預有剿說，而《莊子》所載又不云鄧析之言。或篇章殘闕，後人摭《莊子》以足之歟？」孫德謙《諸子通考》卷四：「《墨子·小取篇》曰：『夫辯者，將以明是非之分，審治亂之紀，明同異之處，察名實之理，處利害，決嫌疑。』《墨子》此篇皆言名理，凡是非、治亂、同異、名實、利害，可見事皆對舉，所以明之、審之、察之、處之者。名家之善辯，亦從對舉者辨之而已。惟能

百十二作「既」。

〔註23〕「揉輴」，學津本、《文獻通考》卷二百十二均作「蹂輴」，四庫本、四部本、叢編本均作「蹂躪」。

〔註24〕「固」，四庫本作「因」。

善辯，故苟有嫌疑，亦可以決斷也。鄧析子曰：『異同之不可別，是非之不可定，白黑之不可分，清濁之不可理，久矣！』析之為名，蓋以人於異同是非之間每不能分別，故特主正名之學，為名家之冠。魯勝云：『是有不是，可有不可，是名兩可。』嘗謂析之『操兩可』，非模棱兩可之謂，以勝之言推之，蓋異同也，是司民也，白黑也，清濁也，即是兩可也。天下之萬事萬物，未有異而無同，是而無非也，白而無黑，清而無濁，於斯兩者，如不能分別，則名實淆矣。」

〔二〕子產：即公孫僑（約前580～前522），字子產，一字子美。春秋時鄭國人。鄭簡公十二年為卿，二十三年為正卿，執政。實行政治、經濟改革，整頓田地疆界及灌溉系統，訂立丘賦制度；不毀鄉校，聽取國人議論政治得失；鑄刑書於鼎而公布之。開展小國外交，周旋於晉楚兩強國之間。又提出「天道遠，人道邇」的觀點。卒諡成子。

〔三〕駟歂：鄭桓公的後裔子孫，姓姬，春秋後期著名的鄭國上卿，是繼子產、子大叔之後的執政大夫。

〔四〕竹刑：古代刑書，因寫在竹簡上，故名。

〔五〕無厚：薄待，沒有厚施。

〔六〕語本《鄧析子·無厚篇》：「天於人無厚也，君於民無厚也，父於子無厚也，兄於弟無厚也」。

〔七〕語本《鄧析子·無厚篇》：「勢者君之輿，威者君之策，臣者君之馬，民者君之輪。勢固則輿安，威定則策勁，臣順則馬良，民和則輪利。為國失此，必有覆車、奔馬、折策、敗載之患，安得不危？」

〔八〕是：正確，與「非」相對。

〔九〕裨諶：春秋時鄭國人。大夫。善於謀劃。子產執政，有關文辭，常由裨諶擬稿。有關國家大事，子產常與裨諶先謀劃。

〔十〕草創：起草文稿。

〔十一〕世叔：游吉。鄭大夫。《春秋傳》作子大叔。

〔十二〕討論：講究，謂探討研究並加以評論。

〔十三〕語見《春秋左氏傳注疏》卷四十九：「鄭子產有疾，謂子太叔曰：『我死，子必為政，唯有德者能以寬服民，其次莫如猛。夫火烈，民望而畏之，故鮮死焉。水懦弱，民狎而玩之，則多死焉。故寬難。」

〔十四〕棊錯：如棋子交錯分布。

〔十五〕為政：治理國家；執掌國政。

〔十六〕薄：虛假刻薄，不誠樸寬厚。

〔十七〕度：法度；規範。

〔十八〕神：猶治。

亢桑子〔一〕

孔子曰：「上有好者，下有甚焉。」〔二〕《亢桑子》之謂歟？開元、天寶間，天子方鄉〔三〕道家者流之說，尊老氏，表莊、列，皇皇乎清虛沖澹之風矣。又以《亢桑子》號「洞靈真經」，上既不知其人之仙否，又不識其書之可經，一旦表而出之，固未始有此書也。襄陽處士王襃〔四〕來獻其書。書，襃所作也。按《漢略》、《隋志》皆無其書，襃之作也，亦思所以趨世好、迎上意耶？今讀此編，往往採諸《列子》、《文子》，又採諸《呂氏春秋》、《新序》、《說苑》，又時採諸《戴氏禮》。源流不一，往往論殊而辭異，可謂雜而不純、濫而不實者矣。太史公作《莊周列傳》，固嘗言其語空而無實，而柳宗元又以為空言之尤，皆足知其人、決其書。然柳氏所見，必是王襃所作者。

【集釋】

〔一〕唐王士源《孟浩然集序》：「士源幼好名山，行年十八，首事陵山恒嶽，諮求通玄丈人。過蘇門，問道隱者左知運，太白習隱訣，終南修《亢倉》九篇。」唐韋滔天寶九載《孟浩然集序》：「宜城王士源者，藻思清遠，深鑒文理，常遊山水，不在人間，著《亢倉子》數篇，傳之於代。」唐柳宗元《柳河東集》卷四《辯亢倉子》：「太史公為《莊周列傳》，稱其為書畏累、亢桑子皆空言無事實。今世有《亢桑子》書，其首篇出《莊子》，而益以庸言，蓋周所云者尚不能有事實，又況取其語而益之者，其為空言尤也。劉向、班固錄書無《亢倉子》，而今之為術者乃始為之傳注，以教於世，不亦惑乎！宋呂南公《灌園集》卷十七《讀亢倉子》：「治平四年，余見此書於今集賢鄧校理家，怪其詭致不倫，不及文、莊、列、老遠甚，其辭又最鄙陋，令人懶讀，常疑有好事者詭冒為之。……後二年，在淮南始見《唐史》新書，乃知開元時王士源者造此。又四年，於汴京見李肇《國史補》，其說與新書同，蓋新書據肇所記而言之耳。……柳先生嘗論《亢倉》不宜傳解，而不慮為唐人詐造，其辯蓋猶未盡。余方自憐不惑之早，故為之志，

以佐柳於盡焉。」明宋濂《文憲集》卷二十七《諸子辨》：「《亢倉子》五卷，凡九篇，相傳周庚桑楚撰。予初苦求之不得，及得之，終夜疾讀，讀畢，歎曰：是偽書也。剿老、莊、文、列及諸家言而成之也。其言曰：危代以文章取士，則剪巧綺繿益至，而正雅典實益藏。夫文章取士，近代之制，戰國之時無有也。其中又以人易民，以代易世，世民，太宗諱也，偽之者其唐士乎？予猶存疑而未決也。後讀他書，果謂天寶初詔號亢桑子為《洞靈真經》，求之不獲，襄陽處士王士元採諸子文義類者撰而獻之。其說頗與予所見合，復取讀之，益見其言詞不類，因棄去。」明王世貞《讀書後》卷五《讀亢倉子》：「亢倉子，其文辭東京之後，迂於儒者耳，其議則無嘉焉。余讀《公孫龍》，雖其謬悠鄙舛，而要之縱放強辨，儼然戰國之習也，偽者多援少倍，多拘少劌。《亢倉子》，偽書也。《列子》載亢倉子，遂有《亢倉子》；《家語》記子華子，遂有《子華子》；賈誼稱鶡冠子，遂有《鶡冠子》。嗚呼！士之託空名以求傳其言者，意亦可悲哉！」《四庫全書總目》卷一百四十六云：「《亢倉子》一卷。舊本題庚桑楚撰，唐柳宗元嘗辨其偽。晁公武《讀書志》曰：案唐天寶元年詔號亢桑子為《洞靈真經》，然求之不獲。襄陽處士王士元謂莊子作庚桑子，太史公、列子作《亢倉子》，其實一也。取諸子文義類者補其亡。今此書乃士元補亡者。宗元不知其故而遽詆之，可見其銳於譏議也。今考《新唐書·藝文志》載王士元《亢倉子》二卷，所注與公武所言同，則公武之說有據。又考《孟浩然集》首有宜城王士元序，自稱修《亢倉子》九篇。又有天寶九載韋滔序，亦稱宣城王士元藻思清遠，深鑒文理，常遊山水，不在人間，著《亢倉子》數篇，傳之於代云云，與《新唐書》所言合。則《新唐書》之說亦為有據。宋濂作《諸子辨》，乃仍摘其以『人』易『民』，以『代』易『世』，斷為唐人所偽，亦未之考矣。惟是庚桑楚居於畏壘，僅見《莊子》，而《史記·莊周列傳》則云周為書如《畏壘》、《亢倉子》，皆空言無事實。則其人亦鴻蒙雲將之流，有無蓋未可定。其書《漢志》、《隋志》皆不著錄。至於唐代，何以無所依據，憑虛漫求？毋亦士元先有此本，而出入禁中之方士如葉法善、羅公遠者轉相煽惑，預為之地，因而詔求歟？觀士元自序，稱天寶四載，徵謁京邑，適在書成之後，是亦明證也。劉恕《通鑒外紀》引封演之言曰：王巨源採《莊子·庚桑楚》篇義補葺，分為九篇。云其先人於山中得古本，奏上之。敕付學士詳議。疑不實，竟不施行。今《亢桑子》三卷是也。（案：此條《封

氏聞見記》不載，蓋今本乃殘闕之餘，其以王士元為王巨源，以《亢倉子》為《亢桑子》，以二卷為三卷，則傳聞異詞也。）然則士元此書，始猶偽稱古本。後經勘驗，知其不可以售欺，乃自承為補亡矣。然士元本亦文士，故其書雖雜剽《莊子》、《老子》、《列子》、《文子》、《商君書》、《呂氏春秋》、劉向《說苑》、《新序》之詞，而聯絡貫通，亦殊疊疊有理致，非他偽書之比。其多作古文奇字，與衛元嵩《玄包》相類。晁公武謂內不足者必假外飾，頗中其病。《宋史·藝文志》別有《亢倉子音》一卷，殆即釋其奇字歟？《崇文總目》作九篇，晁、陳諸家皆同。《宋志》作二卷，宋濂《諸子辨》則作五卷。此本僅有一卷，而篇數與《崇文總目》合，蓋又明人所併云。」

〔二〕語見《孟子·滕文公上》：「孟子曰：『然。不可以他求者也。孔子曰：「君薨，聽於冢宰。歠粥，面深墨。即位而哭，百官有司，莫敢不哀，先之也。」上有好者，下必有甚焉者矣。「君子之德，風也；小人之德，草也。草尚之風必偃。」是在世子。』」

〔三〕鄉：偏向，偏愛。

〔四〕王褒：應為王士元。《亢倉子》為王士元所補。士元作《孟浩然集》序，自言其始末最明。清吳玉搢《別雅》卷二：「《莊子》有庚桑楚，《史記·莊子傳》作亢桑子，《大唐新語》云：道家有庚桑子者，世無其書，開元末處士王源撰《亢倉子》兩卷以補之。序云庚桑。亢桑、亢倉，一也。《唐藝文志》以為襄陽王士元著。」《新唐書·藝文志》：「王士元《亢倉子》二卷。天寶元年詔，號《莊子》為《南華真經》，《列子》為《沖虛真經》，《文子》為《通玄真經》，《亢桑子》為《洞靈真經》。然《亢桑子》求之不獲。襄陽處士王士元謂莊子作《庚桑子》，太史公列子作《亢倉子》，其實一也。取諸子文義類者補其亡。」

鶡冠子〔一〕

　　春秋、戰國間，人才之偉且多，有不可勝〔註25〕者，不得其時，不得其位，不得其志，退而藏之山谷林莽之間，無所泄其謀慮智勇，大抵見之論著。然其經營馳騁天下之志，未始一日忘，而其志亦可窺見其萬一者矣。是以功名之念有以怵〔二〕其心，利害之機有以蕩〔三〕其慮，而特立獨行之操，不足以盡洗見聞之陋也。是其為書不出於黃老，則

〔註25〕學津本、四部本、叢編本「勝」下有「數」字。

雜於刑名，是蓋非一《鶡冠子》而已也。柳子厚讀賈誼〔四〕《鵩賦》，嘉其詞，而學者以為盡出《鶡冠子》。得其書讀之，殊為鄙淺，唯誼所引用者為甚美，餘無可言者。《列仙傳》〔五〕曰：「鶡冠子，楚人，隱居，衣弊履穿，以鶡〔六〕為冠，莫測其名。著書言道家事，則蓋〔註26〕出於黃老矣。」〔七〕其書有曰：「小人事其君，務蔽其明，塞其聰，乘其威，以灼熱天下。天高而難追，有福不可請，有禍不可違。」〔八〕其言如此，是蓋未能忘情於斯世者。至曰：「鳳鳥陽之精，麒麟陰之精，萬民者德之精。」〔九〕嗚呼，亦神矣！

【集釋】

〔一〕《四庫全書總目》卷一百十七云：「《鶡冠子》三卷。案：《漢書·藝文志》載《鶡冠子》一篇，注曰楚人。居深山，以鶡為冠。劉勰《文心雕龍》稱鶡冠綿綿，亟發深言。《韓愈集》有《讀鶡冠子》一首，稱其《博選篇》四稽、五至之說，《學問篇》一壺千金之語，且謂其施於國家，功德豈少。《柳宗元集》有《鶡冠子辨》一首，乃詆為言盡鄙淺，謂其《世兵篇》多同《鵩賦》，據司馬遷所引賈生二語，以決其偽。然古人著書，往往偶用舊文，古人引證，亦往往偶隨所見。如『谷神不死』四語，今見《老子》中，而《列子》乃稱為黃帝書。『克己復禮』一語，今在《論語》中，《左傳》乃謂仲尼稱《志》有之。『元者善之長也』八句，今在《文言傳》中，《左傳》乃記為穆姜語。司馬遷惟稱賈生，蓋亦此類，未可以單文孤證，遽斷其偽。惟《漢志》作一篇，而《隋志》以下皆作三卷，或後來有所附益，則未可知耳。其說雖雜刑名，而大旨本原於道德，其文亦博辨宏肆。自六朝至唐，劉勰最號知文，而韓愈最號知道，二子稱之，宗元乃以為鄙淺，過矣。此本為陸佃所注，凡十九篇。佃序謂愈但稱十六篇，未睹其全。佃，北宋人，其時古本韓文初出，當得其真。今本韓文乃亦作十九篇，殆後來反據此書以改韓集，猶劉禹錫《河東集》序稱編為三十二通，而今本柳集亦反據穆修本改為四十五通也。佃所作《埤雅》，盛傳於世，已別著錄，此注則當日已不甚顯，惟陳振孫《書錄解題》載其名。晁公武《讀書志》則但稱有八卷一本，前三卷全同《墨子》，後兩卷多引漢以後事。公武削去前後五卷，得十九篇。殆由未見佃注，故不知所注之本先為十九篇歟？」

〔註26〕「蓋」，《文獻通考》卷二百十一作「盡」。

〔二〕怵：誘導；誘惑。

〔三〕蕩：誘惑；迷惑。

〔四〕賈誼：（前200～前168），西漢河南洛陽人。年二十餘，文帝召為博士，遷太中大夫。數上疏，言時弊，為大臣周勃、灌嬰等所毀，貶為長沙王太傅，遷梁懷王太傅。曾多次上書，主張重農抑商，建議削弱諸侯王勢力。以懷才不遇，憂鬱而死。所著政論《陳政事疏》、《過秦論》等，為西漢鴻文。世稱賈太傅，又稱賈長沙、賈生。有《新書》、《賈長沙集》。

〔五〕《列仙傳》：宣揚道教神仙信仰著作之一，舊題為西漢劉向撰。

〔六〕鶡：鶡之尾羽。

〔七〕《太平御覽》卷五百十引袁淑真《隱士傳》：「鶡冠子或曰楚人，隱居幽山，衣敝履穿，以鶡為冠，莫測其名，因服成號。著書言道家事，馮暖常師事之。暖後顯於趙，鶡冠子懼其薦己也，乃與暖絕。」

〔八〕語本《鶡冠子·道端》：「夫小人之事其君也，務蔽其明、塞其聽、乘其威，以灼熱人，天下惡之；其崇日凶，故卒必敗，禍及族人。此君臣之變、治亂之分，興壞之關梁，國家之閱也。逆順利害，由此出生。」

〔九〕語本《鶡冠子·度萬》：「鳳凰者鶉火之禽，陽之精也；麒麟者玄枵之獸，陰之精也；萬民者德之精也，德能致之。」

孫 子〔一〕

昭文章〔二〕，明貴賤，辨等列，順少長，魯兵也。不重傷〔三〕，不禽二毛〔四〕，不以阻隘〔五〕，明恥教戰，宋兵也。少長有禮，八節〔六〕和睦，晉兵也。制國作政，以寄軍令，齊兵也。僕三千人，有紀有綱，秦兵也。伐晉之舉，喪乃止焉，楚兵也。周衰，制隳法蕩，政不克〔七〕綱，強弱相凌，一趨於武，佻兵圖霸，干戈相尋〔八〕，甚可畏也。其間謀帥行師，命意立制，猶知篤禮信、尚訓齊〔九〕，庶幾三代仁義之萬一焉耳，殊未至於毒也。兵流於毒，始於孫武〔十〕乎？武稱雄於言兵，往往捨正而鑿奇，背義而依詐。凡其言議反覆，奇變無常，智術相高，氣驅力奮，故《詩》、《書》所述，《韜》、《匱》所傳，至此皆索然〔十一〕無餘澤〔十二〕矣。先儒曰：「無以學術殺天下後世。」〔十三〕是猶言學者也。吳越交兵，勝負未決，武居其間，豈無所以為強吳勝越者？二十年間，闔廬〔十四〕既以戰死，夫差〔十五〕旋喪其國。方是時，武之術不行

於他國，特見信於吳，而武之言兵亦知為吳計〔十六〕而已。成敗興亡，易如反掌，固毋待於殺天下後世，兵其可以智用歟？

【集釋】

〔一〕明方孝孺《遜志齋集》卷四《讀孫子》：「戰非聖人之得已也。聖人之所為戰者，不城而人莫敢逾，不池而人莫敢近，無戈矛劍戟弓矢之器，而奸謀邪慮消沮於萬里之外，是之謂道德之師。其次，導之以禮樂，申之以政令，誅暴而伐罪，救民而不求利，不戰而服人，不殺一卒而勝國，是之謂仁義之師。下此則以材相用，以詐相欺而已矣。若孫武子者，亦其一也。然其十三篇之所論，先計謀而後攻戰，先知而後料敵，用兵之事周備明白，雖不足與於仁義之師，苟以之戰，則豈非良將乎？視彼恃力之徒，驅赤子而陷之死地者，猶狼殘虎噬耳。嗚呼，武亦安可得哉？」《四庫全書總目》卷九十九云：「《孫子》一卷。周孫武撰。考《史記·孫子列傳》，載武之書十三篇，而《漢書·藝文志》乃載《孫子兵法》八十二篇，圖九卷。故張守節《正義》以十三篇為上卷，又有中、下二卷。杜牧亦謂武書本數十萬言，皆曹操削其繁剩，筆其精粹，以成此書。然《史記》稱十三篇在《漢志》之前，不得以後來附益者為本書，牧之言固未可以為據也。此書注本極夥。《隋書·經籍志》所載，自曹操外，有王凌、張子尚、賈詡、孟氏、沈友諸家。《唐志》益以李筌、杜牧、陳皞、賈林、孫鎬諸家。馬端臨《經籍考》又有紀燮、梅堯臣、王晰、何氏諸家。歐陽修謂兵以不窮為奇，宜其說者之多，其言最為有理。然至今傳者寥寥。應武舉者所誦習，惟坊刻講章，鄙俚淺陋，無一可取。故今但存其本文著之於錄。武書為百代談兵之祖，葉適以其人不見於《左傳》，疑其書乃春秋末戰國初山林處士之所為。然《史記》載闔閭謂武曰：『子之十三篇，吾盡觀之矣。』則確為武所自著，非後人嫁名於武也。」

〔二〕文章：錯雜的花紋。暗指衣服上的等級區別。

〔三〕重傷：再次傷害已經受傷的人。

〔四〕二毛：斑白的頭髮。常用以指老年人。

〔五〕阻隘：險要之處。

〔六〕八節：當作「八卿」。「八卿和睦」，文見《左傳·襄公八年》。「八卿」，指當時晉四軍將佐。

〔七〕克：能夠。

〔八〕尋：用。《爾雅》：「尋，用也。」《左傳》：「日尋干戈」，「三年將尋師焉」。

〔九〕訓齊：教化。

〔十〕孫武：春秋時齊國樂安人。田完後裔，其先賜姓孫氏。以兵法求見吳王闔
　　　廬，吳王用為將，西破強楚，五戰五勝，入楚都，北威齊、晉，顯名諸侯。
　　　有《孫子兵法》傳世，為「百代談兵之祖」。

〔十一〕索然：空乏貌。

〔十二〕餘澤：指遺留給後人的德澤。

〔十三〕語見《崔清獻全錄‧言行錄中》。

〔十四〕闔廬：（？～前496），一作闔閭，名光，春秋時吳國國君，吳王諸樊之子。
　　　吳王僚繼父餘昧即位，光不滿，用楚流亡之臣伍員為行人，孫武為將軍，國
　　　力富強，削弱楚國。九年，伐楚，大敗楚，乘勝攻入楚都郢。因秦師來救、
　　　國內有內亂而退。後與越王句踐戰，敗於檇李，傷指死。

〔十五〕夫差：（？～473），春秋末吳國國君，闔廬子。闔廬為越王句踐所傷而死，
　　　夫差嗣立，誓報父仇，大敗越軍，句踐求和。後不聽伍子胥勸告，從海上攻
　　　齊，未能勝，又北會諸侯於黃池，與晉爭霸。越王句踐乘虛襲吳，吳請和。
　　　後越又大舉攻吳，吳亡，夫差自殺。

〔十六〕計：計慮；考慮。

吳　子〔一〕

　　自有春秋而天下日窮於兵，孫武以言兵進於吳，吳起〔二〕以言兵售
於魏，各以書名家〔三〕。然讀《吳子》，其說蓋與孫武截然其不相侔也。
起之書幾乎正，武之書一乎奇。吳〔註27〕之書尚禮義、明教訓〔四〕，或有
得於《司馬法》〔五〕者。武則一切戰國馳騁戰爭、奪謀逞詐之術〔註28〕耳。
武侯浮〔六〕西河〔七〕，下中流，喟然歎曰：「美哉！山河之固，魏〔註29〕
之寶也。」起言之曰：「在德不在險，德之不修，舟中之人盡敵國也。」
〔八〕斯言之善，質於經，求之古，奚慚〔註30〕焉？反覆此編〔註31〕，則
所教在禮，所貴在禮〔註32〕。夫以湯、武仁義律〔九〕之〔註33〕，起誠有

〔註27〕「吳」，學津本、四庫本、四部本、叢編本、四明本作「起」。

〔註28〕「術」，四庫本作「行」。

〔註29〕「魏」，四庫本作「國」。

〔註30〕「慚」，四庫本作「愧」。

〔註31〕「編」，四庫本作「意」。

〔註32〕「禮」，四庫本作「義」。

〔註33〕「仁義律之」，四庫本作「之仁相比」。

間〔十〕，求之於齊、魯、晉、衛〔註34〕、秦、楚之論兵者，起庶幾乎？武侯賢矣，聽起者篤矣，君臣之遇，不為不厚矣，讒間〔十一〕一生，棄如敝屣。勳名〔十二〕志業，迄不一就〔十三〕，士之思古，安得不歎息於斯？若其當新難〔註35〕之國，輔未壯之君，馭不附之大臣，臨未信之百姓，而乃明法審令，廢〔註36〕疏遠之公族〔十四〕，捐〔十五〕不急之庶官〔十六〕，持意太過，操制太嚴，是所以速禍耳，起乃疏於此耶？

【集釋】

〔一〕明方孝孺《遜志齋集》卷四《讀吳子》：「衛人吳起書六篇，兵書也。起嘗受學於曾子，故其書間談仁義，然起烏足以知仁義哉！起嘗殺婦而求將，齧臂與母盟。其天資固刻忍之人，是以見棄於曾子之門，而卒以兵顯。觀其論兵，則孫武之亞也，而武之說為明備矣。起嘗與魏武侯言，在德不在險，信戰國時之名言。特以無行見少於世，亦可以見聖人之教入人者深，而是非之公，終不可泯也。於乎！豈不足為喜功者之戒哉？」《四庫全書總目》卷九十九云：「《吳子》一卷。周吳起撰。起事蹟見《史記·列傳》。司馬遷稱起兵法世多有，而不言篇數。《漢·藝文志》載《吳起》四十八篇。然《隋志》作一卷，賈詡注。《唐志》並同。鄭樵《通志略》又有孫鎬注一卷。均無所謂四十八篇者。蓋亦如孫武之八十二篇出於附益，非其本書世不傳也。晁公武《讀書志》則作三卷，稱唐陸希聲類次為之，凡說國、料敵、治兵、論將、變化、勵士六篇。今所行本雖仍並為一卷，然篇目並與《讀書志》合，惟變化作應變，則未知孰誤耳。起殺妻求將，齧臂盟母，其行事殊不足道。然嘗受學於曾子，耳濡目染，終有典型，故持論頗不詭於正。如對魏武侯則曰『在德不在險』；論制國治軍則曰『教之以禮，勵之以義』；論為將之道則曰『所慎者五，一曰理，二曰備，三曰果，四曰戒，五曰約』；大抵皆尚有先王節制之遺。高似孫《子略》謂其尚禮義，明教訓，或有得於《司馬法》者，斯言允矣。」

〔二〕吳起：（？～前381），戰國時衛國左氏人。曾學於曾子，善用兵。初仕魯，後入衛為將，屢建戰功，任為西河守，以抗秦、韓。魏文侯死，遭大臣陷害，逃奔楚。楚悼王素慕起才，至即任為相。南平百越，北並陳、蔡，卻

〔註34〕「衛」，四庫本作「宋」。
〔註35〕「難」，四庫本作「造」。
〔註36〕「廢」，四庫本作「斥」。

－258－

三晉，西伐秦，國勢日強。悼王死，為宗室大臣殺害。兵法與孫武、孫臏齊名。

〔三〕名家：謂有專長而自成一家。

〔四〕教訓：教化。

〔五〕《司馬法》：是我國古代重要兵書之一，大約成書於戰國初期。

〔六〕浮：水上航行。

〔七〕西河：河名。古稱黃河南北流向的部分為西河。

〔八〕語見《史記・孫子吳起列傳》：「武侯浮西河而下中流，顧而謂吳起曰：『美哉乎山河之固！此魏國之寶也。』起對曰：『在德不在險。昔三苗氏左洞庭，右彭蠡，德義不修，禹滅之。夏桀之居左河濟，右泰華，伊闕在其南，羊腸在其北。修政不仁，湯放之。殷紂之國，左孟門，右太行，常山在其北，大河經其南。修政不德，武王殺之。由此觀之，在德不在險，若君不修德，舟中之人盡為敵國也。』」

〔九〕律：要求。

〔十〕間：間隔，距離。

〔十一〕讒間：用讒言離間他人。

〔十二〕勳名：功名。勳，同「勛」。

〔十三〕就：成；成功；完成。

〔十四〕公族：諸侯或君王的同族。

〔十五〕捐：捨棄。

〔十六〕庶官：各種官職。

范 子

范子〔一〕之事，不亦奇乎？蠡相越王句踐〔二〕，深謀隱策者一十二年，迄亡吳〔註37〕，大雪越恥。句踐霸，拜蠡上將軍〔三〕，蠡即日上書句踐，扁舟五湖，闃〔四〕無然聲，又浮海入齊，變姓名鴟夷子皮〔五〕，父子治貲〔六〕數十萬。齊聞之，延為相。有頃，上相印，書〔註38〕散其所有，獨懷重寶行，次乎陶〔七〕，天下稱陶朱公。嗚呼，智哉！唐王績〔八〕詩：「范蠡何智哉，單舟戒輕裝。」〔九〕與吾言合節。蠡方居齊，

〔註37〕「亡吳」，學津本、四庫本、四部本、叢編本作「吳亡」。
〔註38〕「書」，學津本、四庫本、四部本、叢編本、四明本作「盡」。

以書儆大夫種〔十〕曰：「鷙鳥盡，良弓藏。狡兔死，走狗烹。王長頸，可共患難，不可共樂。合〔十一〕亟〔十二〕圖之。」〔十三〕嗚呼，此非蠡之言，計然〔十四〕之言也。初，有計然者，遨遊海澤，自稱漁父。蠡有請曰：「先生有陰德，願令越社稷長保血食〔十五〕。」計然曰：「越王鳥喙〔十六〕，不可以同利。」〔十七〕蠡之智其有決於此乎？此編卷十有二，往往極陰陽之變，窮曆數〔十八〕之微。其言之妙者，有曰：「聖人之變，如水隨形。」〔十九〕蠡之所以俟時而功〔註39〕，以〔註40〕見幾而作者，其亦有得乎此。計然，濮上人，姓章〔註41〕名文子，其先晉國公子〔二十〕也。

【集釋】

〔一〕范子：即陶朱公，字少伯，春秋末楚國宛人。越國大夫。與宛令文種為友，隨種入越事越王允常。句踐即位，用為謀臣。越為吳所敗，文種守國，蠡乞成於吳，且隨句踐為臣仆於吳三年。既歸，與文種戮力圖強。句踐十五年，破吳都。二十二年越圍吳，三年而滅吳。著有《范蠡》，已佚。

〔二〕句踐：即句賤（？～前 465），春秋末越國國君。其父允常為吳王闔閭所敗。句踐元年與吳戰，敗吳師於攜李，吳王闔閭受傷，旋死。吳王夫差報仇，敗越於夫椒。句踐以餘部五千屯會稽，使文種因吳太宰伯嚭求和。後二年，使文種守國，與范蠡臣於吳。返國後臥薪嚐膽，用范蠡、文種等策，十年生聚，轉弱為強。句踐十五年，乘吳王夫差北上黃池與晉爭霸，攻入吳都，迫吳求和。後終滅吳。繼又北渡淮，會諸侯於徐州，貢於周，受方伯之命，成霸主。

〔三〕上將軍：行軍作戰時軍中的主帥。

〔四〕闃：寂靜。

〔五〕鴟夷子皮：所謂「鴟夷」者，盛酒之壺狀器具也，乃一種皮製口袋，用時「盡日盛酒」，不用時，可收起疊好，隨身攜帶。是古代民間普遍使用的一種韌性很大的酒囊。「子皮」者，「皮子」也。鴟夷子皮，即酒囊皮子也，寓用舍行藏、包羅萬象、吞吐天地之意。

〔六〕貲：通「資」。貨物，錢財。

〔註39〕「功」，學津本、四庫本、四部本、叢編本、四明本作「動」。
〔註40〕學津本、四庫本、四部本、叢編本、四明本無「以」字。
〔註41〕「章」，《文獻通考》卷二百十三作「辛」。

〔七〕陶：陶邑，在今山東定陶縣西北，春秋時曹地，後並於宋。范蠡居此貿易，致三千金，號陶朱公。

〔八〕王績：（約 590～644），字無功，唐初絳州龍門人。隋煬帝大業中舉孝悌廉潔，授祕書省正字，不樂在朝，辭疾，復授六合縣丞。性簡放，嗜酒不任事，以世亂還鄉里，著書東皋，自號「東皋子」。唐高祖武德中，以前朝原官待詔門下省。太宗貞觀初以疾罷歸。

〔九〕語見《東皋子集》卷中《贈梁公》。

〔十〕大夫種：字少禽，一作子禽，春秋時楚國郢人。事越王句踐為大夫。越被吳擊敗，困守會稽，種獻計賄賂吳太宰伯嚭，得免亡國。句踐回國後，授以國政，上下刻苦圖強，終於滅吳。後句踐聽信讒言，賜劍令自殺。

〔十一〕合：應該，應當。

〔十二〕亟：及早。《爾雅》：「亟，急也。」

〔十三〕語見《史記‧越王句踐世家》：「范蠡遂去，自齊遺大夫種書曰：『蜚鳥盡，良弓藏；狡兔死，走狗烹。越王為人長頸鳥喙，可與共患難，不可與共樂，子何不去？』」

〔十四〕計然：春秋末葵丘濮上人，名研。一說姓辛，字文子。其先人乃晉之公子。博學，尤善計算。南遊於越，范蠡師事之。為句踐謀，提出「知斗則修備，時用則知物」，「農末俱利，平糶齊物，關市不乏」，「財幣欲其行如流水」等策，修之十年，富國強兵，遂報強吳。

〔十五〕血食：謂受享祭品。古代殺牲取血以祭，故稱。

〔十六〕鳥喙：鳥嘴。常用來形容尖凸的人嘴。

〔十七〕見《文獻通考》卷二百十三引高氏《子略》。

〔十八〕曆數：天道、天運，指形象運行的軌道及週期，古人以此觀盛衰興亡的氣數。

〔十九〕語見《意林》卷一。

〔二十〕公子：古代稱諸侯之庶子，以別於世子，亦泛稱諸侯之子。

鬼谷子〔一〕《隋志》有樂注一卷〔註42〕，又有鬼谷先生《占氣》一卷。

戰國之事危矣，士有挾雋異豪偉〔二〕之氣求騁乎用，其應對酬酢〔三〕、變詐激昂，以自放〔四〕於文章，見於頓挾〔註43〕險怪、離合〔五〕

〔註42〕「樂注一卷」，百川本作「樂注三卷」，學津本、四庫本、四部本、叢編本作「樂法一卷」。
〔註43〕「頓挾」，四庫本作「頓趺」。

揣摩〔六〕者，其辭又極矣。《鬼谷子》書，其智謀、其數術〔七〕、其變譎、其辭談，蓋出於戰國諸人之表。夫一闢一闔，《易》之神也。一翕一張，老氏之幾也。鬼谷之術，往往有得於闔闢翕張之外，神而明之，益至於自放潰裂而不可禦。予嘗觀諸《陰符》〔八〕矣，窮天之用〔九〕，賊人之私〔十〕，而陰謀詭秘，有《金匱》、《韜略》之所不可該者，而鬼谷盡得而泄之，其亦一代之雄乎！按劉向、班固《錄》《書》無《鬼谷子》，《隋志》始有之，列於縱橫家〔十一〕，《唐志》以為蘇秦之書。然蘇秦所記，以為周時有豪士〔十二〕隱者，居鬼谷〔十三〕，自號鬼谷先生，無鄉里〔十四〕族姓名字。今考其言，有曰：「世無常貴〔註44〕，事無常師。」〔十五〕又曰：「人動我靜，人言我聽。知性則寡累，知命則不憂。」〔十六〕凡此之類，其為辭亦卓然矣。至若《盛神》、《養志》諸篇，所謂中稽道德之祖〔十七〕，散入神明之賾者，不亦幾乎！郭璞〔十八〕《登樓賦》有曰：「揖首陽〔十九〕之二老，招鬼谷之隱士。」〔二十〕又《遊仙詩》曰：「青溪千餘仞，中有一道士。借問此何誰？云是鬼谷子。」〔二一〕可謂慨想其人矣。徐廣〔二二〕曰：潁川〔二三〕陽城〔二四〕有鬼谷。注其書者，樂臺〔二五〕、皇甫謐〔二六〕、陶弘景〔二七〕、尹知章。知章，唐人。

【集釋】

〔一〕唐長孫無忌《鬼谷子序》：「《隋書經籍志》：《鬼谷子》三卷，皇甫謐注。鬼谷子，楚人也，周世隱於鬼谷。梁有陶弘景注三卷，又有樂壹注三卷。從橫者，所以明辯說，善辭令，以通上下之志者也。漢世以為本出行人之官，受命出疆，臨事而制，故曰『誦《詩》三百，使於四方，不能專對，雖多亦奚以為。』《周官·掌交》『以節與幣，巡邦國之諸侯，及萬姓之聚，導王之德意志慮，使闢行之，而和諸侯之好，達萬民之說，論以九稅之利、九儀之親、九牧之維、九禁之難、九戎之威』是也。佞人為之，則便辭利口，傾危變詐，至於賊害忠信，覆亂邦家。監修國史趙國公長孫無忌等上。」《四庫全書總目》卷一百十七云：「《鬼谷子》一卷。案《鬼谷子》，《漢志》不著錄。《隋志》縱橫家有《鬼谷子》三卷，注曰周世隱於鬼谷。《玉海》引《中興書目》曰，周時高士，無鄉里族姓名字，以其所隱，自號鬼谷先生。蘇秦、張儀事之，授以《捭闔》至《符言》等十有二篇，及《轉丸本經》、《持樞中經》等

〔註44〕「貴」，四庫本作「貴」。《繹史》卷一百十四、《鬼谷子》均作「貴」，唐馬總《意林》卷二引作「責」。

－262－

篇。因《隋志》之說也。《唐志》卷數相同，而注曰蘇秦。張守節《史記正
義》曰，鬼谷在雒州陽城縣北五里。《七錄》有蘇秦書，樂壹注云，秦欲神
秘其道，故假名鬼谷。此又《唐志》之所本也。胡應麟《筆叢》則謂《隋志》
有蘇秦三十一篇，張儀十篇，必東漢人本二書之言，薈萃為此，而託於鬼谷，
若子虛亡是之屬。其言頗為近理，然亦終無確證。《隋志》稱皇甫謐注，則
為魏、晉以來書，固無疑耳。《說苑》引《鬼谷子》有人之不善而能矯之者
難矣一語，今本不載；又惠洪《冷齋夜話》引《鬼谷子》曰，崖蜜，櫻桃也，
今本亦不載；疑非其舊。然今本已佚其《轉丸》、《胠亂》二篇，惟存《捭闔》
至《符言》十二篇，劉向所引或在佚篇之內。至惠洪所引，據王直方詩話，
乃《金樓子》之文，惠洪誤以為《鬼谷子》耳。（案：王直方《詩話》今無
全本，此條見朱翌《猗覺寮雜記》所引。）均不足以致疑也。高似孫《子略》
稱其一闔一闢，為《易》之神。一翕一張，為老氏之術。出於戰國諸人之表，
誠為過當。宋濂《潛溪集》詆為蛇鼠之智，又謂其文淺近，不類戰國時人，
又抑之太甚。柳宗元辨《鬼谷子》，以為言益奇而道益陷，差得其真。蓋其
術雖不足道，其文之奇變詭偉，要非後世所能為也。」

〔二〕豪偉：氣魄宏大。

〔三〕酬酢：應酬交往。

〔四〕自放：自騁其才氣。

〔五〕離合：指合縱連橫。

〔六〕揣摩：指縱橫家之書。

〔七〕數術：指權術、策略、治國方略等。

〔八〕《陰符》：即今《鬼谷子》書中的《本經陰符七術》。陶弘景曰：「陰符者，私
　　　志於內，物應於外，若合符契，故曰陰符。」《本經陰符七術》是關於計謀
　　　的七篇專論，「計謀者，存亡之樞機」，而要計謀能成，必須要「慮深遠」，
　　　所謂「慮深遠則計謀成」。而「慮深遠」，必須要求「心安靜」。心如何安靜？
　　　需「養志」、「養神」，心與氣合，歸之於道。

〔九〕窮天之用：深入研究天道在人事上的應用。窮：徹底推求；深入鑽研。

〔十〕賊人之私：克制人慾之私。賊：克；制約。

〔十一〕縱橫家：戰國時期一批從事政治活動的謀士，以審察時勢、陳明利害的方
　　　　法，以「合縱」、「連橫」的主張，游說列國君主，對當時形勢有一定影響，
　　　　其代表人物為蘇秦、張儀。

〔十二〕豪士：豪傑之士。

〔十三〕鬼谷：今河南登封縣東南，相傳為戰國鬼谷先生所居。

〔十四〕鄉里：周制，王及諸侯國都郊內置鄉，民眾聚居之處曰里。因以「鄉里」泛指鄉民聚居的基層單位。

〔十五〕語本《鬼谷子・忤合》。

〔十六〕語見《意林》卷二：「人動我靜，人言我聽，能固能去，在我而問。知性則寡累，知命則不憂。憂累去則心平，心平而仁義著矣。」

〔十七〕祖：初；開始。

〔十八〕郭璞：（276～324），字景純，東晉河東聞喜人。博學，好古文奇字，精天文、曆算、卜筮，擅長詩賦。西晉末過江，為宣城太守殷佑參軍，為王導所重。晉元帝拜著作佐郎，與王隱公撰《晉史》，遷尚書郎。後為王敦記室參軍。為《爾雅》、《方言》、《山海經》、《穆天子》作注，傳於世。有輯本《郭弘農集》。

〔十九〕首陽：即首陽山，在今河南偃師縣西北，一名首山。

〔二十〕語見《漢魏六朝一百三家集》卷五十六《登百尺樓賦》。

〔二一〕語見《漢魏六朝一百三家集》卷五十七《遊仙詩十四首》：「青溪千餘仞，中有一道士。雲生梁棟間，風出窗戶裏。借問此何誰？云是鬼谷子。翹跡企潁陽，臨河思洗耳。閶闔西南來，潛波渙鱗起。靈妃顧我笑，粲然啟玉齒。蹇修時不存，要之將誰使？」

〔二二〕徐廣：（352～425），字野民，東晉東莞姑幕人。性好學，百家數術，無不研覽。謝玄辟為從事，累遷秘書監，封樂成侯。以十二年之功，撰成《晉紀》。

〔二三〕潁川：郡名，秦王政 17 年（公元前 230 年）置。以潁水得名。治所在陽翟（今河南省禹州市）。轄境相當今河南登封市、寶豐以東，尉氏、鄢城以西，新密市以南，葉縣、舞陽以北地。

〔二四〕陽城：今河南登封縣東南。

〔二五〕樂臺：唐人，有《鬼谷子》注。

〔二六〕皇甫謐：（215～282），字士安，幼名靜，自號玄晏先生。西晉安定朝那人。少游蕩無度，年二十餘，始勤學不怠，博綜典籍百家之言。武帝時，累徵不就。自表借書，武帝賜書一車。著有《武王世紀》、《高士傳》、《列女傳》及《針灸甲乙經》等。

〔二七〕陶弘景：（452 或 456～536），字通明，南朝梁丹陽秣陵人。讀書萬卷，善

琴棋，工草隸，博通曆算、地理、醫藥等。蕭道成為相時，引為諸王侍讀，除奉朝請。齊武帝永明十年，隱居句容居曲山。梁武帝禮聘不出，然朝廷大事，每以諮詢，時稱「山s中宰相」。晚號華陽真逸。主張儒、佛、道合流。有《本草經集注》、《肘後百一方》等。諡貞白先生。

子略卷四

呂氏春秋〔一〕

淮南王〔二〕尚奇謀，幕〔註1〕奇士，廬館一開，天下雋絕〔三〕馳騁之流，無不雷奮雲集〔四〕，蜂議橫起〔五〕，瑰詭作新〔六〕，可謂一時傑出之作矣。及觀《呂氏春秋》，則淮南王書殆出於此者乎？不韋〔七〕相秦，蓋始皇之政也。始皇不好士，不韋則徠〔八〕英茂〔九〕、聚晙豪〔十〕，簪履〔十一〕充庭，至以千計。始皇甚惡書也，不韋乃極簡冊、攻筆墨，採精錄異，成一家言。吁，不韋何為若此者也，不亦異乎！《春秋》之言曰：「十里之間，耳不能聞。帷牆之外，目不能見。三畝之間，心不能知。而欲東至開悟〔十二〕，南撫〔十三〕多鶪〔十四〕，西服〔十五〕壽靡〔十六〕，北懷〔十七〕靡耳〔十八〕，何以得哉？四極國名。」〔十九〕此所以譏始皇也，始皇顧〔二十〕不察哉！韋〔註2〕以此書暴之咸陽門，曰：「有能損益一字者，與千金。」〔二一〕人卒無一敢易者，是亦愚黔〔二二〕之甚矣。秦之士其賤若此，可不哀哉？雖然，是不特人可愚也，雖始皇亦為之愚矣。異時〔二三〕亡秦者，又能〔註3〕屠沽〔二四〕負販〔二五〕，不〔註4〕一知書之人。嗚呼！

【集釋】

〔一〕《四庫全書總目》卷一百十七云：「《呂氏春秋》二十六卷。舊本題秦呂不韋

〔註1〕「幕」，《文獻通考》卷二百十三作「募」。
〔註2〕「韋」，學津本、四庫本、四部本、叢編本、四明本均作「不韋」。
〔註3〕「能」，學津本、四部本、叢編本作「皆」，四庫本作「在」。
〔註4〕「不」，《文獻通考》卷二百十三作「無」，於義為長。

撰，考《史記·文信侯列傳》，實其賓客之所集也。《太史公自序》又稱不韋遷蜀，世傳《呂覽》。考《序意》篇，稱『維秦八年，歲在涒灘』，是時不韋未遷蜀，故自高誘以下，皆不用後說，蓋史駮文耳。《漢書·藝文志》載《呂氏春秋》二十六篇。今本凡十二紀、八覽、六論。紀所統子目六十一，覽所統子目六十三，論所統子目三十六，實一百六十篇。《漢志》蓋舉其綱也。其十二紀，即《禮記》之《月令》。顧以十二月割為十二篇，每篇之後，各間他文四篇。惟夏令多言樂，秋令多言兵，似乎有義，其餘則絕不可曉，先儒無說，莫之詳矣。又每紀皆附四篇，而《季冬紀》獨五篇。末一篇標識年月，題曰《序意》，為十二紀之總論。殆所謂紀者猶內篇，而覽與論者為外篇、雜篇歟？唐劉知幾作《史通》內外篇，而《自序》一篇亦在內篇之末，外篇之前，蓋其例也。不韋固小人，而是書較諸子之言獨為醇正大。大抵以儒為主，而參以道家、墨家，故多引六籍之文與孔子、曾子之言。其他如論音則引《樂記》，論鑄劍則引《考工記》，雖不著篇名，而其文可案。所引莊、列之言，皆不取其放誕恣肆者；墨翟之言，不取其非儒、明鬼者；而縱橫之術，刑名之說，一無及焉。其持論頗為不苟。論者鄙其為人，因不甚重其書，非公論也。」

〔二〕淮南王：劉安（前179～前122），西漢宗室，高祖孫，淮南王劉長子。文帝十六年襲父爵為淮南王。善為文辭，才思敏捷。吳楚七國反，曾謀響應，因國相反對而未遂。武帝即位，安暗整武備。元狩元年事敗，舉兵未成，旋自殺。曾招致賓客方術之士作《鴻烈》，後稱《淮南鴻烈》，亦稱《淮南子》。

〔三〕雋絕：卓異絕倫。

〔四〕雷奮雲集：形容從四面八方迅速集合在一起。雷奮，謂雷鳴。《周易·豫卦》：「雷出地奮。」

〔五〕橫起：猶四起，到處發生。

〔六〕瑰詭：奇異。

〔七〕不韋：呂不韋（？～前235），戰國末衛國濮陽人。原為陽翟大商人，偶遇為質於趙之秦公子異人，視為奇貨，設策使歸嗣位，為秦莊襄王。任秦相，封文信侯。攻滅東周，建三川郡，又佔領韓、魏上黨郡，北略趙地，建太原郡。秦王政立，繼任相國，尊為仲父。又攻韓、魏，建置東郡。門下食客三千，家童萬人。秦王政十年親政後，被免職徙蜀，憂懼自殺，曾令賓客編撰《呂氏春秋》。

〔八〕徠：招來，使之來。

〔九〕英茂：才智特出的人。

〔十〕畯豪：即俊豪，才智傑出的人。

〔十一〕簪履：亦作「簪屨」、「簪履」，簪笄和鞋子。常以喻卑微舊臣。

〔十二〕開悟：東極之國。

〔十三〕撫：抵臨；巡。

〔十四〕多鷃：南極之國。

〔十五〕服：平服；平息。

〔十六〕壽靡：我國古籍中所記的極遠的西方古國。

〔十七〕懷：安；安撫。

〔十八〕僬耳：北極之國。

〔十九〕語本《呂氏春秋・審分覽・任數》：「十里之間而耳不能聞，帷牆之外而目不能見，三畝之宮而心不能知，其以東至開梧，南撫多鷃，西服壽靡，北懷儋耳，若之何哉？故君人者不可不察。」

〔二十〕顧：卻；反而。

〔二一〕語見《史記・呂不韋列傳》：「呂不韋乃使其客人人著所聞，集論以為八《覽》、六《論》、十二《紀》，二十餘萬言，以為備天地萬物古今之事，號曰「呂氏春秋」。布咸陽市門，懸千金其上，延諸侯、遊士、賓客有能增損一字者，予千金。」

〔二二〕黔：平民百姓。

〔二三〕異時：以後，他日。

〔二四〕屠沽：亦作「屠酤」，宰牲和賣酒。亦泛指職業微賤的人。

〔二五〕負販：擔貨販賣。

黃石公素書〔一〕

梁蕭〔二〕《圯橋石表》曰：「黃帝氏方平蚩尤時，乃玄女〔三〕啟符〔四〕，風後行誅〔五〕。漢祖方徵秦、項時，乃黃石〔六〕授《兵》〔七〕，留侯〔八〕演成〔九〕。《易》稱『人謀鬼謀〔十〕，百姓與能〔十一〕。』又曰：『神道設教而天下服。』」〔十二〕蓋謂是矣。東坡〔十三〕以為子房（授）〔受〕書於圯上老人〔十四〕，其事甚怪，安知非秦之世有隱君子〔十五〕者，出而試之，世不察，以為鬼物，亦已過矣。子房以蓋世之才，不

為伊尹、太公之謀，而特出於荊軻〔十六〕、聶政〔十七〕之計，以僥倖於不死，此圯上老人之所深惜。老人者，以為子房才有餘，而憂其度量之不足，故深折〔十八〕其少年剛銳之氣，使之忍小忿而就大謀。高祖之所以勝，項籍之所以敗，在能忍與不能忍之間耳。項籍惟不能忍，是以百戰百勝而輕用其鋒。高祖忍之，養其全鋒而待其弊，豈出於張良者乎？按黃石公又有《三略》三卷、《兵書》三卷、《三奇法》一卷、《陰謀軍秘》一卷、《五壘圖》一卷、《內記敵法》一卷、《秘經》一卷、《記》一卷。又有《張良經》一卷，其出於《三略》、《素書》者乎？

【集釋】

〔一〕《四庫全書總目》卷九十九：「《素書》一卷，舊本題黃石公撰，宋張商英注。分為六篇，一曰《原始》，二曰《正道》，三曰《求人之志》，四曰《本德宗道》，五曰《遵義》，六曰《安禮》。黃震《日抄》謂其說以道、德、仁、義、禮五者為一體，雖於指要無取，而多主於卑謙損節，背理者寡。張商英妄為訓釋，取老子『先道而后德，先德而後仁，先仁而後義，先義而後禮』之說以言之，遂與本書說正相反。其意蓋以商英之注為非，而不甚斥本書之偽。然觀其後序所稱圯上老人以授張子房，晉亂，有盜發子房冢，於玉枕中得之，始傳人間。又稱上有秘戒，不許傳於不道、不仁、不聖、不賢之人，若非其人，必受其殃；得人不傳，亦受其殃。尤為道家鄙誕之談。故晁公武謂商英之言世未有信之者。至明都穆《聽雨紀談》，以為自晉迄宋，學者未嘗一言及之，不應獨出於商英，而斷其有三偽。胡應麟《筆叢》亦謂其書中『悲莫悲於精散，病莫病於無常』，皆仙經、佛典之絕淺近者。蓋商英嘗學浮屠法於從悅，喜講禪理，此數語皆近其所為，前後注文與本文亦多如出一手。以是核之，其即為商英所偽撰明矣。以其言頗切理，又宋以來相傳舊本，姑錄存之，備參考焉。」

〔二〕梁肅：（753～793），字敬之，一字寬中，唐安定人，世居陸渾。梁毗五世孫。德宗建中元年，登文辭清麗科。授太子校書郎。復受薦為右拾遺，以母老不赴。貞元中，召為監察御史，轉右補闕、翰林學士、太子諸王侍讀、史館修撰。師事獨孤及，為文尚古樸。獎掖後進，曾薦韓愈、歐陽詹等登第。

〔三〕玄女：傳說中的天上神女，曾授黃帝兵法，以制服蚩尤。亦稱九天玄女，為道教所奉之神。

〔四〕符：一種預言未來的神秘文書，如符命、符兆等。

〔五〕行誅：討伐。

〔六〕黃石：指黃石公，秦漢時齊國人（今山東淄博）。黃公石，又名夏黃公，姓崔名廣，字少通，因避秦時苛政暴虐，曾隱居湖北穀城黃石山，世稱黃石公。

〔七〕兵：指《太公兵法》。

〔八〕留侯：張良（？～前 186），字子房，西漢沛郡城父人，祖與父相繼為韓相。秦滅韓，良圖復韓，募力士於博浪沙狙擊始皇未中，遂更姓名。秦二世元年，聚眾響應陳勝。後從劉邦，為主要謀士。劉邦率軍攻入咸陽，良與樊噲力勸劉邦閉宮室府庫，還軍灞上。於鴻門宴上為劉邦解除危難。楚漢戰爭時，提出不立六國後代，聯結英布、彭越，重用韓信等策。又主張追擊項羽，殲滅楚軍，皆為劉邦所採納。高帝六年，封留侯。晚好黃老，學辟穀之術，卒諡文成。

〔九〕演成：猶促成。

〔十〕人謀：謂與眾人商議謀劃。鬼謀：指占卜吉凶。

〔十一〕與能：推薦有才幹的人。與，通「舉」。

〔十二〕語本《周易・上經泰傳》。神道設教：原指聖人順應自然之勢，利用神聖的道德建立教化，以感化萬物，教誨眾人。後指以鬼神禍福相因之理，教化他人。

〔十三〕東坡：蘇軾（1037～1101），字子瞻，一字和仲，號東坡居士。宋眉州眉山人。仁宗嘉祐二年進士。以端明殿翰林侍讀兩學士出知定州，後貶惠州。紹聖中累貶瓊州別駕，居昌化。徽宗立，元符三年赦還，提舉玉局觀，復朝奉郎。尋病逝常州，諡文忠。著有《東坡七集》、《東坡志林》、《東坡樂府》、《仇池筆記》、《論語說》等書。

〔十四〕圯上老人：指秦末授張良《太公兵法》於圯上的老父。

〔十五〕隱君子：猶隱士。

〔十六〕荊軻：戰國末著名刺客。齊人。徙衛，人稱慶卿。至燕，人稱荊卿。燕太子丹奉為上客，銜命入秦刺秦王嬴政，事敗被殺。事見《史記・刺客列傳》。

〔十七〕聶政：（？～前397），戰國時韓國軹人。嘗殺人，避仇至齊，隱於屠。韓卿嚴遂與相韓傀有隙，出奔。聞政勇武，奉多金求為報仇。政以母在不許。及母死，為嚴遂刺殺韓傀。已，自殺。

〔十八〕折：挫敗。

淮南子〔一〕

　　少愛讀《楚辭》淮南小山篇，聱崒〔註5〕瑰磊〔二〕，他人制作不可企攀者。又慕其《離騷》有傳〔三〕，窈窕〔四〕多思致。每曰：「淮南，天下奇才也！」又讀其書二十篇，篇中文章，無所不有，如與《莊》、《列》、《呂氏春秋》、《韓非子》諸篇相經緯表裏，何其意之雜出、文之沄復也！淮南之奇，出於《離騷》。淮南之放，得於《莊》、《列》。淮南之議論，錯於不韋之流。其精好者，又如《玉杯》、《繁露》〔五〕之書，是又非獨出於淮南。所謂蘇飛、李尚、左吳、田由〔註6〕、雷被、毛被、伍被、〔六〕大山、小山〔七〕諸人，各以才智辯謀，出奇馳雋，所以其書駁然不壹。雖然，淮南一時所延〔八〕，蓋又非止蘇飛之流也。當是時，孝武皇帝雋銳好奇，蓋又有甚於淮南。《內篇》一陳，與帝心合，內少君〔九〕，下王母〔十〕，聘方士〔十一〕，搜蓬萊〔十二〕，神仙譎怪，日日作新，其有感於淮南所謂崑崙〔十三〕、增城〔十四〕、璿室〔十五〕、懸圃〔十六〕、弱水〔十七〕、流沙〔十八〕者乎？武〔註7〕雖不仙，猶饗多壽，王何為者，卒不克終。士之誤人，一至於此，然其文字殊多新特，士之厭常玩俗〔十九〕者，往往愛其書，況其推測物理〔二十〕、探索陰陽，大有卓然出人意表者。唯揚雄氏曰：「淮南說之用，不如太史公之用。太史公之用，聖人將有取焉，淮南鮮取焉耳。悲夫！」〔二一〕

【集釋】

　　〔一〕《四庫全書總目》卷一百十七：「《淮南子》二十一卷。漢淮南王劉安撰，高誘注。安事蹟具《漢書》本傳。《漢書·藝文志·雜家》，《淮南》內二十一篇，外三十三篇。顏師古注曰，內篇論道，外篇雜說。今所存者二十一篇，蓋內篇也。高誘序言此書大較歸之於道，號曰鴻烈。故《舊唐志》有何誘《淮南鴻烈音》一卷，言鴻烈之音也。《宋志》有《淮南鴻烈解》二十一卷，亦鴻烈之解也。而注其下曰淮南王安撰，似乎解亦安撰者。諸書引用，遂並《淮南子》之本文亦題曰《淮南鴻烈解》，誤之甚矣。晁公武

〔註5〕「聱」，學津本、四部本、叢編本作「謷」。
〔註6〕「由」，《文獻通考》卷二百十三作「申」。
〔註7〕「武」，學津本、四庫本、四部本、叢編本、四明本作「武帝」。

《讀書志》稱，《崇文總目》亡三篇，李淑《邯鄲圖書志》亡二篇。其家本惟存《原道》、《俶真》、《天文》、《墜形》、《時則》、《覽冥》、《精神》、《本經》、《主術》、《繆稱》、《齊俗》、《道應》、《泛論》、《詮言》、《兵略》、《說林》、《說山》十七篇，亡其四篇。高似孫《子略》稱，讀《淮南》二十篇。是在宋已鮮完本。惟洪邁《容齋隨筆》稱，今所存者二十一卷，與今本同。然白居易《六帖》引烏鵲填河事，云出《淮南子》，而今本無之，則尚有脫文也。公武謂許慎注稱記上，陳振孫謂今本題許慎注，而詳序文即是高誘，殆不可曉。廬泉劉績又謂記上猶言標題進呈，並非慎為之注。然《隋志》、《唐志》、《宋志》皆許氏、高氏二注並列。陸德明《莊子釋文》引《淮南子》注稱許慎。李善《文選注》、殷敬順《列子釋文》引《淮南子》注或稱高誘，或稱許慎，是原有二注之明證。後慎注散佚，傳刻者誤以誘注題慎名也。觀書中稱景古影字，而慎《說文》無影字，其不出於慎審矣。誘，涿郡人，盧植之弟子。建安中辟司空掾，歷官東郡濮陽令，遷河東監。並見於自序中，慎則和帝永元中人，遠在其前，何由記上誘注？劉績之說，蓋徒附會其文而未詳考時代也。」

〔二〕聳峻：當作「聳峻」，即高峻也。瑰磊：即瑰磊，形容卓越，特出。

〔三〕宋洪興祖《楚詞補注》卷一：「始漢武帝命淮南王安為《離騷傳》，其書今亡。按《屈原傳》云：『《國風》好色而不淫，《小雅》怨誹而不亂，若《離騷》者，可謂兼之矣。』又曰：『蟬蛻於濁穢以浮遊塵埃之外，不獲世之滋垢，皭然泥而不滓，推此志，雖與日月爭光可也。』班孟堅、劉勰皆以為淮南王語。豈太史公取其語以作傳乎？」

〔四〕窈窕：深邃，深遠的樣子。

〔五〕《玉杯》、《繁露》：即《春秋繁露》，十七卷，漢董仲舒撰。

〔六〕蘇飛、李尚、左吳、田由、雷被、毛被、伍被諸人，皆仕淮南王劉安郎中。《容齋隨筆》曰：「壽春有八公山，正安所延致客之所，傳記不見姓名，而高誘序以為蘇飛、李尚、左吳、田申、雷被、毛被、伍被、晉昌等八人，然惟左吳、雷被、伍被見於史，雷被者，蓋為安所斥而亡之長安，上書者疑不得為賓客之賢者也。」

〔七〕大山、小山：淮南王劉安召集文人從事著述，各選辭賦，以類相從，分別稱為「大山」、「小山」。王逸《楚辭章句‧招隱士》序曰：「昔淮南王安，博雅好古，招懷天下俊偉之士。自八公之徒，咸慕其德，而歸其仁，各竭

才智，著作篇章，分造辭賦，以類相從，故或稱『小山』，或稱『大山』。其義猶《詩》有『小雅』、『大雅』也。」此處當解為此兩類著述賓客的共稱。

〔八〕延：聘請；邀請；招攬。

〔九〕少君：漢武帝時齊方士名。姓李，以祠灶、辟穀、卻老之方往見武帝。謂祠灶，丹砂可化為黃金，黃金成以為飲食器則益壽，可以不死。

〔十〕王母：神話傳說中一個地位崇高的女神。

〔十一〕方士：方術之士。古代自稱能訪仙煉丹以求長生不老的人。

〔十二〕蓬萊：蓬萊山。古代傳說中的神山名。亦常泛指仙境。

〔十三〕崑崙：是中國古代神話中的西方仙山。

〔十四〕增城：古代神話傳說中的地名。

〔十五〕璿室：傳說中仙人的居所。

〔十六〕懸圃：傳說在崑崙山頂。有金臺、玉樓，為神仙所居。也稱玄圃。語出《楚辭·天問》：「崑崙懸圃，其尻安在？」王逸注：「崑崙，山名也，其巔曰縣圃，乃上通於天也。」

〔十七〕弱水：古代神話傳說中稱險惡難渡的河海。

〔十八〕流沙：指西域地區。

〔十九〕厭常玩俗：嫌棄平常，輕視習俗。

〔二十〕物理：事物的道理、規律。

〔二一〕語本《揚子法言》卷九：「淮南說之用，不如太史公之用也。太史公，聖人將有取焉，淮南鮮取焉爾。」

賈誼新書〔一〕

養氣之學〔二〕，孟子一人而已。士之有所激而奮者，極天地古今之變動，山川草木之情狀，人物智愚賢否、是非邪正之銷長〔三〕。有觸於吾心，有奸〔四〕於吾氣，慮遠而志善，事切而憂深，其言往往出於危激哀傷之餘。而其氣有不可遏者，舉天地、今古、山川、草木、人物盛衰之變，皆不足以敵之。嗚呼，此屈原〔五〕、賈誼〔六〕之所為者乎？

皮日休讀賈誼《新書》，歎其心切，其憤深，其辭隱而麗，其藻傷而雅。唯蘇公軾以為「非才之難，所以自用者實難。惜乎！賈生王者之佐，而不能自用其才」，論亦奇矣。以余觀之，雖東坡亦不能自用其才，況賈

生乎？又曰：「觀其過湘作賦以弔屈原，紆鬱〔七〕憤悶〔八〕，趯然〔九〕有遠舉〔十〕之志。其後卒以自傷哭泣，至於夭絕〔十一〕，是亦不善處窮者。夫謀之一不見用，安知終不復用。」〔十二〕嗚呼，此東坡以志量才識論誼者，非誼之所及也。是蓋《孟子》之所謂「持其志，無暴其氣」〔十三〕者耳，蘇公有之。

【集釋】

〔一〕《四庫全書總目》卷九十一：「《新書》十卷，漢賈誼撰。《漢書·藝文志·儒家》《賈誼》五十八篇。《崇文總目》云：本七十二篇。劉向刪定為五十八篇。《隋》、《唐志》皆九卷，別本或為十卷。考今《隋》、《唐志》皆作十卷，無九卷之說。蓋校刊《隋書》、《唐書》者未見《崇文總目》，反據今本追改之。明人傳刻古書，往往如是，不足怪也。然今本僅五十六篇，又《問孝》一篇有錄無書，實五十五篇，已非北宋本之舊。又陳振孫《書錄解題》稱，首載《過秦論》，末為《弔湘賦》，且略節誼本傳於第十一卷中。今本雖首載《過秦論》，而末無《弔湘賦》，亦無附錄之第十一卷，且並非南宋時本矣。其書多取誼本傳所載之文，割裂其章段，顛倒其次序，而加以標題，殊瞀亂無條理。《朱子語錄》曰：『賈誼《新書》除了《漢書》中所載，餘亦難得粹者，看來只是賈誼一雜記稿耳。中間事事有些個。』陳振孫亦謂『其非《漢書》所有者，輒淺駁不足觀，決非誼本書』。今考《漢書》誼本傳贊，稱凡所著述五十八篇，掇其切於世事者著於傳。應劭《漢書注》亦於《過秦論》下注曰：『賈誼書第一篇名也。』則本傳所載皆五十八篇所有，足為顯證。贊又稱三表五餌以繫單于。顏師古注所引賈誼書，與今本同。又《文帝本紀》注引賈誼書衛侯朝於周，周行人問其名，亦與今本同。則今本即唐人所見，亦足為顯證。然決無摘錄一段立一篇名之理，亦決無連綴十數篇合為奏疏一篇上之朝廷之理。疑誼《過秦論》、《治安策》等本皆為五十八篇之一，後原本散佚，好事者因取本傳所有諸篇，離析其文，各為標目，以足五十八篇之數，故餖飣至此。其書不全真，亦不全偽，朱子以為雜記之稿，固未覈其實，陳氏以為決非誼書，尤非篤論也。且其中為《漢書》所不載者，雖往往類《說苑》、《新序》、《韓詩外傳》，然如《青史氏之記》，具載胎教之古禮。《修政語》上下兩篇，多帝王之遺訓。《保傅篇》、《容經篇》並敷陳古典，具有源本。其解《詩》之騶虞、《易》之潛龍、亢龍，亦深得經義。又安可盡以淺駁不粹目之哉！雖殘闕失次，要不能以

斷爛棄之矣。」

〔二〕養氣：語本《孟子・公孫丑上》：「我善養吾浩然之氣。」

〔三〕銷長：即消長。

〔四〕奸：干犯，擾亂。《左傳・莊公二十年》：「奸王之位，禍孰大焉？」杜預注：
「奸，音干。」

〔五〕屈原：（約前339～約前278），字靈均，名平，又自云名正則，戰國時楚國
人。楚公族。事楚懷王，曾任作徒，三閭大夫等職。學問博，見識廣，彰
明法度，舉賢授能，為懷王所信用。主張聯齊抗秦。子蘭（懷王幼子）、上
官大夫等害其能，短於王。王乃疏原。曾諫懷王不可入秦，懷王不聽，信
子蘭，入秦被拘，死於秦。頃襄王時再次受讒，被流放於沅湘一帶。原既
痛國之危亡，又感理想無法實現，乃投汨羅江而死。著有《離騷》、《九章》、
《九歌》等。

〔六〕賈誼：（前200～前168），世稱賈太傅，又稱賈長沙、賈生。西漢河南洛
陽人。年二十餘，文帝召為博士，遷太中大夫。數上疏，言時弊，為大臣
周勃、灌嬰等所毀，貶為長沙王太傅，遷梁懷王太傅。曾多次上書，主張
重農抑商，建議削弱諸侯王勢力。以懷才不遇，憂鬱而死。有《新書》、
《賈長沙集》。

〔七〕紆鬱：抑鬱，鬱積。

〔八〕憤悶：即憤懣，抑鬱不平，愁苦煩悶。

〔九〕趯然：猶超然。高超出俗貌。

〔十〕遠舉：猶高飛，遠揚意。

〔十一〕夭絕：猶夭折。

〔十二〕語見《東坡全集・賈誼論》：「觀其過湘為賦以弔屈原，紆鬱憤悶，趯然有遠
舉之志。其後卒以自傷哭泣，至於夭絕，是亦不善處窮者也。夫謀之一不見
用，安知終不復用也。」

〔十三〕語本《孟子・公孫丑上》。

桓寬鹽鐵論〔一〕

　　《鹽鐵論》者，漢始元六年公卿、賢良文學〔二〕所與共議者也。
漢制近古，莫古乎議。國有大事，詔公卿、列侯〔三〕、二千石〔四〕、博
士〔五〕、議郎〔六〕雜議〔七〕，是以廟祀〔八〕議、伐匈奴議、捐朱崖〔九〕

而石渠論經亦有議，皆所謂詢謀〔十〕僉同者也。初，武帝以師旅之餘，國用不足，縣官悉自賣鹽鐵、酤酒〔十一〕，海內虛耗，戶口〔十二〕減半。帝務本抑末〔十三〕，不與天下爭利，乃詔有司〔十四〕問郡國〔十五〕所舉賢良文學民所疾苦〔十六〕，議罷之。班氏〔十七〕一贊〔十八〕，專美乎此。顏師古〔十九〕曰：《元帝紀贊》，班彪所作。然觀一時論議，其所問對，非不伸〔二十〕異見、騁〔二一〕異辭，亦無有犖然〔二二〕大過人者。其曰：「行遠者因於車，濟海者因於舟，〔二三〕成名者因於資。」則一時趣尚可孚〔二四〕矣。又曰：「九層之臺傾，公輸子〔二五〕不能正。大朝一邪，伊、望不能復。」〔二六〕則一時事體〔二七〕可知矣。夫上有樂聞，上〔註8〕無隱義，得失明者其言達，利害決者其慮輕，不決一言，何取群議？審此，亦足以占士氣、觀國勢矣。然元帝詔書乃曰『公卿、大夫好惡不同，雅說〔二八〕空進而事亡成功』。此誠言也。天下後世，同此患也。吁！

【集釋】

〔一〕《四庫全書總目》卷九十一提要云：「《鹽鐵論》十二卷，漢桓寬撰。寬字次公，汝南人。宣帝時舉為郎，官至廬江太守丞。昭帝始元六年，詔郡國舉賢良文學之士，問以民所疾苦。皆請罷鹽鐵、榷酤，與御史大夫桑弘羊等建議相詰難。寬集其所論，為書凡六十篇，篇各標目。實則反覆問答，諸篇皆首尾相屬。後罷榷酤，而鹽鐵則如舊，故寬作是書，惟以鹽鐵為名，蓋惜其議不盡行也。書末《雜論》一篇，述汝南朱子伯之言，記賢良茂陵唐生、文學魯萬生等六十餘人，而最推中山劉子雍、九江祝生，於桑弘羊、車千秋深著微詞。蓋其著書之大旨，所論皆食貨之事，而言皆述先王，稱六經，故諸史皆列之儒家。」

〔二〕賢良文學：漢代選拔官吏的科目之一。始於武帝時，簡稱賢良或文學。

〔三〕列侯：漢代異姓功臣受封為侯者稱為列侯，或稱為通侯、徹侯。

〔四〕二千石：漢制，郡守俸祿為二千石，即月俸百二十斛。世因稱郡守為「二千石」。

〔五〕博士：古代學官名。六國時有博士，秦因之，諸子、詩賦、術數、方伎皆立博士。漢文帝置一經博士，武帝時置「五經」博士，職責是教授、課試，或

──────────

〔註8〕「上」，百川本、學津本、四庫本、四部本、叢編本、四明本作「下」。今按：據上下文義推斷，當作「下」。

奉使、議政。

〔六〕議郎：官名。漢代設置；為光祿勳所屬郎官之一，掌顧問應對，無常事。漢秩比六百石。多徵賢良方正之士任之。晉以後廢。

〔七〕雜議：集議；共同評議。

〔八〕廟祀：立廟奉祀。

〔九〕朱厓：即珠厓，又作「珠崖」，地名，在海南省瓊山縣東南。漢武帝元鼎六年定越地，以為南海、蒼梧、鬱林、合浦、交趾、九真、日南、珠厓、儋耳郡。後珠厓等郡數反叛，賈捐之上疏請棄珠厓，以恤關東，元帝從之，乃罷珠厓郡。後以「珠厓」泛指邊疆地區。

〔十〕詢謀僉同：指諮詢和商議的意見都一致。《書‧大禹謨》：「朕志先定，詢謀僉同，鬼神其後。

〔十一〕酤酒：賣酒。

〔十二〕戶口：住戶與人口。

〔十三〕務本抑末：即重農抑商。

〔十四〕有司：官吏。古代設官分職，各有專司，故稱。

〔十五〕郡國：郡和國的並稱。漢初，兼采封建及郡縣之制，分天下為郡與國。郡直屬中央，國分封諸王、侯，封王之國稱王國，封侯之國稱侯國。南北朝仍沿郡、國並置之制，至隋始廢國存郡。後亦以「郡國」泛指地方行政區劃。

〔十六〕疾苦：憎惡，厭恨。

〔十七〕班氏：班彪（3～54），字叔皮，東漢扶風安陵人。性好古。初依隗囂，著《王命論》。東漢初舉茂才，拜徐令，以病免。後為望都長。彪才高，專心史籍，作《史記後傳》數十篇。

〔十八〕贊：文體名。用於讚頌人物等，多為韻語。

〔十九〕顏師古：（581～645），唐京兆萬年人，祖籍琅邪臨沂，名籀，以字顯。顏之推孫。傳家業，博覽群書，精訓詁，善屬文。高祖武德中，累擢中書舍人、專典機密，詔令一出其手。太宗立，拜中書舍人，旋坐事免。嘗受詔於秘書省考訂《五經》文字，多所釐正。貞觀七年，遷秘書少監，專典刊正所有奇書難字。官終秘書監、弘文館學士，卒諡戴。著有《匡謬正俗》、《漢書注》、《急就章注》等書。

〔二十〕伸：申述；陳述；表白。

〔二一〕騁：施展；顯示。

〔二二〕犖然：卓絕貌；明顯貌。

〔二三〕語本《鹽鐵論・貧富》：「行遠者假於車，濟江海者因於舟」。

〔二四〕孚：信服；信從。

〔二五〕公輸子：即魯班，春秋末魯國人。工匠。自魯至楚，造鉤距（舟戰之具）。
　　　　為楚製雲梯以攻宋，墨子由齊赴楚止之。相傳發明木作工具，建築匠師尊為
　　　　師祖。

〔二六〕語本《鹽鐵論・救匱》：「九層之臺一傾，公輸子不能正。本朝一邪，伊、望
　　　　不能復。」

〔二七〕事體：體制；體統。

〔二八〕雅說：雅正的學說。

王充論衡〔一〕

　　《論衡》者，後漢治中〔二〕王充〔三〕所論著也，書八十五篇，二
十餘萬言。其為言皆敘天證，敷人事，析物類，道古今，大略如仲舒
《玉杯》、《繁露》。而其文詳，詳則理〔註9〕義莫能核而精〔四〕，辭莫能
肅而括〔五〕，幾於蕪且雜矣。漢承滅學〔六〕之後，文、景、武、宣〔七〕
以來，所以崇屬表章〔八〕者，非一日之力矣。故學者向風〔九〕承意
〔註10〕，日趨於大雅〔十〕多聞之習，凡所撰錄，日益而歲有加，至後
漢盛矣。往往規度〔十一〕如一律，體裁〔十二〕如一家，是足以雋美於一
時，而不足以準的〔十三〕於來世。何則？事之鮮純，言之少擇也。劉向
《新序》、《說苑》奇矣，亦復少探索之工，闕詮定之密，其敘事有與
史背者不一二。《書》尚爾〔十四〕，況他書乎？袁崧〔十五〕《後漢書》云：
「充作《論衡》，中土未有傳者。蔡邕〔十六〕入吳始見之，以為談助
〔十七〕。」談助之言可以了此書矣。客有難充書繁重者，曰：「石多玉
寡，寡者為珍。龍少魚眾，少者為神乎？」充曰：「文眾可以勝寡矣，
人無一引吾百篇，人無一字吾萬言，為可貴矣。」〔十八〕予所謂乏精覈
而少肅括者，正此謂歟？

【集釋】

　　〔一〕《四庫全書總目》卷一百二十：「《論衡》三十卷，漢王充撰。充字仲任，上

〔註9〕　「理」，《文獻通考》卷二百十四作「禮」。

〔註10〕　「意」，學津本、四庫本、四部本、叢編本、四明本作「宣」。

虞人。《自紀》謂在縣為掾功曹，在都尉府位亦掾功曹，在太守為列掾五官功曹行事。又稱永和三年徙家闢詣揚州部丹陽、九江、盧江，後入為治中。章和二年罷州家居。其書凡八十五篇，而第四十四招致篇有錄無書，實八十四篇。考其《自紀》曰：『書雖文重，所論百種。案古太公望，近董仲舒，傳作書篇百有餘，吾書亦才出百而云太多。』然則原書實百餘篇。此本目錄八十五篇，已非其舊矣。充書大旨詳於《自紀》一篇，蓋內傷時命之坎坷，外疾世俗之虛偽，故發憤著書，其言多激。《刺孟》、《問孔》二篇，至於奮其筆端，以與聖賢相軋，可謂悖矣。又露才揚己，好為物先。至於述其祖父頑狠，以自表所長，俱亦甚焉。其他論辨，如日月不圓諸說，雖為葛洪所駁，載在《晉志》。然大抵訂訛砭俗，中理者多，亦殊有裨於風教。儲泳《祛疑說》、謝應芳《辨惑編》不是過也。至其文反覆詰難，頗傷詞費。則充所謂宅舍多，土地不得小；戶口眾，簿籍不得少；失實之事多，虛華之語眾；指實定宜，辨爭之言安得約徑者，固已自言之矣。充所作別有《譏俗書》、《政務書》，晚年又作《養性書》，今皆不傳，惟此書存。儒者頗病其蕪雜，然終不能廢也。高似孫《子略》曰：『袁崧《後漢書》載充作《論衡》，中土未有傳者。蔡邕入吳，始見之，以為談助。談助之言，可以了此書矣。』其論可云允愜。此所以攻之者眾，而好之者終不絕歟？」

〔二〕治中：治理政事的文書檔案。

〔三〕王充：（27～約97），字仲任，東漢會稽上虞人。早年受業太學，師事班彪。好博覽而不守章句。刺史辟為從事，轉治中。章帝特詔公交車徵，病不行。生活窮困，勤於著述，以為世俗儒生拘守經義，乃閉戶潛思，著《論衡》八十五篇。

〔四〕核而精：詳審而精妙。

〔五〕肅而括：恭敬而有法度。

〔六〕滅學：指秦始皇焚書坑儒。

〔七〕宣：即漢宣帝劉詢（前91～前49），西漢第十位皇帝，漢武帝劉徹的曾孫。

〔八〕表章：同「表彰」。

〔九〕向風承意：承意順旨，趨從教化。

〔十〕大雅：高尚雅正。

〔十一〕規度：規則法度。

〔十二〕體裁：指詩文的結構及文風詞藻。

〔十三〕準的：作為準則；以為標準。

〔十四〕爾：通「邇」，近。

〔十五〕袁崧：（？～401），一作袁山松，東晉陳郡陽夏人。少有才名，博學能文，善音樂。舊歌有行路難，曲辭頗疏。崧乃文其辭名，婉其節拍，每因酣醉縱歌之，聽者莫不掉淚。每出遊，好令左右作輓歌。人謂之「崧道上行殯。」歷顯位為吳郡太守。孫恩作亂，崧守扈瀆，城陷被害。

〔十六〕蔡邕：（132～192），字伯喈，東漢陳留圉人。少博學，好辭章、數術、天文，妙操音律。靈帝時辟司徒橋玄府。任郎中，校書東觀，遷議郎。熹平四年與堂溪典等奏定六經文字，自書於碑，使工鐫刻，立太學門外，世稱「熹平石經」。後以上書論政闕失，為中常侍程璜陷害，流放朔方。遇赦後，復遭宦官迫害，亡命江海十餘年。董卓專權，召為祭酒，遷尚書郎，封高陽鄉侯。卓誅，為司徒王允所捕，自請黥首刖足，續成漢史，不許，死獄中。有《蔡中郎集》。

〔十七〕談助：談話的資料。

〔十八〕唐馬總《意林》卷三引《論衡》。

太玄經注

宋衷

陸績

蔡文邵

虞翻

范望

章察《講疏》四十六卷，《發隱》三卷。

王涯又有《說文》一卷。

宋惟幹

林瑀又有《說文》一卷。

杜元穎

郭元亨

陳漸

范諤昌

林共《圖》一卷。

王長文晉。《通玄》一卷。

太玄經〔一〕

《易》可準〔二〕乎？曰：難矣。何為其難也？曰：天、地、人之理，混淪〔三〕於未畫之前，二三聖人察天之微，窺地之奧，以神〔四〕明夫人之用，文王因伏義，孔子因義、文而《易》道極矣。文王非捨伏義，孔子非捨義、文而自為之書也。《易》經三聖〔五〕以經天、地、人之道。是道也，吉凶悔吝、消息盈虛，雖天地鬼神無所藏其蘊，而匹夫匹婦〔六〕可與知者也。楊〔註11〕雄氏欲以一人之力而規〔七〕三聖所成之功，是為難乎？子雲豈不知此者？然則子雲亦有得於《易》之學而欲自神其用，其曰：「天以不見為玄，地以不形為玄，人以腹心為玄。」〔八〕此子雲之所以神者也。子雲之意，其疾莽而作者乎？哀〔九〕、平〔十〕失道，莽〔十一〕輒亂常〔十二〕，子雲酌天時行運〔十三〕、盈縮消長之數〔十四〕，推人事進退、存亡成敗之端〔十五〕，存之於玄。三方象三公〔十六〕，九州島象九卿〔十七〕，二十七家象大夫〔十八〕，八十一部象元士〔十九〕。而玄者，君象也，總而治之，起牛宿〔二十〕之一度，終牛宿之二十二度，而成八十一首、七百二十九贊、二萬六千二百四十四策。明天人終始逆順之理，正君臣上下去就之分，順之者吉，逆之者凶，以為違天咈〔二一〕人、賊君臣〔註12〕〔二二〕盜國之戒，子雲之意也。子雲敢以此準《易》言者，蓋以卦氣〔二三〕起於中孚〔二四〕，震、離、兌、坎分配四方，六十四卦，各主六日七分，以周一歲三百六十五日四分日之一。據此言之，窒矣。桓譚〔二五〕曰：「玄與大《易》準。」班固曰：「經莫大乎《易》，故作《太玄》。」是知子云者乎？不知子云者乎？

【集釋】

〔一〕《太玄經》為擬《周易》而作，《周易》的卦畫有奇（——）、偶（－－）；《太玄》則模仿之，其卦畫則有奇（——）、偶（－－）、和（－－－）。《周易》有六位，《太玄》則有四重，最上為方、次為州、次為部、最下為家。《周易》以八卦相重，共為六十四卦；《太玄》則以——、－－、－－－錯布於方、州、部、家四重之中，共為八十一首，首以擬卦。《周易》每卦六爻，六十四

〔註11〕「楊」，學津本、四庫本、四部本、叢編本、四明本作「揚」。
〔註12〕「君臣」，學津本、四部本、叢編本作「□臣」，四庫本、四明本作「臣」。

卦共為三百八十四爻;《太玄》每首九贊,八十一首共為七百二十九贊,贊有贊辭,贊以擬爻。《周易》的世界圖式是從陰陽的觀念出發,採用二分法展開,「易有太極,是生兩儀,兩儀生四象,四象生八卦。」《太玄》的世界圖式則從天、地、人三才的觀念出發,採用三分發,又列為四重(方、州、部、家)構成。《太玄圖》說:「一玄都覆三方,方同九州島,枝載庶部,分正群家。」即是說。一玄分而為三,名之為方,有一方,二方,三方。一方為天玄,二方為地玄,三方為人玄。三方又各分為三,名之為州,每方有一州、二州、三州,共為九州島。每州又各分為三,名之為部,每部有一部、二部、三部,共為二十七部。每部又各分為三,名之為家,每部有一家、二家、三家,共為八十一家。《四庫全書總目》卷一百零八云:「《太玄經》十卷。漢揚雄撰,晉范望注。《漢書·藝文志》稱揚雄所序三十八篇,《太玄》十九。其本傳則稱《太玄》三方、九州島、二十七部、八十一家、二百四十三表、七百二十九贊,分為三卷,曰一、二、三與《太初曆》相應。又稱有首、沖、錯、測、攡、瑩、數、文、掜、圖、告十一篇,皆以解剝元體,離散其文,章句尚不存焉。與《藝文志》十九篇之說已相違異。桓譚《新論》則稱《太玄經》三篇,傳十二篇,合之乃十五篇,較本傳又多一篇。案:阮孝緒稱《太玄經》九卷,雄自作《章句》,《隋志》亦載雄《太玄經章句》九卷,疑《漢志》所云十九篇,乃合其章句言之。今章句已佚,故篇數有異。至桓譚《新論》則世無傳本,惟諸書遞相援引,或訛十一為十二耳。以今本校之,其篇名、篇數一一與本傳皆合,固未嘗有脫佚也。注其書者,自漢以來,惟宋衷、陸績最著。至晉范望,乃因二家之注,勒為一編。雄書本擬《易》而作,以家準卦,以首準彖;以贊準爻,以測準象,以文準《文言》,以攡、瑩、數、文、掜、圖、告準《繫詞》,以數準《說卦》,以沖準《序卦》,以錯準《雜卦》,全仿《周易》。古本經傳各自為篇,望作注時,析《玄首》一篇分冠八十一家之前,析《玄測》一篇分繫七百二十九贊之下,始變其舊,至今仍之。其書《唐·藝文志》作十二卷,《文獻通考》則作十卷,均名曰《太玄經注》。此本十卷,與《通考》合,而卷端標題則稱晉范望字叔明解贊。考《玄測》第一條下有附注曰:此是宋、陸二家所注,即非范望注也。蓋范望採此注意,自經解贊,儒有近習,罔知本末,妄將此注陞於測曰之上,以雜范注,混亂義訓。今依范望正本,移於測曰之下,免誤學者。已下七百二十九測注並同

云云。考望自序，亦稱因陸君為本，錄宋所長，捐其所短，並首一卷本經之上，散測一卷注文之中，訓理其義，以測為據。然則望所自注，特其贊詞。其他文則酌取二家之舊，故獨以解贊為文。今概稱望注，要其終而目之耳。」

〔二〕準：仿照；效法。

〔三〕混淪：混沌。渾然未分貌。

〔四〕神：猶治。

〔五〕三聖：指伏羲、文王、孔子。《漢書·藝文志》：「人更三聖，世歷三古。」顏師古注引韋昭曰：「伏羲、文王、孔子。」

〔六〕匹夫匹婦：泛指平民百姓、普通男女。

〔七〕規：效法，模擬。

〔八〕語本《太玄經·玄告》：「天以不見為玄，地以不形為玄，人以心腹為玄。」

〔九〕哀：漢哀帝劉欣（前26～前1），西漢皇帝，元帝孫。在位七年。

〔十〕平：漢平帝劉衎（前9～5），西漢皇帝，元帝孫。哀帝死，立為帝。在位六年。

〔十一〕莽：王莽（前45～23），字巨君，西漢末濟南東平陵人，新朝的建立者。西漢末，以伯父王鳳推薦，拜黃門郎，遷射聲校尉。成帝永始元年，封新都侯，遷騎都尉、光祿大夫、侍中。綏和元年，代王根為大司馬。哀帝立，免官就國。平帝立，元後以太皇太后臨朝，召莽復任大司馬，總攬朝政，進太傅，號安漢公，後加稱宰衡。初始元年，稱帝，改國號為新。在位期間，託古改制。推王田，易稅法，改官制，造成社會混亂。天鳳四年，全國各地爆發農民起義。地皇四年，綠林軍攻入長安，莽出逃，為商人杜吳所殺。新朝遂亡，在位十五年。

〔十二〕亂常：破杯綱常；違反人倫。

〔十三〕天時行運：天道運行的規律。

〔十四〕數：規律。

〔十五〕端：發端，開端。

〔十六〕三公：古代中央三種最高官銜的合稱。周以太師、太傅、太保為三公。一說以司馬、司徒、司空為三公。

〔十七〕九卿：古代中央政府的九個高級官職。《周禮·考工記·匠人》：「外有九室，九卿居焉。」鄭玄注：「六卿三孤為九卿，三孤佐三公論道，六卿治六

官之屬。」歷代多設九卿。周以少師、少傅、少保、冢宰、司徒、宗伯、司馬、司寇、司空為九卿。秦以奉常、郎中令、衛尉、太僕、廷尉、典客、宗正、治粟內史、少府為九卿。漢以太常、光祿勳、衛尉、太僕、廷尉、大鴻臚、宗正、司農、少府為九寺大卿（即九卿）。以後各朝的名稱、司職略有不同。

〔十八〕大夫：古職官名。周代在國君之下有卿、大夫、士三等；各等中又分上、中、下三級。後因以大夫為任官職者之稱。秦漢以後，中央要職有御史大夫，備顧問者有諫大夫、中大夫、光祿大夫等。唐宋尚存御史大夫及諫議大夫，明清全廢。

〔十九〕元士：周代稱天子之士為元士。

〔二十〕牛宿：星宿名。二十八宿之一，玄武七宿的第二宿，有星六顆。又稱牽牛。

〔二一〕咈：違背；違逆。

〔二二〕賊君王：當作賊君，即害君，與後之盜國相應。

〔二三〕卦氣：以《易》六十四卦與四時、月令、氣候等相配之法。相傳文王序《易》，以《坎》、《離》、《震》、《兌》為四時卦，其二十四爻分主二十四節氣。以《復》、《臨》、《泰》、《大壯》、《夬》、《乾》、《姤》、《遁》、《否》、《觀》、《剝》、《坤》配十二地支，為十二月消息卦，其七十二爻分主七十二候。其餘四十八卦，分布十二月，每月加消息卦共五卦，分配君臣等位，其三十爻，以配一月日數。凡此，統稱之為卦氣。其說出自漢孟喜、京房等。

〔二四〕中孚：卦名。卦形為兌下巽上。《易・中孚》：「中孚，豚魚吉。利涉大川，利貞。」孔穎達疏：「信發於中，謂之中孚。」後因以「中孚」指誠信。

〔二五〕桓譚：（約前23～56），字君山，東漢初沛國相人。好音律，善鼓琴，博學多才，遍習五經，能文章，尤好古學。數從劉歆、揚雄辯析疑異，喜扺擊俗儒。王莽時任掌樂大夫。劉玄時，拜太中大夫。光武帝徵為議郎給事中。出為六安郡丞，道病卒。著《新論》。

新序〔一〕、說苑〔二〕

河間王〔三〕大雅文獻〔四〕，蔚然風流〔五〕，崇經尚文，殫極禮樂，而所尚醇正，言議彬彬，何其雍容不群如此也。三代以下，一人而已，抑其時所遭者然歟？磐石之宗〔六〕，莫可及之者。向以區區宗臣〔七〕，老於

文學〔八〕，窮經之苦，崛出諸儒，炯炯丹心，在漢社稷，奏篇每上，無言不危〔九〕。吁，亦非以其遭時遇主者如是歟？先秦古書，甫〔十〕脫燼劫，一入向筆，採擷不遺。至其正紀綱、迪〔十一〕教化、辨邪正、黜異端，以為漢規監〔註13〕者，盡在此書，茲《說苑》、《新序》之旨也。嗚呼，向誠忠矣，向之書誠切切矣。漢之政日益萎苶〔十二〕而不振，迄終於大亂而後已。一杯水不足以救輿薪〔十三〕之火，此之謂歟？觀此，則向之抱忠懷誼，固有可憐者焉。視河間之雅正不迫，亦一時歟？

【集釋】

〔一〕《四庫全書總目》卷九十一：「《新序》十卷，漢劉向撰。向字子政，初名更生。以父任為輦郎，歷官中壘校尉。事蹟具《漢書》本傳。案：班固《漢書·藝文志》稱向所序六十七篇，《新序》、《說苑》、《世說》、《列女傳》、《頌圖》也。《隋書·經籍志》，《新序》三十卷，《錄》一卷。《唐書·藝文志》其目亦同。曾鞏《校書序》則云今可見者十篇。鞏與歐陽修同時，而其所言卷帙懸殊。蓋《藝文志》所載據唐時全本為言，鞏所校錄則宋初殘闕之本也。晁公武謂曾子固綴輯散逸，《新序》始復全者，誤矣。此本《雜事》五卷，《刺奢》一卷，《節士》二卷，《善謀》二卷，即曾鞏校定之舊。《崇文總目》云所載皆戰國、秦、漢間事。以今考之，春秋時事尤多，漢事不過數條。大抵採百家傳記，以類相從，故頗與《春秋內》《外》、《戰國策》、《太史公書》互相出入。高似孫《子略》謂『先秦古書，甫脫燼劫，一入向筆，採擷不遺。至其正紀綱，迪教化，辨邪正，黜異端，以為漢規監者，盡在此書』，固未免推崇已甚。要其推明古訓，以衷之於道德仁義，在諸子中猶不失為儒者之言也。葉大慶《考古質疑》摘其昭奚恤對秦使者一條，所稱司馬子反在奚恤前二百二十年，葉公子高、令尹子西在奚恤前一百三十年，均非同時之人。又摘其誤以孟子論好色好勇為對梁惠王，皆切中其失。至大慶謂《黍離》乃周詩，《新序》誤云衛宣公之子壽，閔其兄且見害而作，則殊不然。向本學《魯詩》，而大慶以《毛詩》繩之，其不合也固宜。是則未考漢儒專門授受之學矣。」

〔二〕《四庫全書總目》卷九十一：「《說苑》二十卷，漢劉向撰。是書凡二十篇。《隋》、《唐志》皆同。《崇文總目》云今存者五篇，餘皆亡。曾鞏《校書序》

〔註13〕「監」，《文獻通考》卷二百九作「鑒」。今按：規鑒，謂規箴之言可作鑒戒。

－286－

云：『得十五篇於士大夫家，與舊為二十篇。』晁公武《讀書志》云：『劉向《說苑》以君道、臣術、建本、立節、貴德、復恩、政理、尊賢、正諫、法誡、善說、奉使、權謀、至公、指武、談叢、雜言、辨物、修文為目，陽嘉四年上之，闕第二十卷。曾子固所得之二十篇，正是析十九卷作修文上下篇耳。』今本第十《法誡》篇作『敬慎』，而《修文》篇後有《反質》篇。陸游《渭南集》記李德芻之言，謂得高麗所進本補成完書。則宋時已有此本，晁公武偶未見也。其書皆錄遺聞佚事，足為法戒之資者，其例略如《詩外傳》。葉大慶《考古質疑》摘其『趙襄子賞晉陽之功孔子稱之』一條，『諸御已諫楚莊王築臺引伍子胥』一條，『晏子使吳見夫差』一條，『晉太史屠余與周桓公論晉平公』一條，『晉勝智氏後闕閭襲郢』一條，『楚左史倚相論越破吳』一條，『晏子送曾子』一條，『晉昭公時戰邲』一條，『孔子對趙襄子』一條，皆時代先後，邈不相及。又介子推、舟之僑並載其龍蛇之歌，而之僑事尤舛。黃朝英《緗素雜記》亦摘其『固桑對晉平公論養士』一條，《新序》作『舟人古乘對趙簡子』。又『楚文王爵管饒』一條，《新序》作『楚共王爵管蘇』。二書同出向手，而自相矛盾。殆捃拾眾說，各據本文，偶而失於參校也。然古籍散佚，多賴此以存。如《漢志》：《河間獻王》八篇，《隋志》已不著錄，而此書所載四條，尚足見其議論醇正，不愧儒宗。其他亦多可採擇。雖間有傳聞異詞，固不以微瑕累全璧矣。』

〔三〕河間王：劉德（？～前130），西漢宗室，景帝第三子。景帝前二年立為河間王。修學好古，從民間得善書，必為好寫與之，留其真，加賜金帛。由是四方有先祖舊書多奉德。藏書與漢朝等，皆古文先秦舊書。修禮樂，好儒術，山東諸儒多從之遊。卒諡獻。

〔四〕文獻：有關典章制度的文字數據和多聞熟悉掌故的人。

〔五〕風流：灑脫放逸；風雅瀟灑。

〔六〕磐石之宗：喻分封的宗室。

〔七〕宗臣：與君主同宗之臣。

〔八〕文學：官名。漢代於州郡及王國置文學，或稱文學掾，或稱文學史，為後世教官所由來。

〔九〕危：正直；端正。

〔十〕甫：方才；剛剛。

〔十一〕迪：開導；引導。

〔十二〕萎苶：衰落；萎靡。

〔十三〕輿薪：滿車子的柴。

抱朴子〔一〕

自《陰符》一鑿〔二〕，而天地之幾盡泄；《玄經》一吐〔三〕，而陰陽之妙益空〔四〕。所謂道者，非他，只天地之奧、陰陽之神而已。神而明之，可以贊化育〔五〕、經範圍〔六〕，可以治國、平天下，可以修身養性而致長年〔七〕，可以清淨輕虛而與之俱化〔八〕。予自少惑於方外〔九〕之說，凡丹經〔十〕卦義、秘籍幽篇，以至吐納〔十一〕之香、餐煉〔十二〕之粹，沉潛啟策，幾數百家，靡不竭其精而賾其隱，破其鋌而造乎中〔十三〕。猶未以為得也，於是棄去，日攻《易》，日讀《繫辭》，所謂天地之幾、陰陽之妙，相與槖籥〔十四〕之、甄治〔註14〕〔十五〕之，而吾之道盡在是矣。所謂吾之道者，非他道也，吾自得之道矣。及閱觀稚川〔十六〕、弘景諸人所錄及內、外篇，則往往皆糟粕而筌蹄〔十七〕矣。今輒書此以斷內、外篇，則吾之道亦幾於鑿且吐矣。後之悟者，必有會於吾言。

【集釋】

〔一〕《四庫全書總目》卷一百四十六云：「《抱朴子內外篇》八卷，晉葛洪撰。是編乃其乞為句漏令後，退居羅浮山時所作。抱朴子者，洪所自號，因以名書也。《自序》謂內篇二十卷，外篇五十卷。《隋志》載內篇二十一卷，音一卷，入道家；外篇三十卷，入雜家。外篇下注曰梁有，五十一卷。《舊唐志》亦載內篇二十卷，入道家；外篇五十一卷，入雜家。卷數已小不同。《新唐志·道家》載內篇十卷，雜家載外篇二十卷。乃多寡迥殊。《宋志》則均入雜家，內篇作二十卷，與《舊唐書》同；外篇作五十卷，較《舊唐書》又少一卷。晁公武《讀書志》作內篇二十卷，外篇十卷，內、外篇之卷數與《新唐書》互異。陳振孫《書錄解題》但載內篇二十卷，而云《館閣書目》有外篇五十卷，未見。其紛紜錯互，有若亂絲。此本為明烏程盧舜治以宋本及王府道藏二本參校，視他本較為完整。所列篇數，與洪《自序》卷數相符。知洪當時蓋以一篇為一卷。以《永樂大典》所載互校，尚多丹砂法以下八篇，知為足本矣。其書內篇論神仙吐納、符籙克治之術，純為道家之言；外篇則論時政得失，人事臧否，詞旨辨博，饒有名理。而

〔註14〕「治」，學津本、四部本、叢編本作「冶」。

究其大旨，亦以黃、老為宗。故今併入之道家，不復區分焉。」

〔二〕鑿：即鑿破混沌，謂道破天機。

〔三〕吐：謂吐露天地之奧秘。

〔四〕空：鑿盡。

〔五〕贊：引導。化育：教化培育。

〔六〕經：治理、管理。範圍：界限。

〔七〕長年：長壽。

〔八〕化：生長；化育。

〔九〕方外：世俗之外。

〔十〕丹經：講述煉丹術的專書。

〔十一〕吐納：吐故納新。道家養生之術。

〔十二〕餐煉：服食修煉。

〔十三〕破其鋌而造乎中，謂去其糟粕，得其精華。鋌：銅鐵之坯料。

〔十四〕橐籥：亦作「橐爚」。古代冶煉時用以鼓風吹火的裝置，猶今之風箱。《老子》云：「天地之間，其猶橐籥乎。」

〔十五〕甄冶：燒製陶器或熔煉金屬，此處作動詞用。

〔十六〕稚川：即葛洪（284～364 或 343），字稚川，自號抱朴子，晉丹陽郡句容（今江蘇句容縣）人。曾受封為關內侯，後隱居羅浮山煉丹。著有《神仙傳》、《抱朴子》、《肘後備急方》、《西京雜記》等。

〔十七〕筌蹄：語本《莊子·外物》：「荃者所以在魚，得魚而忘荃；蹄者所以在兔，得兔而忘蹄。」筌，捕魚竹器；蹄，捕兔網。後以「筌蹄」比喻達到目的的手段或工具。

文中子〔一〕

道始於伏羲，終於孔子，孔子以來二千餘年矣，孟軻氏、楊雄氏、王通氏、韓愈氏，皆祖述孔子而師尊之，若通拳拳〔二〕於六經之學，自孟子而下未有也。續《書》以考漢、晉之事，續《詩》以觀六代〔三〕之俗，修《元經》以斷南北之疑，《易》止於贊〔四〕，禮樂止於論〔五〕。嗚呼，通之用心，足以知聖人矣。世率以是疵〔六〕王氏，是殆未知其所以知聖人者乎？善乎日休皮氏之言曰：「《禮》之篇二十有五，《詩》之篇三百六十，《元經》之篇三十一，《易》之篇七十。〔七〕孟子能踵〔八〕孔子

而贊其道，夐〔九〕乎千世可繼孟子者，通也。」按：杜執禮〔十〕所作《文中子世家》，又有《樂論》三十篇、《讀書》一百五十篇、《元經》凡五十篇。蓋受《書》於東海〔十一〕李育〔十二〕，學《詩》於會稽〔十三〕夏璵〔十四〕，問禮於河東〔十五〕關子明〔十六〕，正樂於北平〔十七〕霍汲〔十八〕，考樂於族父〔十九〕仲華，聖人之大旨，天下之能事，至是畢〔二十〕矣。陸龜蒙序之，謂之「王氏六經」。嗚呼，蓋自孟子歷兩漢數百年而僅稱楊雄，歷六朝數百年而僅稱王通，歷唐三百年而唯一韓愈。六經之學，其著於世者若此，已是匪〔二一〕難乎？異時〔二二〕房〔二三〕、衛〔二四〕諸公，共恢〔二五〕文武〔二六〕，以濟〔二七〕貞觀之盛，亦天命〔二八〕也。此蓋出於司空表聖〔二九〕之言，其尚知道乎？

【集釋】

〔一〕《四庫全書總目》卷九十一云：「《中說》十卷，舊本題隋王通撰。《唐志》文中子《中說》五卷，《通考》及《玉海》則作十卷，與今本合。凡十篇。末附序文一篇及杜淹所撰《文中子世家》一篇，通子福畤錄唐太宗與房、魏論禮樂事一篇，通弟績與陳叔達書一篇。又錄關子明事一篇。卷末有阮逸序，又有福畤貞觀二十三年序。晁公武《郡齋讀書志》嘗辨通以開皇四年生，李德林以開皇十一年卒，通方八歲。而有德林請見，歸援琴鼓蕩之什，門人皆沾襟事。關朗以太和丁巳見魏孝文帝，至開皇四年通生已相隔一百七年，而有問禮於朗事。薛道衡以仁壽二年出為襄州總管，至煬帝即位始召還。又《隋書》載道衡子收，初生即出繼族父儒，及長不識本生，而有仁壽四年通在長安見道衡，道衡語其子收事。洪邁《容齋隨筆》又辨《唐書》載薛收以大業十三年歸唐，而世家有江都難作，通有疾，召薛收共語事。王應麟《困學紀聞》亦辨《唐會要》載武德元年五月始改隋太興殿為太極殿，而書中有隋文帝召見太極殿事。皆證以史傳，牴牾顯然。今考通以仁壽四年自長安東歸河汾，即不復出，故《世家》亦云大業元年一徵又不至。而《周公篇》內乃云：『子游太樂，聞龍舟五更之曲。』阮逸注曰：『太樂之署，煬帝將遊江都，作此曲。』《隋書·職官志》曰：『太常寺有太樂署。』是通於大業末年復至長安矣。其依託謬妄，亦一明證。考《楊炯集》有《王勃集序》，稱祖父通，隋秀才高第，蜀郡司戶書佐，蜀王侍讀。大業末，退，講藝於龍門。其卒也，門人謚之曰文中子。炯為其孫作序，則記其祖事必不誤。杜牧《樊川集》首有其甥裴延翰序，亦引《文中子》

－290－

曰『言文而不及理，王道何從而興乎』二語，亦與今本相合。知所謂文中子者實有其人。所謂《中說》者其子福郊、福畤等纂述遺言，虛相誇飾，亦實有其書。第當有唐開國之初，明君碩輔不可以虛名動。又陸德明、孔穎達、賈公彥諸人老師宿儒，布列館閣，亦不可以空談惑。故其人其書皆不著於當時，而當時亦無斥其妄者。至中唐以後，漸遠無徵，乃稍稍得售其欺耳。宋咸必以為實無其人，洪邁必以為其書出阮逸所撰，誠為過當。講學家或竟以為接孔、顏之傳，則儳之甚矣。據其偽跡炳然，誠不足採，然大旨要不甚悖於理。且摹擬聖人之語言自揚雄始，猶未敢冒其名。摹擬聖人之事蹟則自通始，乃並其名而僭之。後來聚徒講學，釀為朋黨，以至禍延宗社者，通實為之先驅。《坤》之初六，履霜堅冰。《姤》之初六，繫於金柅。錄而存之，亦足見儒風變古，其所由來者漸也。」

〔二〕拳拳：誠摯貌。

〔三〕六代：指黃帝、唐、虞、夏、殷、周。

〔四〕贊：解釋、闡明。

〔五〕論：議論、評論。

〔六〕疵：非議。

〔七〕語本《皮子文藪・文中子碑》。

〔八〕踵：繼承；因襲。

〔九〕敻：遠。

〔十〕杜執禮：杜淹（？～628）字執禮，京兆杜陵（今陝西長安）人。隋時隱太山，文帝惡之，謫戍江表。入唐為天策府曹參軍，文學館學士。太宗召拜御史大夫，檢校吏部尚書，參預朝政。

〔十一〕東海：郡名，秦置，楚漢之際也稱郯郡，治所在郯（今山東郯城北）。

〔十二〕李育：生平事蹟不詳。

〔十三〕會稽：郡名。秦置，今江蘇省東部及浙江省西部地。

〔十四〕夏琠：生平事蹟不詳。

〔十五〕河東：黃河流經山西省境，自北而南，故稱山西省境內黃河以東的地區為「河東」。

〔十六〕關子明：關朗，字子明，河東解人，據說為東漢末年名將關羽玄孫，有經世才，不求宦達。北魏孝文帝太和末，王虯封晉陽公，關朗為其公府記室，與談《易》，以為奇才，薦於帝。詔見，問《老子》、《易經》，朗陳王道，祈以

慈儉為本，飾以刑政禮樂。帝卒，遂不仕。案：關朗與王通曾祖交遊，與王通不同世代，疑其問禮者當為關子明後人，或為「關生」之誤，即《中說・魏相篇》「吾聞禮於關生，見負樵者幾矣」之「關生」。

〔十七〕北平：北平郡，西晉改右北平郡置，治所在徐無縣（今河北遵化縣東）。

〔十八〕霍汲：晉人，隱於漁，雅精樂律。文中子嘗曰：「吾正樂於霍生，見持竿者幾焉。（《中說・魏相篇》）」（見《山西通志》卷一百四十）

〔十九〕族父：同族兄弟之父。亦泛指同族伯叔父。

〔二十〕畢：齊備；統括。

〔二一〕匪：同「非」。不，不是。

〔二二〕異時：往時；從前。

〔二三〕房：房玄齡（579～648），字喬，房彥謙子，唐齊州臨淄人。隋開皇時舉進士，為隰城尉。唐兵入關中，歸李世民，任秦王府記室。唐高祖武德中，與長孫無忌等策劃玄武門之變。太宗貞觀元年為中書令，封邢國公。後任尚書右僕射，改魏國公。監修國史。十一年，徙梁國公。居相位十五年，與杜如晦共掌朝政，世稱「房謀杜斷」。進司空，累表固辭。卒諡文昭。

〔二四〕衛：李靖（571～649），字藥師，雍州三原（今陝西三原縣）人。高祖時拜行軍總管，蕭銑平，招降嶺南四十九州島，又曾鎮壓輔公祐軍。太宗即位，授刑部尚書、兼檢校中書令，轉兵部尚書。破突厥，封代國公，遷尚書右僕射。後改衛國公。卒諡景武。後人錄其論兵語，為《李衛公兵法》。

〔二五〕恢：擴大；弘揚。

〔二六〕文武：文德與武功；文治與武事。

〔二七〕濟：成功；成就。

〔二八〕天命：上天之意旨；由天主宰的命運。

〔二九〕司空表聖：司空圖（837～908），字表聖，晚自號耐辱居士，河中虞鄉人，於唐僖宗時知制誥，為中書舍人，旋解職去。朱全忠召之，力拒不出。及全忠僭位，遂不食而死。《唐書》列之卓行傳。著有《司空表聖文集》十卷。

元　子

　　元子〔一〕曰：「人之毒〔二〕於鄉，毒於國，毒於鳥獸草木，不如毒其形〔三〕，毒其命〔四〕。」〔五〕「人之媚於時，媚於君，媚於朋友〔六〕郡縣〔七〕，不如媚於廄〔八〕，媚於室〔九〕。」〔十〕「人之貪於權，貪於位，

貪於取求聚積，不如貪於道，貪於閒靜。」〔十一〕「人之忍於毒，忍於媚，忍於詐惑貪溺，不如忍於貧苦，忍於棄廢。」〔十二〕英哉斯言！次山平生辭章奇古峻絕，不蹈襲古今，其〔註15〕觀柳柳州〔十三〕，抑文〔十四〕英崛，唐代文人，惟二公而已〔十五〕。猶有一說，頌者，所以美盛德之形容〔十六〕也，如《江漢》諸詩所以寫宣王中興〔十七〕之美者，皆繫之雅。唐既中興，而磨崖〔十八〕一碑，乃以頌稱，漫郎〔十九〕豈不能致思乎此耶？初，結居商餘山〔二十〕著書，其序謂「天寶九年庚寅至十二年癸巳，一萬六千五百九十五言，分十卷」，是蓋有意存焉。卷首有《元氏家錄》，紀其世次〔二一〕。

【集釋】

〔一〕元子：元結（719～772），字次山，自稱浪士，亦號猗玕子、漫郎、漫叟、聱叟。唐河南魯山人。玄宗天寶進士，由國子司業蘇源明薦於肅宗，為右金吾兵曹參軍，歷仕山南西道節度參謀、水部員外郎、道州刺史、容管經略使。結有吏才，卓有政聲。文章戛戛自異，變排偶綺靡之習。有集，又編沈千運、王季友等七人詩為《篋中集》。

〔二〕毒：毒害，殘害。

〔三〕其：自己。形：形體；身體。

〔四〕命：天命；命運。

〔五〕語見《元次山集》卷五：「元子以為人之毒也，毒於鄉，毒於國，毒於鳥獸，毒於草木，不如毒其形，毒其命，毒其姻戚，毒其家族者爾。於戲，毒可頌也乎哉？毒有甚焉何如？」

〔六〕朋友：同門為朋，同志為友；後泛指交誼深厚的人。

〔七〕郡縣：即郡縣之人，泛指陌生之眾。

〔八〕廄：馬房，泛指牲口棚。此處指家養牲畜。

〔九〕室：家，此處指親人。

〔十〕語見《元次山集》卷五：「元子以為人之媚也，媚於時，媚於君，媚於朋友，媚於鄉縣，不如媚於廄，媚於室，媚於市肆，媚於道路者爾。於戲，媚可頌也乎哉？媚有甚焉何如？」

〔十一〕語見《元次山集》卷五：「元子以為人之貪也，貪於權，貪於位，貪於取

─────────────────

〔註15〕「其」，四庫本作「某」。

求，貪於聚積，不如貪於德，貪於道，貪於閒和，貪於靜順者爾。於戲！貪可頌也乎哉？貪有甚焉何如？」

〔十二〕語見《元次山集》卷五：「元子以為人之忍也，忍於毒，忍於媚，忍於詐惑，忍於貪溺，不如忍於貧，忍於苦，忍於棄污，忍於病廢者爾。於戲，忍可頌也乎哉？忍有甚焉何如？」

〔十三〕柳柳州：即柳宗元（773～819），字子厚，唐河東解人，世稱柳河東。

〔十四〕抑文：當作抑又，抑猶又也，「抑又」同義複合，為習見短語。

〔十五〕明胡應麟《少室山房集》卷一百五《題元次山集》：元次山文故為艱深險澀，而無大發明，蓋樊宗師、皇甫湜之前驅耳。高似孫至謂視柳河東英崛過之，唐之文惟二公，豈不省昌黎何代人耶？甚矣高之無目且無耳也。余讀元子文，佳者僅世所共傳《中興頌》，乃其文體典雅渾雄，非艱澀比，而諸艱澀之作無一傳。彼藉口《盤庚》者，戒之哉！

〔十六〕形容：指盛德的表現；體現。

〔十七〕宣王中興：周宣王即位後，任用召穆公、周定公、尹吉甫等大臣，整頓朝政，使已衰落的周朝一時復興。

〔十八〕磨崖：山崖石壁上鐫刻的文字。

〔十九〕漫郎：指唐朝元結。

〔二十〕商餘山：今河南魯山縣東南。

〔二一〕世次：世系相承的先後。

皮子隱書〔一〕

皮日休《隱書》六十篇，有曰：「古之用賢也為國，今之用賢也為家。」〔二〕又曰：「古之官人〔三〕也，以天下為己累，故己憂之。今之官人也，以己為天下累，故人憂之。」〔四〕又曰：「古之隱也志在其中，今之隱也爵在其中。」〔五〕又曰：「古之決獄〔六〕，得民情〔七〕也哀；今之決獄，得民情也喜」。〔八〕「古之殺人也怒，今之殺人也笑。」〔九〕嗚呼，斯言也痛快哉！

【集釋】

〔一〕又稱《鹿門隱書》。

〔二〕語見《皮日休文集》卷九。

〔三〕官人：做官的人；官吏。

〔四〕語見《皮日休文集》卷九。

〔五〕語見《皮日休文集》卷九。

〔六〕決獄：判決獄訟。

〔七〕民情：《論語‧子張》：「上失其道，民散久矣。如得其情，則哀矜而勿喜。」
民情，即「其情」；情，實也。當解作「百姓犯案之實情」。

〔八〕語見《皮日休文集》卷九。

〔九〕語見《皮日休文集》卷九。

附錄一　有關《子略》研究資料

《四庫全書總目》卷八十五《子略》提要

　　《子略》四卷、《目錄》一卷，宋高似孫撰。似孫有《剡錄》，已著錄。是書卷首冠以目錄，始《漢志》所載，次《隋志》所載，次《唐志》所載，次庾仲容《子鈔》、馬總《意林》所載，次鄭樵《通志·藝文略》所載，皆削其門類而存其書名，略注撰人卷數於下。其一書而有諸家注者，則惟列本書，而注家細字附錄焉。其有題識者，凡《陰符經》、《握奇經》、《八陣圖》、《鬻子》、《六韜》、《孔叢子》、《曾子》、《魯仲連子》、《晏子》、《老子》、《莊子》、《列子》、《文子》、《戰國策》、《管子》、《尹文子》、《韓非子》、《墨子》、《鄧析子》、《亢桑子》、《鶡冠子》、《孫子》、《吳子》、《范子》、《鬼谷子》、《呂氏春秋》、《素書》、《淮南子》、賈誼《新書》、《鹽鐵論》、《論衡》、《太玄》、《元經》、《新序》、《說苑》、《抱朴子》、《文中子》、《元子》、《皮子隱書》，凡三十八家。其中《說苑》、《新序》合一篇，而《八陣圖》附於《握奇經》，實共三十六篇。惟《陰符經》、《握奇經》錄其原書於前，餘皆不錄，似乎後人刪節之本，未必完書也。馬端臨《通考》多引之，亦頗有所考證發明。然似孫能知《亢桑子》之偽，而於《陰符經》、《握奇經》、《三略》、《諸葛亮將苑》、《十六策》之類乃皆以為真，則鑒別亦未為甚確。其盛稱《鬼谷子》，尤為好奇。以其會梓諸家，且所見之本猶近古，終非焦竑《經籍志》之流輾轉販鬻、徒構虛詞者比，故錄而存之，備考證焉。

清汪琬《堯峰文鈔》卷三十九《跋高似孫子略》

　　高氏疑《孔叢子》偽書，歷引《孟子》及《家語後敘》證孔子、子思無問答事，最悉。然予以為非是。《漢書·孔光傳》首載孔氏譜牒，孔子生伯魚鯉，鯉生子思伋，伋生子尚高，則伯魚為子思父，審矣。《孔子家語》：「孔子年二十娶亓官氏，明年生伯魚。伯魚年五十，先孔子卒。」孔子後三年始卒。使子思猶未生，則孔氏譜不足據邪？《史記·魯世家》：「穆公之立也，距孔子已七十年。」子思壽止六十二，使穆公時猶在，則與孔子相隔絕久矣。其去伯魚當益遠，不得為其子。然遍考諸書，又不言孔子有佗支庶，何也？予以為宜從《孔叢子》。蓋《孔叢子》與譜牒皆出孔氏子孫之手，其說必有證左，非他書臆度者比也。嗚呼！盡信書則不如無書。後世迂儒小生讀書不知通變，往往捨其大者，旁引瑣細，以相辨難，豈非好古而失之愚者哉！

清張海鵬《學津討原本跋》

　　續古氏取鬻熊以下三十八家，著之論說，其卑法術、拒刑名、黜玄虛、掃捭闔，可謂卓然絕識矣。唯能決洞靈之妄而樂治丹經，能戒黷武之殘而侈譚陳法，未免目淆五色，見涉兩歧。至謂殷楹既奠，子思未生，竟忘泰山未頹，伯魚早卒，偶疏點檢，未足訾謷。要其俯首孟氏，折衷孔經，揚子有云：「好書而不要諸仲尼，書肆也；好說而不要諸仲尼，說鈴也。」續古其免於此議歟？宋槧久廢，茲從《百川學海》中錄出，為校正脫偽四百餘處，復取隋、唐諸志及馬、鄭兩家之書，覈其篇目，悉為釐正，稍還高氏之面目云。

　　今按：此跋同於清孫原湘《天真閣集》卷五十四《高似孫子略跋》，文字稍有點竄。二氏同時，此文或出孫氏代筆，或為張氏剽竊，皆不得而知。孫文附下，舉此備考。

清孫原湘《天真閣集》卷五十四《高似孫子略跋》

　　續古氏取鬻熊以下三十八家，著之論說，其卑法術、拒刑名、黜玄虛、掃捭闔，可謂卓然絕識矣。惟能決洞靈之妄而樂治丹經，能戒黷武之殘而侈言陣法，未免目淆五色，見涉兩歧。至謂殷楹既奠，子思未生，竟忘泰山未頹，伯魚早卒，偶疏檢點，未足訾謷。要其俯首孟氏，折衷孔經，揚子有云：「好書而不要諸仲尼，書肆也；好說而不要諸仲尼，說鈴也。」高氏其免於此議歟？宋槧久廢，茲從《百川學海》中錄出，為校正脫誤四百餘處，復取漢、隋、唐

諸志及馬、鄭兩家之書，綴其篇目，悉為釐正，稍還匡廬之面目云。

清陶元藻《全浙詩話》卷十六「南宋高似孫」條

　　似孫，字續古，慶元人。文虎子。淳熙十一年進士，歷官校書郎，守處州。有《疏僚集》。

　　《癸辛雜識》：高疏僚守括，因有籍妓洪渠，慧黠過人。一日歌《真珠簾》詞，至「病酒情懷猶困懶」，使之演其聲，若病酒而困懶者，疏僚極稱賞之。適有客云：「卿自用卿法。」高因視洪云：「吾亦愛吾渠。」遂與落籍而去，以此得嘖言者。《談薈》：韓侂冑生日，高似孫獻詩九章，每章用一「錫」字，以寓「九錫」。

　　《武林舊事》：聚景園在清波門，孝宗致養之地。嘉泰間，寧宗奉成肅太后，亦嘗臨幸。其後蕪廢不修。高疏僚詩云：「翠華不何苑中來，可是年年惜露臺。水際春風寒漠漠，官梅卻作野梅開。」

　　《居易錄》：四明高似孫續古《疏僚集》，劉後村謂能參誠齋活句者。《四聖觀》詩，後村亟賞之，詩云：「水明一色抱神州，雨壓輕塵不敢浮。山北山南人喚酒，春前春後客憑樓。射熊館暗花扶辰，下鵠池深柳拂舟。白髮邦人能道舊，君王曾奉上皇遊。」「花知西路事，雁叫北人心。」「山橫東壁含情斷，水出瞿塘快意流。」

　　按：聚景園內有會芳殿、瀛春堂、覽遠堂、芳華亭、花光亭、瑤津、翠光、桂景、艷碧、涼觀、瓊芳、彩霞、寒碧、花醉、澄瀾等目。又有錦壁、清輝二處，並柳浪學士二橋。故《乾淳起居注》紀淳熙六年幸園事，云太上太后至會芳殿降輦，上及皇后至翠光降輦，並坐瑤津西軒入御，筵畢，至錦壁賞花，又至清輝少歇，由翠光登御舟，入湖中，泊花光亭，仍至會芳少歇，還內。自孝宗至寧宗，屢見臨幸。理宗以後漸至冷落。陸游詩：「聖主憂民罷露臺，春風側苑晝長開。盡除曼衍魚龍戲，不禁芻蕘雉兔來。水鳥避人橫翠藹，宮花經雨委蒼苔。殘年自喜身強健，又任清都夢一回。水殿西頭起砌臺，絲歌鬧處杏花開。簫韶本與人同樂，羽衛曾聞一歲來。鷁首波生涵藻荇，金鋪雨後上莓苔。遠臣侍晏應無日，目斷堯雲到晚回。」分明見苑囿漸宸遊亦倦之意，卻說來得體，於此見放翁筆墨之妙。四聖延祥觀在孤山。四聖者，道經云紫微北極大帝之四將，天蓬、天猷、翊聖、真武也。向有觀在汴京，韋太后奉事，惟謹靖康之變，高宗以康邸出使，見四金甲人執弓劍以衛。未

幾，太后北狩，乃佩平日所繪像以行，嘗見於夢，止二人祠之，曰二護聖君。還南，二留衛，聖母由是益崇信之。紹興十二年，太后南歸，遂於禁中造沉香像，同所繪像，奉安於慈寧宮。越二年，委韋淵就山建殿焉。高、孝、光三朝俱嘗臨幸，故有「君王曾奉上皇遊」之句。

宋樓鑰《攻愧集》卷三十一《除給事中舉高似孫自代狀》

右臣伏見文林郎紹興府會稽縣主簿高似孫，夙有俊聲，能傳家學，詞章敏贍，吏道通明，臣今舉以自代。

宋陳振孫《直齋書錄解題》卷二十

《疏僚集》三卷，四明高似孫續古撰。少有俊聲，登甲辰科，不自愛重，為館職，上韓侂胄生日詩九首，皆暗用「錫」字，為時清議所不齒。晚知處州，貪酷尤甚。其讀書以隱僻為博，其作文以怪澀為奇，至有甚可笑者。就中詩猶可觀也。

元盛如梓《庶齋老學叢談》卷中之上

《宋史》載：韓侂胄用事時，其誕日，高似孫獻詩九章，每章用一「錫」字；辛棄疾以詞贊其用兵，則用司馬昭假黃鉞異姓真王故事。是誠何心哉！士大夫所守必正，可仕則仕，可止則止，一以孔孟為法，斯不失為君子。如疏僚、稼軒，負大文名，而有此作穢名史冊。悲夫！

孫德謙《諸子通考》卷二

諸子立言，無不自成一家。故治其學者，莫要於辨別家數。何者為儒，何者為道，知其家數，而立言之意亦可由此而窺矣。宋之學者，以尊儒之故，屏諸子為離經畔道。高氏今謂不能盡宗於經，亦不能盡忘於經，猶曉然於諸子之術，不盡有悖於經教，其見超矣。吾嘗謂劉向之辨章諸子，用經為衡，而班固故曰「六經之支與流裔」。今觀高氏之說，諸子之無違經義，殆亦先得吾心之同然乎？夫諸子名為專家，其書則各有指歸。高氏云「可以通名家，究指歸」，其說是也，惟高氏能言之。而其論列諸子，則未必能得其指歸。列子貴虛，彼未識其指歸，疑為「鴻蒙列缺」之類。鄧析則以為流於申、韓，且不辨名自為名，與法家不可混，何能探其指歸乎？然遊文六經，留意仁義，為儒家之指歸；清虛自守，卑弱自恃，為道家之指歸；班氏於《諸子》一略，

固皆標揭之。有好家學者，從高氏之言，以究其指歸，則誠確鑿而無可易者
也。若謂荀況、揚雄不可與諸子同語，吾不知高氏何憒憒若此。是二家者，
均諸子之儒家流也，漢、隋、兩唐，其史志皆然，乃謂不可與諸子同語，大
可異矣。將二氏非諸子乎？雖然，諸子亦宗於經，而以究其指歸為務，高氏
之於子學猶有得焉者也。

附錄二 高似孫之家世、生平與交遊

童子希

第一節 高似孫之家世

一、高氏家族之淵源

　　高似孫出生於四明高氏，此為南宋時期頗有影響的名門望族。他在《剡南高氏宗譜》序中說：「高氏之在鄞，以儒學起家，其後登進士者五，特恩出官者三，京秩延賞者三，選恩人延賞者十有一，然亦不自鄞始也；溯而上之則慈水，濬而窮之則晉陵。」〔註1〕元代文豪袁桷稱「高氏衣冠為四明望」〔註2〕。清初浙東學派大師全祖望稱：「高氏在宋世，衣冠最盛，疏僚之詩筆，竹墅之圖畫，至今皆有傳者。」〔註3〕全氏在《甬上族望表》中將桂芳橋高氏列為四明望族之一，以高閌、高似孫、高衍孫為三望，他說：「憲敏公以大儒為一望；華文墮其家聲，得罪於朱子，替矣；疏僚亦廁身於平原，然而其三《略》與詩終為一望，衍孫之六書亦一望。凡三望。」〔註4〕臺灣大學黃寬重教授認為，四明高氏為南宋兩浙路五個大家族之一。〔註5〕

〔註1〕 高我桂等修：《剡南高氏宗譜》卷首，《舊序》
〔註2〕 （元）袁桷：《清容居士集》卷二十一，《高一清醫書十事序》，杭州：浙江古籍出版社，2015 年，頁 585。
〔註3〕 高我桂等：《剡南高氏宗譜》卷一，《列傳·叔俞公行述》。
〔註4〕 （清）全祖望：《全祖望集彙校集注·甬上族望表》，上海：上海古籍出版社，2000 年，頁 2646。
〔註5〕 黃寬重：《南宋兩浙路社會流動的考察》，見黃寬重：《宋史論叢》，臺北：新文豐出版公司，1993 年，頁 94。

　　《北京圖書館藏中國歷代石刻拓片彙編》收錄的《宋故樊氏夫人墓誌銘》記載了高氏先祖高珍君一代的情況，是研究高氏先祖的最可靠資料。該墓誌出土於浙江鄞縣，傳主為高君珍繼室樊氏，死於崇寧二年（1103）六月初三日，葬於北宋大觀元年（1107 年）十二月一日；墓誌撰者為汪睿。由於該墓誌對研究高氏先祖頗為重要，茲錄其全文於下：

宋故樊氏夫人墓誌銘〔註6〕

　　　將仕郎充袁州州學教授汪睿撰並書

　　　元符間，太學增修典令，士翕然赴選。時四明高充實獲預弟子錄，與余聊几席，契甚。充實名碩，敏學行，風性純簡，若素染族化。意厥先必有高矩貽後，故其門有是子乎？嘗詰之。充實曰：「余祖游於藝，考習箕裘，致饒裕。四男循長，將俱以素業禪，母夫人慨然曰：『而子戢且均使操技，設異日椎鍛就器，競力豐產，不過為一富翁。必欲門戶煥發，莫如擇良子業儒，使有獲，豈一技利哉！

　　　考君偉其語，乃遽命碩縫衣吟典籍，而夫人喜，傾奩彙贖書闢館，延長者客，日促承叩師訓，附友益至。自為課程，規撿使斷斷踐守，蘄躋成域。已俛逮長，稍見有進，即春糧俾遊太學，戒示費遺，歲七八遺。』碩每捧所寄，流涕謂余言：「母夫人之惠之教，其悉至此。」余於時已信夫人非常婦矣。

　　　崇寧四年，余官外江，充實輒馳疏，以母夫人大事請銘，余惻然。非特悼夫人未見賢子登華塗，抑傷其子有賢母不少延以卒，誨為充實恨，遂三歎，□其狀實與書。夫人自脫襁褓已慧爽，為眾所才。及笄，女紅畢練。乃祖乃父雖無顯躅，皆豪財倜儻，任氣節，觀夫人性行秀出，蓋穎然一奇男子趣操，未肯以齗齗等輩埒吾女也。選甚，遴得鄞君子高君珍與歸。高少年強幹偉志，冀獲良耦，佐立壼政。先室滕氏既亡，遺二幼，呱呱伺育，夫人繼歸，視等己出，飲哺保抱，撫稚誨長，率為寧馨兒。舅雖不逮事，有姑高年，性嚴敕，左右給使莫或適厥意，夫人能先意奉承，迎旨隨合。姑喜慰曰：「吾兒得是婦，如舟獲楫，吾家毋慮不濟矣。」比設疑謀試之，夫人剖胸奇前，幾籌可否，較然黑白。後良人凡建設，必取決細君，

〔註6〕 北京圖書館金石組編：《北京圖書館藏中國歷代石刻拓片彙編》第 41 冊，鄭州：中州古籍出版社，頁 155。

事斷可集。高氏由此炎熾，經理條緝，儲有餘潤。方盛年，遽所天不棄，誓弗許，獨念諸孤固皆久服吾教已，一一整修，猶恐於世務或未漸稔，乃遣學儒。子登太學，余授之家責，內焉以義方，而外密鉗鍵。諸子亦爭奮智謀，協力興造，恪遵禮憲，咸為鄉吉人。家事益井井不紊，矚然可以為世程，夫人之福高氏豈細也哉。夫人資婉淑，處身勤儉廉慎，語非當理不啟齒。睦親族，俯仰祗順，和氣溢闥，雖葭莩末屬，咸得歡心。或貧憊踵門，必厚賑，稱所願欲，至推餐褫服，弗辭吝。凡享祭，先期齋潔，躬滌濯烹飪，一弗以奚賤代事。尤酷嗜釋氏教，日誦其書累千言，非矜以唇腐為勤也。誠欲探甚深義，訖能悟死生理。一日臥病，環子孫訣曰：「吾數窮矣。姑待盡，毋事醫卜。」為他無祝，默默竟夕，若假寐，脫然逝矣。寔崇寧二年六月初三日，享年五十四。

夫人樊姓，世家明州之鄞縣。男四人：曰伯欽，即先氏息，夫人繼育子；曰伯誠、伯源、伯起，皆夫人生。伯源乃學儒者，昔登太學日，夫人與更名碩，今朝廷興辟廱，天下徧新泮宮法，碩移牒，歸就郡貢。五女：長適王瓊，伯欽同產也。次適進士周純仁，次適舒宗憲，宗憲死，再適熊淵；次適戴訥；次適楊元。孫男八：闋、閱、闐、閗、闡，余未名。孫女四。用大觀元年十二月初一日，舉夫人於鄞之清道鄉甬水之原，附府君之塋葬焉。嗚呼！明之俗渾厚，然土薄，間有巨姓多一再世止，惟高氏代綿十數，基構愈廓，豈積善累德有自來歟？人猶以為未大振赫，暨府君得樊氏配，諸子角立，而碩為儒生，又犖犖可期，故鄉閭咸譽是家可指日賀榮矣。天曷不究夫人壽，俾卒享餘慶，余甚惑之。諒天之報施，必不竟違善人，不日觀東南有焰焰其貴者，必夫人之後也。余黥人，去鄞亦遼絕，尚聞樊氏之風為駭聽，況習知其說於充實之積素乎。將敘其行，又實於明之知夫人者，余銘誠不妄，來者考之，毋以余為飾辭。銘曰：

有泚何潔，維澄自源。有攉何秀，維豐自根。誰濬誰植，德稱爾樊。伊樊元姬，瓊瑰淑姿。才牖自天，器成匪師。指繹心緯，敷英吐奇。曰嬪孰良，惟高擅芳。棗栗歸贄，和風滿堂。締彼宏構，脂腴且長，業禪於先，豈無子傳。有一吾寶，書林是畂。亦宣有貴，

貂冠世綿。誰謂足乎平生，嗟弗登乎永齡。尚克可久，於昭我銘；
流慶波乎甬水，與俱注乎滄溟。

陳銳刊

　　墓誌撰者汪睿是徽州黟縣人，宋徽宗初年入太學，與樊氏次子高碩是太
學同窗，後出任袁州州學教授，這篇墓誌正是在樊氏去世後應高碩之請而作。
據該墓誌可知，高珍君娶滕氏為妻，滕氏早歿（左洪濤認為滕氏並未亡，而
是被休），又繼娶樊氏。高君珍與滕氏育有一子即高伯欽，與樊氏育有三子，
分別是高伯誠、高伯源及高伯起。高伯源後改名高碩。高君珍有五女，分別
嫁於王瓊、進士周純仁、舒宗憲（宗憲死後，改嫁熊淵）、戴訥、楊元，這
些人物出於四明地區的著名家族。高珍君之孫有八人：高閣、高閎、高闈、
高聞、高闡，其餘三人不詳。樊氏是四明鄞縣人，雖為富家之女，卻頗有見
地，她更加重視子孫的文化教育問題，不願子孫繼承祖業從事手工技藝，而
主張子孫學儒走向仕途。高珍君非常贊同樊氏的想法。樊氏變賣嫁妝，開館
請先生教子孫學儒，後又送季子高伯源入太學讀書。墓誌銘中也說明了高氏
的遠祖情況，據高碩所言，高氏先祖中並無名人，祖上以手工為業，世代相
承，直到高君珍這一代，情況才發生變化，由經商轉向儒業科舉。
　　高我桂等第七次續修的永思堂木活字本《剡南高氏宗譜》對高氏家族的家
族淵源、遷居情況和先祖傳記等都有詳細的記載，對於研究高氏家族至關重
要。值得注意的是，該譜經歷了多次續修，其中對高氏先祖的記載多有牴牾之
處。《乾道四明圖經》載：「高閌字抑崇，唐宰相智周後，世家廣陵，高祖贊襄
始居明。」〔註7〕高智周（602～683），常州晉陵（今江蘇常州）人，進士及
第，唐高宗宰相。《舊唐書·高智周傳》云：

　　　智周少與鄉人蔣子慎善，同詣善相者，曰：「明公位極人臣，而
胤嗣微弱；蔣侯官祿至薄，而子孫轉盛。」子慎後累年為建安尉卒，
其子繪來謁智周。智周已貴矣，曰：「吾與子父有故，子復有才。」
因以女妻之。永淳中，為緱氏尉、鄭州司兵卒。繪子捷，舉進士。
開元中，歷臺省，仕至湖、延二州刺史。子貴，贈揚州大都督。捷
子冽、渙，並進士及第。冽，歷禮、吏、戶部三侍郎，尚書左丞；

────────────────

〔註7〕　（宋）張津：《乾道四明圖經》卷五，文淵閣四庫全書本。

渙，天寶末給事中，永泰初右散騎常侍。高氏殄滅已久，果符相者
之言。〔註8〕

可見高智周後嗣微弱，在唐代已無後人。因而將高智周列為高氏先祖當是
依託。日本學者石田肇亦持此說。〔註9〕

《剡南高氏宗譜》載有高閌所撰的《叔俞公行述》〔註10〕。據此文，高
閌之父名伯欽，排行第十七；伯欽的父親名軫之，排行第十二；祖父名膺，
排行第五；曾祖名贊襄，排行第七。高祖（某）係殿帥公第三子。贊襄有祖
父忠勇之氣概，隱居四明城，以賣烏紗帽為生。贊襄之後代高膺、高軫之都
繼承祖業。高伯欽同樣經營祖業，但他喜好收藏圖書、閱讀古史，對道釋、
醫卜、陰陽、術數頗感興趣，能賦詩。「自恨以襲箕裘，不及留心儒業」，遂
出資支持兄弟和其子學習儒業。仗義疏財，樂善好施，將家族治理得井井有
條。高伯欽六十五歲時，遇到金兵入侵四明（史載建炎三年即 1129 年 2 月
金兵攻陷明州城，明州被焚城），只好帶著老小流浪於鄞縣西北的大雷山，
後遇賊寄居慈谿（今屬浙江省慈谿市）。高伯欽生子八人，長子夭折，次子
高安世、三子高閌、四子高聞、五子高開、六子夭折、七子高闇、八子高閎。
高伯欽因經營手工產業經常不在家，高閌的母親對其子的教育付出了大量精
力，高閌稱其母「素知書，能記誦古詩賦及《孝經》《論語》。諸子五六歲，
每以口授之，又以爪甲畫桌，教以字法；間稱說古人事蹟及鄉中佳子弟，以
勸勉之」。可見閌母的文化水平頗高，教子有方。

《宋故樊氏夫人墓誌銘》載：高君珍之子有四人：高伯欽、高伯誠、高
伯源及高伯起，高珍君之孫有八人：高閌、高閎、高闈、高聞、高闡，其餘
三人不詳。《叔俞公行述》載高伯欽之子有八人：高安世、高閌、高聞、高
開、高闇、高閎，餘二子夭折，實為六人。兩處文獻中都有高閌、高聞、高
閎，可以相互印證。這裡存在一個問題，高闈、高闡是否為高伯欽之
子？黃寬重先生在《宋代的家族與社會》第二篇第四章所作《四明高氏家族
譜系圖》中認為此二人為高伯欽之子。〔註11〕這一說法現在看來還缺少證據

〔註8〕（宋）劉昫等：《舊唐書》卷一八五，北京：中華書局，1975 年，頁 4792～
4793。
〔註9〕（日）石田肇著，孔繁錫、張新民譯校：《高似孫史略研究》，《貴州師範大學
學報（社會科學版）》1993 年第 4 期。
〔註10〕高我桂等：《剡南高氏宗譜》卷一，《列傳·叔俞公行述》。
〔註11〕黃寬重：《宋代的家族與社會》，臺北：東大圖書股份有限公司，2006 年，頁 200。

支持。《宋故樊氏夫人墓誌銘》撰者稱高珍君孫子中的三人，他已然不知道名字，那麼從常理推斷，高珍君孫子中夭折的兩人他很可能更不瞭解情況。因此，高闌、高闉也可能是高伯欽兄弟之子。

袁桷《書高息齋嚴母方氏夫人墓誌後》云：「今年春，得讀《嚴母方夫人墓銘》，其敘師友婚姻之好，不以窮達渝易，足以知先生成均之法，出於閭塾之遺意，而方夫人崇師教子，不得與流俗同也。」〔註12〕袁桷認為高閌所定太學法制與閌母「不以窮達渝易」的言傳身教和「崇師教子」有很大關係，因而稱讚方夫人之賢。

《叔俞公行述》中記載的重要事件還有高伯欽之父高軡之休滕氏、繼娶樊氏；高伯誠病篤，高伯欽去探視；高伯起遭遇官司，高伯欽從中周旋，最後得以無罪釋放。這些人物與《宋故樊氏夫人墓誌銘》中的記述非常吻合，因而《叔俞公行述》出自高閌之手當無可疑。

《宋故樊氏夫人墓誌銘》《叔俞公行述》對高伯欽父親姓名的記載並不一致，《宋故樊氏夫人墓誌銘》稱「高珍君」，高閌《叔俞公行述》則稱「高軡之」。筆者認為，這兩種說法很有可能指的就是同一人，只是稱謂不同而已。左洪濤稱：「高贊襄之子、高君珍之父的名字很可能就是高軡之。」〔註13〕這種說法值得商榷。據高閌《叔俞公行述》，高贊襄之子、高君珍之父當為高鷹。《宋故樊氏夫人墓誌銘》撰者是高碩的好友，文中稱「充實名碩」，可見「充實」即指其表字，高珍君為高碩之父，且撰文時高珍君已去世，故文中稱其「考君」，依古人禮儀，珍君很有可能是其表字。高閌《叔俞公行述》稱「先君諱伯欽，行第十七」「曾祖贊襄，行第七」「祖鷹，行第五」「父軡之，行十二」。「諱」即指已故尊長者之名，「贊襄」「鷹」「軡之」，這說的都是他們的名字。

《剡南高氏宗譜·辨族》云：「四明之有高氏，俱從晉陵來也。晉陵十三世孫子長，仕隋為秘書學士，是生智周，相唐高宗，諡曰定……《杭新》《泰順》《高錢》《千歲》諸譜，皆宗宋真宗朝武烈衛王，云王係士廉之後，宜宗士廉。余《桂芳》《剡南》《高塘》《西周》《東吳》諸譜，則宗吳越錢王時殿帥公，云公係智周之後，宜宗智周。是疑其為二祖矣。迨統觀舊譜，第

〔註12〕（元）袁桷：《清容居士集》卷四十八，《書高息齋嚴母方氏夫人墓誌後》，杭州：浙江古籍出版社，2015年，頁1109。

〔註13〕左洪濤、張恒：《兩宋浙東高氏家族研究》，北京：海洋出版社，2010年，頁41。

八世而後，又歷載高錢、千歲之衍派，迄今凡十餘世，行第相仍、并然不紊，是又何也！大抵先世而遙，難以確據，自唐迄宋，不無斷續。今余本內翰公諱文虎嫡派，自宜謹遵遺牒，遠則宗定公（高智周），而申國公（高士廉）不及詳也；近則宗殿帥公，而武烈衛王（高瓊）在所略也；不敢以後裔之同，妄揣為鼻祖之合。」這段文字意在說明高氏後人認為四明高氏的先祖有兩人，分別為唐代的高士廉和高智周，但高氏後人也承認由於時間遙遠，他們自己對高氏先世也無法確定，自唐代至宋代的傳承難免存在記載不清的情況。

《剡南高氏宗譜·明統系》云：「譜冠唐定公，而係圖以殿帥公為第一世者，蓋自唐儀鳳迄太平興國，垂三百餘載，譜牒失傳，世次無考；自殿帥公始隱居慈谿，沿至太中公，諱伯欽，開第於鄞之南門，而氏之族遂日繁盛，故四明之有宗譜，僅尊定公為始祖，而以殿帥公為太宗，以太中公為世宗。」這段記載說明該譜以唐定公（高智周）為始祖，係圖則以高殿帥為第一世。但高智周和高殿帥之間三百餘年的世次已無法考證。關於高殿帥的情況，高閌《叔俞公行述》只說其高祖（高贊襄之父）是殿帥公的第三子，但高祖的名字並不知曉。可見高殿帥確有其人，但其基本情況可能連高閌也不清楚。

《剡南高氏宗譜·詳里居》云：「吾氏祖居晉陵，後殿帥公為吳越錢王俶殿前都指揮使。宋天平興國三年，錢王將以地歸宋，公諫以傚死勿去，詞甚激切，王壯之，而勿聽，意以圖籍歸宋。公懼得罪，乃棄官匿名，遁居慈谿之大隱山。地近車廄，有墓存焉，居民至今以高家墓呼之。」據此，殿帥公為五代十國時期吳越國錢王殿前都指揮使，殿帥應當是他的官職，其名字已經無從知曉。

周宣子《剡南高氏宗譜舊序》云：「寶臣公諱瓊者，隨太祖決策定難，官忠武軍節度、封衛國公加太尉，乃兄殿帥公，奇抱負，不得志於宋，隱居四明之慈谿，再傳至伯欽公，居於鄞，生子五人。」〔註14〕周宣子說高殿帥為北宋名將高瓊之兄，但此說是否可信值得懷疑，可能是高氏後人的杜撰。《高氏渤海郡刺史歷代世系圖（外紀系圖）》記載高幹之子有三子：高瑤、高瓊、高玖，以高瑤為高瓊之兄，而高瑤為富州團練使。〔註15〕若高殿帥曾任吳越錢王都指揮使，後懼獲罪而辭官隱居，則不可能出任富州團練使，據此推斷，高殿帥與

〔註14〕高我桂等修：《剡南高氏宗譜》卷首，《舊序》。

〔註15〕高我桂等修：《剡南高氏宗譜》卷二，《渤海郡系圖》。

高瑤決非同一人。當然，還有一種說認為高瓊為高幹長子，但不管怎麼樣，高殿帥都與高瓊無關。另外，從高閌的記述來看，高閌對殿帥公之行事已然不甚明瞭，若殿帥公果為高瓊之兄，高閌述其先祖殿帥公時不可能對此隻字不提。高閌的叔父高碩已經明言高氏祖上無名人。

高文虎《剡南高氏宗譜》序云：「當觀世家大族之作譜也，必摭集遠代之文章炳蔚、簪纓赫奕者，以鋪餘冊端，至按其系流朔其裏派，則未之盡合焉，餘則以為恥矣……今聞吾族有事纂譜，餘則以此意寄語作者，遠祖之世系，容有未確也，寧略而不詳；近世之支流，不必皆貴，務詳而不略。」〔註16〕可見高文虎對高氏遠祖之世系不明有充分的認識，並對首任修譜者高似孫提出了明確的要求。

《剡南高氏宗譜》載有乾隆時期高氏後人高宏訓所作的《高氏歷代支世源流記》，對高氏源流的記載最為詳細。該文遠紹西周，稱高氏始祖為西周時齊太公六世孫高赤，字子高。春秋戰國時支世難稽。至後漢洪公為渤海郡刺史，即著名的渤海高氏。至唐代有高士廉，為貞觀間大學士，封許國公。五代時傳至高霸，高霸生高幹，高幹有三子：高瑤、高瓊、高玖。高瓊為北宋名將，累官檢校太尉、忠武軍節度使，因戰功封秦國公，諡武烈。高瓊第六子高繼宣生遵道，遵道生士明，士明生公傑，公傑生伯達，伯達生允中、允欽、允詳。允中登紹興元年進士，官至兵部尚書；允欽官至太中大夫。建炎三年，宋高宗因金兵逃至明州，允中攜兄弟子姪隨駕明州，遂居住於鄞縣。允中生安寧、世則；允欽長子閌，閌長子為文虎，文虎生一子似孫，似孫生二子，長子普，次子歷。〔註17〕

結合《宋故樊氏夫人墓誌銘》《叔俞公行述》等資料來看，這篇《高氏歷代支世源流記》存在多個疑點，很可能是高氏後人抄錄了其他的高氏宗譜並加以改編而成。第一，《高氏歷代支世源流記》稱高文虎為高閌長子，顯係有誤，《宋史·高文虎傳》載文虎為「禮部侍郎閌之從子」，周宣子《剡南高氏宗譜舊序》明稱文虎為「光祿大夫開之子」「禮部侍郎閌之從子」。第二，《高氏歷代支世源流記》稱高文虎只有一子似孫，而《剡南高氏宗譜》所載《雪廬公傳》《內紀行傳》均記載文虎有二子。第三，《高氏歷代支世源流記》稱高允欽官至太中大夫，而高閌《叔俞公行述》則記載其父高允欽繼承父業，

〔註16〕高我桂等修：《剡南高氏宗譜》卷首，《舊序》。
〔註17〕高我桂等修：《剡南高氏宗譜》卷首，《高氏歷代支世源流記》。

經營「帽肆」,「不及留心儒業」,未曾做官。其意圖在於掩飾高家先輩起家於手工業的早期家族史。第四,高文虎、高似孫、高文善、高衡孫的舊序全都沒有提及高瓊,稱先祖為高瓊後人的說法直到清康熙重修時才開始出現。《剡南高氏宗譜》卷首題為高瓊所撰的《渤海高氏宗支圖序》也見於《海寧岩門高氏家譜》等其他高氏宗譜。因此,該文稱高氏先祖為高瓊後人的說法頗為可疑。其實對於《高氏歷代支世源流記》的說法,清道光年間高袞續修宗譜時已經有所懷疑,《剡南高氏宗譜·道光己亥高氏重修宗譜跋》云:

> 己亥歲,余館渡南碧筠書屋。會高氏續修宗譜,族長天奕等屬余理其卷帙,校其訛舛。余忝附姻戚,義不敢辭。翻閱舊牒,竊見名公巨人,高科顯官,祖孫相望,至今不絕,洵剡中右族也。顧讀乾隆甲辰蛟泉宏訓公《譜序》及《歷代支庶源流記》,知其考訂詳明,所以訪宗盟而敍宗傳者,用心為至苦矣。然披文善公《舊序》,內云十二府君生太中(太中,允欽公官銜);云天大其報,是生禮部侍郎,侍郎,允欽公子閎公也;云吾兄翰林學士也,以猶子相繼,蔚為時稱。學士非他,文虎公也,而曰猶子,明乎文虎公為閎公之從子也。乃宏訓公《譜序》以文虎公為閎公子,何哉?因檢乾隆八年《宗譜》,得嘉定十七年《舊序》,係文虎公內侄周宣子作,又得《叔俞公行述》,係其子閎作。二公所載世次,周言:『文虎公為光祿大夫閎之子。』閎言:『先君生男八,長早卒、次安世、次閎、次聞、次開、又次早卒、季闇、幼閱。』多與宏訓公《譜序》不合。而宏訓公以安世為其伯考允中公子,以開為其叔考允祥公子,以文虎為三伯考閎公子,且文虎公以前一切世次為所訂正者,其憑之《章鎮》耶?抑據之《茅洋》與?其憑之《前梅》耶?抑據之《武林》歟?余思宏訓公遍查各譜,必有所因。第閎公之作《行述》,與文善公、宣子公之作《譜序》,計其時相去不過數十寒暑耳,捨的據而外求憑,與周子已矣,將何以處夫文善公之《譜序》耶?余不敏,不敢以宏訓公所訂正者稍事改更,但《叔俞公行述》為其子閎謹識,宣子公《譜序》為表兄似孫公屬著,其敍世次,似不同凡作傳記者之冒人名目,予姑敬錄之,以付剞劂,仍備參考。昔似孫公作《剡錄序》,嘗引酈道元以自況。今余氏袞,非比宏訓公氏高,焉敢必余言之有當於斯譜乎?如其精覈,更俟後之重修者。時道光

十九年季冬，中浣之吉，邑庠生門胥袁載清百拜謹跋。〔註18〕

綜合以上資料，根據現有比較可信的記載來看，高似孫的先祖可追溯至五代十國時期任吳越王錢弘俶殿前都指揮使的高殿帥，但其名已無從考證，因吳王以地歸宋，高殿帥擔心獲罪，棄官隱居慈谿，由此家道中落。高殿帥之孫贊襄遷居四明，以賣烏紗帽為生，至高君珍一代時家境漸富，高君珍的第二任妻子樊夫人在高氏家族由經商轉向儒業的過程中起到了特殊的作用。在高氏家族的歷史上，高碩最早進入太學讀書，後來高伯欽的五個兒子同時考入太學，而且均高中進士，高氏家族在科舉上獲得了成功，由此逐漸成為四明望族。高氏家族是一個典型的通過科舉考試獲得成功的新興士人家族。高閌第一個中進士，師從理學大家楊時，為南宋初年四明洛學的代表性人物之一，並在朝中擔任要職，對高氏家族的崛起發揮了關鍵性作用。高氏家族由商轉儒，家族中的不少成員通過科舉考試走入仕途，從下層士人家族成為四明的名門望族。黃寬重先生指出：「由於政經社會環境的變遷，宋代家族的結構及其發展、興衰，都與唐以前的社會有明顯的差異。唐代以前，世家大族在政治、社會乃至經濟上都具有舉足輕重的地位，形成門第社會。到了宋代，科舉考試成為步入政治的主要階梯，也是影響家族榮枯的重要因素。經濟的發達與教育的普及，使新興起的士人家族，逐漸成為新時代的主角。」〔註19〕

根據以上研究，結合《剡南高氏宗譜》《宋故樊氏夫人墓誌銘》等資料，我們可以初步理清高氏家族的世系，見下表〔註20〕：

〔註18〕高我桂等修：《剡南高氏宗譜》卷首，《道光己亥高氏重修宗譜跋》。
〔註19〕黃寬重：《宋代的家族與社會》，臺北：東大圖書股份有限公司，2006年，頁27。
〔註20〕此表參考了石田肇和黃寬重的高氏世系表並加以修正，分別見石田肇《南宋明州の高氏一族について：高閌、高文虎、高似孫のこと（宋代史研究會編：《宋代社會宗教》，東京：汲古書院，1986年），黃寬重：《宋代的家族與社會》，臺北：東大圖書股份有限公司，2006年，頁200。

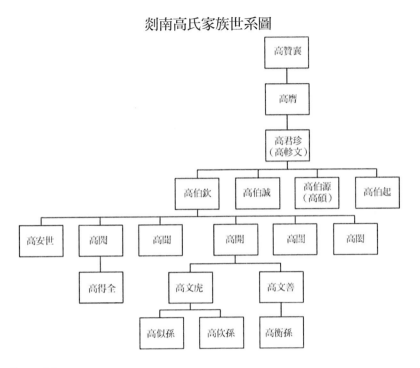

剡南高氏家族世系圖

二、先　祖

（一）叔祖父——高閌

　　高閌（1097～1153），字抑崇，號息齋，鄞縣人。高閌自幼天資不凡，八歲通經史，弱冠與兄弟四人同入太學。建炎二年（1128），升補上舍。紹興元年（1131），免試賜同進士出身。紹興五年（1135），經趙鼎推薦任秘書省正字，後為禮部員外郎兼史館校勘，遷著作佐郎。高閌為趙鼎的支持者，因參與趙鼎與秦檜的黨爭而罷職。紹興十二年（1142），紹興和議後，宋高宗、秦檜為粉飾太平，決定恢復太學，拉攏原為趙鼎一派的高閌任國子司業，主持太學，此舉遭到主戰派洛學同門胡宏的嚴厲批評，胡宏寫信斥其「阿諛柄臣，希合風旨」「欺天罔人」「平生志行掃地盡矣」。紹興十四年（1144），授禮部侍郎兼侍講。此後秦檜攻擊程氏之學，清除異己，高閌被御史中臣李文會彈劾「錄程頤之學，徇趙鼎以邀名」，於是出知筠州，遂致仕，教授鄉里，絕意仕進，遍讀經史諸子百家。卒諡憲敏。著有《春秋集注》《厚終禮》等。

　　南渡後，宋高宗恢復太學，以高閌「懷靜退之風，得淵源之學，早升東觀，泝列南宮，縉紳所推，譽處彌劭」〔註21〕，任其為國子司業。這一期間，

〔註21〕　（宋）張擴：《東窗集》卷九，《高閌除國子司業制》，文淵閣四庫全書本。

高閌主持改革太學。南宋初年，科舉士子多習詩賦。紹興十三年（1143），南宋恢復太學，高閌上書改革太學考試內容，建議以經義為主、詩賦為次，得到高宗支持。高閌又制定太學考試的具體方法，「以《六經》《語》《孟》義為一場，詩賦次之，子、史、論又次之，時務策又次之，太學課試及郡國科舉，盡以此為法」。高閌還確立地方士子補國學監生的規定，將中央和地方教育連為一體。後又建議以飽學之士擔任學官以教導諸生，設御書閣以藏御書。新學建成後，紹興十三年（1143），高閌奏請高宗幸臨太學，率諸生上表以請。次年高宗視學，高閌為諸生講解《易經》「泰」卦，為太學盛事，對此南宋文學大家樓鑰（1137～1213）說：「高宗皇帝中興初駐蹕錢塘，始建太學，妙選師儒，先侍郎首為國子司業，豈惟文行經學足以表率士林，馳名京師，規繩具舉。未幾車駕幸學，握貳儀曹，至今四海尊仰之。」〔註22〕總之，南渡後學制多為高閌所建立，高閌對南宋教育制度的建立具有較大影響。

高閌之人品學問名重士林，袁燮《刑部郎中薛公墓誌銘》云：「禮部侍郎高公，學有根柢，氣類相若，講明義理，日益精微，於是乎家庭間肅肅雍雍，薰蒸陶染，不扶而植，為子若孫者烏得而不賢哉！刑部公之持身居官，所以見推於士大夫者，其源委蓋如是。」〔註23〕

高閌少習程頤之學，入太學時師事楊時，是程頤的再傳弟子。《宋史·高閌傳》稱：「閌少宗程頤學。宣和末，楊時為祭酒，閌為諸生。胡安國至京師，訪士於時，以閌為首稱，由是知名。」高閌還受教於自山東遷居四明的程頤門人焦瑗。高閌在四明積極推廣洛學，是最早在四明傳播洛學的重要人物。他在太學學成歸里後，在鄞縣城南長春門建長春書院，講授《春秋》，傳伊洛之學，從學者甚眾。樓鑰評價說：「吾鄉四明慶曆、皇祐間，杜、楊、二王及我高祖正議，號五先生，俱以文學行誼表率於鄉，杜先生又繼之，講明經術，名公輩起，儒風益振，厥後伊洛二程先生之興，得其傳以歸者，惟故禮部侍郎高公。」〔註24〕清全祖望指出：「二程倡道洛中，浙人惟永嘉九先生得登堂，而余皆私淑也。吾鄉則高憲敏公、童持之、趙庇民，皆在太學，侍楊氏，洛學之來甬上

〔註22〕（宋）樓鑰：《攻媿集》卷五十四，《黃州貢院記》，清武英殿聚珍版叢書本。
〔註23〕（宋）袁燮：《絜齋集》卷八，北京：中華書局，1985年，頁299。
〔註24〕（宋）樓鑰：《攻媿集》卷五十一，《息齋春秋集注序》，清武英殿聚珍版叢書本。

自此始。暨南渡，而山東焦先生以避地至，亦伊川門下也。憲敏輩以其所得共證明之，其所言多與楊氏合，於是日益請業，而吾鄉之洛學遂日盛。」〔註25〕全祖望在《長春書院記》中進一步闡述高閌對洛學之功：「楊文靖公之在太學，吾鄉士人從之者多，而高氏兄弟五人與焉，所造之大，禮部侍郎少師憲敏公，其渠也……吾鄉學派，導源慶曆諸公，至於伊、洛世系，則必自憲敏始，而憲敏為司業，其時王氏之學雖替，然尚有如陳公輔輩，未能盡絕，憲敏以其師說，日與諸生發明之，其有功於伊洛，尤為不淺。」〔註26〕

　　高閌深通經學，精於易學和禮學，他針對王安石廢《春秋》之學，於《春秋》用力最深，其《春秋集注》堪稱集大成之作。閌著此書，閉門屏居，日有定課，風雨無阻，晚年精力盡付此書。此書所載經文，多從《左氏》，但亦兼取《公羊》《穀梁》二家。大旨以程頤《春秋傳》為本，故仍冠以程頤原序。其說雜採唐宋諸家，鎔以己意，不復標舉名氏。閌雖學宗程子，但並未盲從附和，對程《傳》的錯誤也能有所匡正。不守門戶之見，故所解多得本旨。元袁桷稱高閌「辨《春秋》王霸，未嘗不嚴正而簡明」〔註27〕，清全祖望說「讀憲敏《春秋集注》，其發明聖人褒貶義例，遠過於胡文定公，至今說《春秋》者以為大宗」。《四庫全書總目》評價此書「惟於地理少疏……然在宋代《春秋》諸家中，正大簡嚴，實可與張洽相匹，非孫復、崔子方輩可幾及」。因高閌精通《春秋》，《春秋》遂成為高氏家法，其從子文虎治《春秋》而中進士。樓鑰在為《春秋集注》作序時認為高氏家族興盛的原因是「子孫能守家法，其興蓋未艾也」〔註28〕。高閌還致力於禮學研究，在禮部侍郎任上，曾擔心近世禮學不明，因著《厚終禮》《鄉飲酒儀》，並修訂司馬光的冠禮，喪禮後為朱熹納入《家禮》之中。紹興七年（1137），仇悆守明州，受《鄉飲酒儀》的啟發，在重建州學後舉行此禮，甚至買田充作舉行典禮的基金，這是南宋建立後首次舉行鄉飲酒禮。此後鄉人林保參照此制，制定了鄉飲儀制。紹興十三年（1143），國子祭酒高閌對此修定損益，定名為《鄉飲酒矩範儀制》並上奏朝廷，由禮部頒行，同年即刊行於明州，此為南宋推行鄉飲酒禮

〔註25〕　（清）全祖望：《鮚埼亭集外編》卷十六，清嘉慶十六年刻本。

〔註26〕　（清）全祖望：《鮚埼亭集外編》卷十六，清嘉慶十六年刻本。

〔註27〕　（元）袁桷：《清容居士集》卷四十八，《書高息齋嚴母方氏夫人墓誌後》，杭州：浙江古籍出版社，2015年，頁1109。

〔註28〕　（宋）樓鑰：《攻媿集》卷五十一，《息齋春秋集注序》，清武英殿聚珍版叢書本。

之始。〔註29〕

　　除了發揚洛學、研治《春秋》及禮學，高閌還參與修纂史書。在任禮部員外郎兼史館校勘期間他參與修纂《宋哲宗實錄》和《宋神宗實錄》，擔任校勘官。《宋史全文》載：「癸亥，尚書左僕射監修國史趙鼎，史館修撰勾濤，秘書少監尹焞，著作郎兼校勘張嵲，佐郎胡珵，校勘鄧名世、朱松、李彌正、高閌、范如圭等上重修《哲宗皇帝實錄》。九月書成。」〔註30〕這說明高閌在校勘實錄期間與朱熹之父朱松共事。宋李心傳《建炎以來繫年要錄》載：「御史論彌正、閌與修《神宗實錄》……彌正舊校勘官，閌為史官，本非所長者也，至趙鼎再相，彌正乃以前日之罷為不易逢之機，閌以前日之舉，為不得已之事，誕謾反覆，以儒濟奸，伏望特行罷黜，以戒在位。故二人並罷。」高閌雖參與校勘實錄，但被御史彈劾修史「非所長」，由是罷職。高閌是趙鼎一派的支持者，與秦檜對立，因而這種彈劾完全是出於政治上的攻擊，不足以憑信。宋李心傳《建炎以來朝野雜記》云：「神宗、哲宗新《實錄》，趙元鎮為相時所修也。《神錄》有《考異》，《哲錄》有《辨誣》，皆出范元長侍讀一手。與修者任德初、張子韶、尹彥明、高抑崇、胡德輝、范伯達、朱喬年、王信伯、李似之等，俱一時名人。」〔註31〕由此可見，高閌不僅精於經學，而且兼擅史學，這為後來高氏家族的治學興趣由經學轉向史學埋下了伏筆。

（二）祖父——高開

　　高開，鄞縣人，高安世之弟，曾與兄弟高安世、高閌、高闓、高閌同入太學讀書，遊於國子祭酒楊時之門。乾道二年（1166年），登進士第。《乾道四明圖經》卷十二《進士題名記》：「乾道二年蕭國梁榜：高開，安世之弟。」《光緒鄞縣志》卷二十《選舉表一》：「乾道二年丙戌：高開。」宋徐元傑《楳埜集》卷十《跋高特進手書孝經》稱高開為高特進，周宣子《剡南高氏宗譜舊序》稱高文虎為「光祿大夫開之子」，則高開曾任特進、光祿大夫。

　　高似孫的祖父高開是高氏家族的一位重要人物，他的兩個兒子（高文虎、高文善）、兩個孫子（高似孫、高衡孫）都中進士弟，高氏三望中的二望都出

〔註29〕黃寬重：《宋代的家族與社會》，臺北：東大圖書股份有限公司，2006年，頁181。

〔註30〕佚名：《宋史全文》卷二十，文淵閣四庫全書本。

〔註31〕（宋）李心傳：《建炎以來朝野雜記·甲集》卷四，北京：中華書局，2000年，頁109。

自高開一脈。

　　高開雖在仕途上無顯赫經歷，但他中進士後致力於講學授徒，成效顯著，戴機就出自高開門下。戴機是袁燮妹夫之兄，字伯度，號藝堂，同為鄞縣人。紹興三十二年（1162），以詞賦冠於鄉。紹熙元年（1190），以特恩補官，歷金華簿，提點江淮湖北鐵冶鑄錢司檢踏官。樓鑰《戴伯度墓誌銘》載：「初，師事鄉先生高公開，而深為先生之兄侍郎公所器重，自是為學愈力，有勝己者必從之研窮講切，日進而不止，根本諸經，博採百氏，喜《史》《漢》書，敘事奮筆，傚之沛若泉湧，英詞麗藻出必驚俗，愈出而愈新，尤工偶儷之文，如睹寶藏金珠象犀，爛然溢目，喜作七字詩，多關風教。有《蟄齋集》十卷。」〔註32〕從高開弟子戴機的學術特點來推斷，高開可能更擅長詩文。

　　高開虛心好學，曾從其兄高閌學習《孝經》，並手書《孝經》。高開所書《孝經》質量上乘，受到後人讚譽。袁燮《跋高公所書孝經》贊其書「楷而有法，無一點一畫猝然而作者」〔註33〕。徐元傑《跋高特進手書孝經》：「孩提而知愛，既長而知敬，人之良知良能也。特進高公於其教子弄孫之時，手書《孝經》以遺之，宜矣。公之諸曾孫獨以此寶藏之，則夫戰戰兢兢於曾子五逮之敬，願相與以此共勉，庶不失同盟相切磋之意云。」〔註34〕由此可見，高開非常重視對子孫的教育，手書《孝經》以培養子孫的高尚情操。高開為乾道二年（1166年）進士，高似孫出生於紹興二十八年（1158年），從時間上來看，高似孫年幼時，其祖父高開尚健在，高似孫自幼受到高開的教誨，喜好詩賦，這一點很可能受到了高開的影響。

（三）生父──高文虎

　　高文虎（1134～1212），字炳如，號雪廬，鄞縣人。高開之子，高閌之從子，高似孫之父。紹興三十年（1160）進士（《乾道四明圖經》卷十二、《寶慶四明志》卷十），治春秋。調平江府吳江縣主簿，與詩人范成大交誼深厚，范成大稱高文虎「有文學行誼而不卑」。〔註35〕《宋史・高文虎傳》載：「曾幾守官在吳，文虎從之遊，故聞見博洽，多識典故。」乾道四年（1168），召

〔註32〕（宋）樓鑰：《攻媿集》卷一百六，清武英殿聚珍版叢書本。
〔註33〕（宋）袁燮：《絜齋集》卷八，《跋高公所書孝經》，北京：中華書局，1985年，頁112。
〔註34〕（宋）徐元傑：《楳埜集》卷十，文淵閣四庫全書本。
〔註35〕（宋）范成大：《新修主簿廳記》，見曾棗莊、劉琳主編：《全宋文》第259冊，上海：上海辭書出版社，2006年，頁187～188。

為國子正（《宋會要輯稿‧選舉》）。淳熙四年（1177）二月，孝宗幸兩學，文虎輯《國朝以來臨幸故事》授祭酒林光朝。五年（1178）八月，兼國史院編修官，與修《四朝國史》。六年（1179）正月，遷太學博士。七年（1180）正月，除將作監丞（宋陳騤《南宋館閣續錄》卷九）。九年（1182），任台州添差通判（《嘉定赤城志》卷十），期間幫助朱熹彈劾唐仲友。紹熙五年（1194），擢將作監兼實錄院檢討官、玉牒所檢討官（《宋會要輯稿‧選舉》），與修《高宗實錄》《神宗玉牒》，多所刊正。又修《徽宗玉牒》，考訂詳審。寧宗即位，遷軍器少監。慶元二年（1196），為國子司業兼學士院權直，遷祭酒。三年（1197），以中書舍人兼實錄院同修撰。四年（1198），韓侂冑命草《禁偽學詔》，遷兵部侍郎兼中書舍人。五年（1199），拜翰林院學士兼侍讀。六年（1200），出知建寧府。嘉定元年（1208）二月九日，在華文閣學士、提舉江州太平宮任上被罷職。後遷居嵊縣，卒於嘉定五年（1212）。著有《蓼花洲閒錄》一卷（《古今說海》本）、《厚終禮注》（佚）、《天官書集注》二十卷（佚）、《史記注》一百三十卷（佚）。《全宋詩》卷二三九六錄其詩十二首。《全宋文》卷五四一一至五四一二收其文二卷。

《剡南高氏宗譜》記載了高文虎慶元中從鄞縣遷至剡南的經過，並以高文虎為始遷祖，譜中收錄了史安之為高文虎作的《雪廬公傳》：

> 公諱文虎，字炳如，號雪廬，鄞人也。先世為宣仁皇太后外戚，俱有武功，世封王爵。其祖父、伯叔、兄弟皆以勳名祿位顯，而雪廬好讀書，尤嗜山水。入剡，遂家於剡，建玉峰堂、藏書僚諸勝。工於詩賦，著有《厚終禮注》《天官書集注》二十卷。纂修國史，煌煌巨製，誠一代宗工也。寧宗朝，直華文閣學士、贈儀同三司，配周氏，封中國夫人；子似孫，通儀大夫；伬孫，國學上舍。卒葬金波山之源，御賜致祭加禮。余宰是邑，兼與通議交。命作傳，以故不得辭。曰典清華之職兮，品望嶙峋；矯矯良史之筆兮，剛勁絕倫。調元氣於黃閣兮，憂其國憂其民；退而涵養性天兮，陶然巖壑以終其身。昔有山陰雪舟，清風萬古兮；今乃雪廬優游，彷彿爭韻乎剡溪之濱。同里後學史安之拜。

> 高文虎，字炳如，鄞人，紹興中進士，累官翰林學士。文虎聞見博洽，多識典故，嘗與修國史。寓越，娶剡仁德鄉周氏。慶元中，來縣北明心寺東麓，建玉峰堂、秀堂、藏書僚、雪廬。卒葬金波山

之原，即明心寺東麓。（載夏周二志）〔註36〕

《剡南高氏宗譜·內紀行傳》亦載高文虎行述：

> 字炳如，號雪廬，行八十五。紹興二十年梁克家榜進士。官至翰
> 林院華文閣大學士，有《天官書集注》傳世。博物洽聞，編修國史，
> 性愛山水，慶元中入剡，建玉峰堂、藏書僚於金波玉峰山，即明心寺
> 之東麓也。卒葬其處，為南渡始祖。生於紹興甲寅（1134年）六月廿
> 三日，卒於嘉定甲戌（1212年）五月初一日。配太學生升上舍紹興丙
> 寅科貢士周世修字德遠公長女，合葬剡北金波玉岑山明心寺左，事見
> 邑志並傳。生二子，似孫，伈孫，一女適司農卿趙士逢。〔註37〕

據以上記載，高文虎由鄞縣遷居嵊縣的時間為慶元中，約在1197至1198
年間，並在金波玉峰山即明心寺東麓建有玉峰堂、藏書僚、秀堂、雪廬。《剡
錄》卷八載：「寺之南麓，先公翰林所藏，山有藏書僚，又有雪廬、玉峰堂、
香堂。」〔註38〕其妻為太學生升上舍紹興丙寅科貢士周世修之長女，封申國夫
人。按：《雪廬公傳》稱高氏先祖為「宣仁皇太后外戚」，這個說法並不可靠，
高文虎祖父高伯欽並非高官顯貴，「紹興二十年梁克榜進士」應為「紹興三十
年」。

高文虎曾捲入南宋初年黨爭，直接參與了慶元黨禁，是攻擊道學的重要
人物。慶元四年（1198）高文虎以中書舍人的身份，幫助韓侂胄起草《禁偽
學詔》，與御史胡紘合黨攻擊道學。《宋史·高文虎傳》稱：「文虎以博洽自負，
與胡紘合黨，共攻道學，久司學校，專困遏天下士，凡言性命道德者皆絀焉。」
宋人張自明說：「慶元初，予始入太學，於時偽學之禁嚴，臺官胡紘、司業高
文虎，表裏為爪牙，搏噬無虛日，學校諸生語言小異，輒坐偽罪。」〔註39〕
高文虎在慶元黨禁中扮演重要角色，與道學家水火不容。開禧三年（1207年），
韓侂胄被謀害後，反道學派大受打擊。嘉定元年（1208）二月在華文閣學士、
提舉江州太平興國宮任上，被左諫議大夫傅伯成彈劾而罷官。

高文虎主管太學期間也受到士人批評。慶元二年（1196）高文虎任國子司

〔註36〕高我桂等修：《剡南高氏宗譜》卷一，《列傳·雪廬公傳》。

〔註37〕高我桂等修：《剡南高氏宗譜》卷三，《內紀行傳》。

〔註38〕（宋）高似孫：《剡錄》卷八，《高似孫集》，杭州：浙江古籍出版社，2017年，
頁115。

〔註39〕（宋）釋居簡：《北澗集》卷首，《張自明序》，文淵閣四庫全書本。

業，主管太學，「以藏頭策題，得罪多士」〔註40〕，葉紹翁《四朝聞見錄》載：「疾程文浮誕，其為小司成，專以藏頭策問試士，問目必曰有某人某事者。士不能應，但以『也』字對『者』，士之憤高也久矣。」〔註41〕這說明高文虎更重視詩賦，與其叔父高閌的主張不同。

高文虎受其伯父高閌影響很大，自幼繼承家學，治《春秋》，並以《春秋》中進士，但他對理學並不感興趣，而以編纂多朝國史聞名，與修《四朝國史》《高宗實錄》《神宗玉牒》《徽宗玉牒》，撰有《史記注》《天官書集注》。史書編纂也成為高氏家學。樓鑰在為皇帝所寫的高文虎任職告書《高文虎將作監丞》中說：「爾博學篤志，承伯父之傳；網羅舊聞，述史遷之緒。採之公論，僉曰汝賢。再轉為丞，尚居繕監。職務清簡，可以卒汗青之業，毋以匠為嫌也。」〔註42〕《宋史》本傳稱高文虎「聞見博洽」。與高閌專治經學相較，文虎才學洋溢，興趣廣泛，讀書更加廣博，喜收藏圖書及古器，在金波山明心寺之東麓建有藏書僚。同時對詩文也比較擅長，高似孫《剡錄》即收錄其父所作的詩多首，正如袁桷所言「內翰公文虎、禮部公似孫父子皆以文學致清顯」〔註43〕。

（四）生母——周氏

《剡南高氏宗譜·雪廬公傳》載高文虎「配周氏，封申國夫人」，又《剡南高氏宗譜·內紀行傳》載高文虎「配太學生升上舍紹興丙寅科貢士周世修字德遠公長女」。周宣子《剡南高氏宗譜舊序》云：「炳如諱文虎者……始寓越，余叔祖德遠公長女，余從堂姑也……姻聯世好，語門楣則曰雪廬學士，語宅相則曰疏僚通議，語昆友則曰堯遠。」高似孫在《剡南高氏宗譜·周舅氏家乘序》中更明確地說：「余先大人諱文虎……娶剡仁德鄉太學上捨世修公女周氏，而生不肖，余幸屬周之甥。」因此，高似孫生母為周氏，嵊縣仁德鄉人，周世修之長女。嘉定元年（1208）正月十五日，封太恭人，《剡南高氏宗譜·歷代誥敕》稱周氏「內則夙嫻母儀，稱善毓秀一門，媲美河東三

〔註40〕（宋）周密：《齊東野語》，歷代筆記小說大觀，上海：上海古籍出版社，2012年，頁102。

〔註41〕（宋）葉紹翁：《四朝聞見錄》，歷代筆記小說大觀，上海：上海古籍出版社，2012年，頁127。

〔註42〕（宋）樓鑰：《攻媿集》卷三七，清武英殿聚珍版叢書本。

〔註43〕（元）袁桷：《清容居士集》卷二十一，《高一清醫書十事序》，杭州：浙江古籍出版社，2015年，頁585。

鳳，榮封屢進，增輝堂北茂萱，茲特贈為太恭人」。

周氏出於嵊縣有名的科舉世家。王十朋《周府君行狀》對嵊縣周氏家族有較為詳細的介紹：

> 公諱瑜，字公寶，先世姑蘇人也，高祖避五代亂，徙居於剡。曾祖苟，祖惟，父過，皆不仕。公為人純厚質直，介然自立，以孝友聞於鄉。治家有法，遇長幼以禮，閨門之內肅如也……公喜儒學，嘗闢家塾數十楹，延四方名士以淑諸孫。又製夫子暨十哲坐像，畫七十二子於一堂，俾崇奉之，大書其側曰：「爾其親師友之淵源，就功名之炬赫。」浹日必設具以集之，親究其能否。有勵業者，喜見顏間，面加獎諭，冀其成就；稍怠墮，則諄諄戒敕，俾之自勉，由是咸自力於學。紹興庚申秋，孫汝士預薦書；乙丑歲，世修肆籍太學。丁卯秋，汝士、汝能、世則聯名鄉薦。明年，汝士登進士弟，鄉人榮之……公娶里人孫氏，先公三十二年卒。男三人：長仁，承節郎；次侁，承信郎、婺州永康縣監酒稅，後公一年卒；季億，先公七年卒。女四人：長適同邑吳宗，次適劉昇，次適房先厚，次適過諤，其夫皆早死，諸女孀居，終不改志。男孫九人：世光、汝賢、汝士，左從政郎；汝弼，早卒；世修、汝能、世則、汝礪、世南，皆業儒。女孫六人：長適同邑進士盛卞，次適泰州助教過焌，次適成忠郎、通州支鹽高世絪，次適進士商汝霖，次適右迪功郎徐與變，次適右修職郎、潭州醴陵縣尉姚定。曾男孫十有二人，曰之元、之純、之文、之綱、之彥、之茂、之奇、之翰、之才、之望、之邵、之美；曾女孫十有二人，長適進士史之才，次適左迪功郎、明州慈谿縣主簿陳嘉善，余尚幼。某無似，獲與公之孫世修同舍上庠，道出剡溪，嘗登公堂，獲承謦欬之餘。他日再至而公逝矣。癸酉秋，公長子仁移書謂某曰：「吾將以十二月十八日葬吾父於邑之方山鄉馬鞍山之原，祔先夫人之隴也。子辱與吾兒遊，知其平生之詳，願狀其行，吾將乞銘於士大夫以藏諸幽。」某辭鄙陋不獲，謹撰次所聞如右。謹狀。〔註44〕

據此文，則周氏家族先世為姑蘇人，後徙居於剡。此文傳主周瑜是周氏家族的早期人物，性喜儒學，重視子孫教育，開設私人家塾，延請四方名士

〔註44〕　（宋）王十朋：《梅溪集·前集》卷二十，《周府君行狀》，文淵閣四庫全書本。

以教子孫。在周氏家族中，周汝士最早登進士第。康熙《嵊縣志》卷十《人物志·列傳》載：「汝士天資穎出，紹興間與從兄世修、世則及永嘉王十朋同遊太學，世修太學首中選，補內舍生。明年，汝士與世則及弟汝能試鄉舉，聯名薦禮部，汝士遂登進士，授右從事郎、永康縣丞、太常簿，進左奉議郎，主管台州崇道觀，以憂歸。」周汝士聘請太學同窗王十朋來教育子孫，一時傳為美談。於是，「周氏一門登科者七人，與鄉薦者十數人，文物之盛，為邑首稱」。除周汝士外，周汝能、周之綱、周之瑞、周之章、周宣子、周溶孫均中進士。周氏一族科舉之盛，甲於剡地，正如高似孫在《剡南高氏宗譜·周舅氏家乘序》中說：「細考淳風之樸、科第之盛，無如我母氏家之延名師以訓子若孫。」

據以上材料可知，周世修為周瑜之孫。紹興十五年（1145），入臨安太學，與王十朋及從兄弟周汝士、周世則為太學同窗，後升為上舍生。

（五）其他重要人物

1. 高安世

高安世，鄞縣人，高閌之兄。登紹興五年（1135年）進士第，為理學家楊時的門人。官給事郎、太子中舍、知縣，並為嵊州崿浦廟書文。王安石《方蘋高安世張湜傅充並太子中舍制》：「敕：具官某等：吾於爵祿甚慎，閔仁百姓甚篤。爾等或專一縣，或佐一軍，而皆列於卿丞之籍，蓋嘗有所試矣。今有司序功，當得遷位。吾雖甚慎爵祿，而於爾等無所愛焉。其勉思拊循百姓，以稱吾閔仁甚篤之意。可。」〔註45〕樓鑰在《嵊縣崿浦廟記》中稱「給事郎、太子中舍、知縣高安世」。〔註46〕《乾道四明圖經》卷十二《進士題名記》：「紹興五年汪應辰榜：高安世，閌之兄。」《寶慶四明志》卷十《進士》：「紹興五年汪應辰榜：高安世，閌兄。」《延祐四明志》卷六《人物考下》：「紹興五年汪應辰榜：高安世，閌兄。」

2. 高　閶

高閶，鄞縣人，高閌之弟。登紹興十五年進士第，為理學家楊時的門人，歷官左迪功郎、廣德軍軍學教授、錢塘令、明州教授等。其著述僅有《烈港新建張王行廟記》一文傳世。據《寶慶四明志》卷二十《敘祠》，紹興二十

〔註45〕（宋）王安石撰，李之亮箋注：《王荊公文集箋注》卷十四，成都：巴蜀書社，2005年，頁523～524。

〔註46〕（宋）樓鑰：《攻媿集》卷五十五，《嵊縣崿浦廟記》，清武英殿聚珍版叢書本。

年（1150），高閌尚為明州教授。《乾道四明圖經》卷十載高閌《烈港新建張王行廟記》一文，末題「紹興二十年九月甲戌朔，左迪功郎、新廣德軍軍學教授高閌記」，據此則高閌於紹興二十年（1150）九月始任廣德軍軍學教授。《咸淳臨安志》卷五十一《秩官九・縣令・錢塘》載高閌曾任錢塘縣令。《乾道四明圖經》卷十二《進士題名記》：「紹興十五年劉章榜：高閌，安世之弟。」《寶慶四明志》卷十《進士》：「紹興十五年劉章榜：高閌，安世弟。」《延佑四明志》卷六《人物考下》：「紹興十五年劉章榜：高閌，安世弟。」

3. 高文善

高文善，明州鄞縣人，高安世侄，高文虎之弟。登淳熙十一年（1145），登進士第。《寶慶四明志》卷十《進士》：「淳熙十一年衛涇榜：高文善，安世侄。」《延佑四明志》卷六《人物考下》：「淳熙十一年衛涇榜：高文善。」《嘉靖衢州府志》卷七《官守紀一》：「慶元三年，高文善，承議郎，後別典州郡遣閱，文虎弟。」據《宋會要輯稿》，高文善曾任司封郎中、國子監書庫官、太常寺主簿、太子舍人。據民國《象山縣志・文徵外編上・碑記》所載，嘉定十六年（1223），高文善撰《重修智門禪院記》一文（今佚）。

第二節　高似孫之生平

關於高似孫的生平史料較為缺乏，《宋史》沒有為他立傳，相關材料散見於《宋會要輯稿》《南宋館閣續錄》《嵊縣志》《鄞縣志》《攻媿集》《後村詩話》《齊東野語》《癸辛雜志》《直齋書錄解題》《鮚埼亭集外編》《宋史翼》等。

《剡南高氏宗譜・疏僚公行述》記載了高似孫的治學特點、著述、性情、名望等情況：

據《剡南高氏宗譜》之《內紀行傳》亦載高文虎行述據《剡南高氏宗譜》之《內紀行傳》亦載高文虎行述：

> 公諱似孫，字續古，號疏僚，生於鄞，從父雪廬公來剡。自幼穎悟嗜學，凡讀書過目成誦，詩古文詞，涉筆即工，不待思索。又屬意尋山水勝，遇跡必考，遇物必詳。剡中諸美，為所襟收。嘗與舅氏周子瑞、周子章〔註47〕等同學，晨夕坐談文藝，討論典制，相

───────────────

〔註47〕「周子瑞、周子章」當為「周之瑞、周之章」之誤。阮元《兩浙金石志》載：

契最厚。前守處州，有《緯略》《騷略》等作，所言皆道術權變、調
劑文武之義。嘉定朝，剡令史安之亦鄞人，慕祖才名，以剡典故無
稽，求之作志，乃為撰《剡錄》十卷。凡山川城社人物景跡，細及
土產、風俗、茶品、泉味有辨，罔不詳悉，剡邑為之發耀。家居宦
任，著述極富，每為文士習誦。又善以孔孟之旨，借發於淺近之言，
邑中名俊類奉為宗法。持躬最謙藹，雖倉卒，無失常容。平居未嘗
有躁怒之狀。紹定辛卯卒，葬於金波山。縉紳慟哀，送葬者百數，
群奉主入賢祠，春秋牲祀。

　　按：高似孫，文虎之子，累官中大夫、提舉建康府崇禧觀，贈通
議大夫。似孫博雅好古，有父風。嘉定七年，邑令史安之訪，作《剡
錄》十卷。文物典故有稽，迄今籍焉。子歷，字堯象，累官通判溫、
婺等州，積朝奉郎。卒葬文虎墓右。歷子參，蘭溪知縣。〔註48〕

《剡南高氏宗譜·內紀行傳》簡要交待了高似孫的求學、仕官、生卒時間
及婚配等情況：

　　字續古，號疏僚，行三，由太學率履齋登淳熙甲辰進士第，與
嫡叔文善同榜。仕會稽簿，上殿奏事建博，召試官職校書郎，歷官
中奉大夫、提舉建康府崇禧觀、通議大夫。生於紹興戊寅（1158年）
二月初三日，卒於紹定辛卯（1231年）十月十五日。娶待郎趙磻公
之女，封恭人，合葬剡北金波山父墳側。事見邑志並傳。生二子：
普、歷。〔註49〕

《鄞志稿》卷十三《文苑傳上·高似孫傳》，可見其生平梗概，其全文如下：

　　高似孫，字續古，號疏僚，憲敏公閌之孫。登淳熙十一年進士。
歷遷校書郎、知處州，後仕至禮部侍郎，博學二《詩》。史安之知嵊
縣，求似孫作《剡錄》，邑之文獻採摭無遺。著有《疏僚小稿》及《騷
略》《緯略》《蟹略》等書（見《甬上耆舊集》本傳）。為館職時，上
韓侂胄生日詩，凡九首，皆暗藏錫字，頗為清議所少（見馬端臨《文

　　　　「周之瑞（汝能侄），淳熙十四年王容榜進士；周之章（之瑞弟），嘉定元年鄭
　　　　自誠榜進士。」高似孫《剡錄》卷「進士登科題名」所載亦為周之瑞、周之章。
　　　　據王十朋《周府君行狀》，周汝能、周汝士與高似孫的外祖父周世修均為周瑜
　　　　之孫。因此周之瑞、周之章為高似孫舅氏無疑。

〔註48〕高我桂等修：《剡南高氏宗譜》卷一，《列傳·疏僚公行述》
〔註49〕高我桂等修：《剡南高氏宗譜》卷三，《內紀行傳》

獻通考》)。及守括,有妓洪渠慧點過人,一日歌《真珠簾》詞,至「病酒情懷猶困懶」,演其聲真若病酒者,似孫極稱賞,遂與落籍,以是遭言者論劾,晚年徙居姚江(見周公謹《癸辛雜志》)。弟衍孫精韻學,尤工畫,袁清容稱其為嘉定故老冠(似孫,新舊志俱不立傳,今採他書補之)。〔註50〕

　　據以上資料,我們可以歸納高似孫的生平梗概。高似孫,字續古,號疏僚,鄞縣(今浙江寧波)人,高文虎長子,高開之孫。生於紹興二十八年(1158年)二月初三日,自幼好學,天賦過人,讀書過目成誦,長於詩文。初為臨安太學率履齋生,與舅氏周之瑞、周之章為太學同窗。登淳熙十一年(1184)進士,累官中大夫、提舉建康府崇禧觀,贈通議大夫。博雅好古,善於考證,著述極富,學尊孔孟。性格謙藹,喜遊山水。卒於紹定四年(1231年)十月十五日,葬於嵊縣北金波山父墳側。

　　結合已有研究,擬將高似孫的一生劃分為四個階段:

一、出生至中進士時期(一至二十五歲)

　　高似孫出生時,其父高文虎24歲,其叔祖父高開已過世。似孫少時主要生活在宋孝宗時期,當時秦檜專權的黑暗時期已經過去,孝宗一朝的政治氣氛相對寬鬆,學術上出現爭鳴之勢。理學大為發展,成為盛行全國的顯學,朱熹集其大成;王安石新學、蘇氏蜀學、以陸九淵為開山的心學,以呂祖謙、陳亮、葉適為代表的浙東事功學派,以張栻代表的湖湘學派,各領風騷。佛、道也在一定程度上獲得鼓勵。陸游、辛棄疾、范成大與楊萬里等將宋代文學推向二個高峰。繼《資治通鑑》之後,《通志》《續資治通鑑長編》《通鑑紀事本末》等大型史書相繼問世。從地理位置上來看,四明因臨近都城臨安而成為行在,成為南宋政治、經濟與文化的重鎮。紹興和議之後,北方不少士大夫、儒士及豪室大族定居於此,其中聲名尤著者有二程門人焦瑗、程迥、高元之,文人張孝祥、陳與義、康與之、朱敦儒、張良臣、安昭祖等,名臣有魏杞等。這一地區經濟繁榮,文風甚盛,崇儒尊師之風日興,先後有大儒在此地講學,北宋時「慶曆五先生」(楊適、杜醇、樓郁、王致、王說)首開講學之風,倡導義理之學,強調經世致用,於是「名公輩起,儒風益振」,全祖望稱「甬上學統,肇開於慶曆五先生」;「甬上四先生」(舒璘、沈煥、

〔註50〕　(清)蔣學鏞纂:《鄞志稿》卷十三,《文苑傳上》,四明叢書本。

楊簡、袁燮）師從陸九齡、陸九淵兄弟，為陸學最重要的弟子，他在四明傳播陸氏心學，使四明一度成為全國的陸學中心，四明也因此呈現以陸學為主的地域特點，正如王應麟所說的那樣，「朱文公之學行於天下而不行於四明，陸象山之學行於四明而不行於天下」。理學家楊時較早將洛學引入四明，其弟子高閌講學於長春書院，繼續傳播洛學，但其學在四明的影響力遠不如陸學，這種局面到了宋末黃震等人出現之後才有所改變。呂祖謙之弟呂祖儉（？～1196）學承呂祖謙，在四明為官五年，聚徒講學，大力傳播呂學。四明教育發達，書院林立，四明人普遍重視家庭教育，許多家族紛紛開辦私塾，聘請名師教育子女。四明科舉興盛，名人輩出，成為當時的進士之鄉，《寶慶四明志》謂：「高宗駐蹕吳山，明為甸畿。孝宗命元子保釐，禮俗日盛，家詩戶書，科第取數既多，且間占首選。衣冠文物，甲於東南。」〔註51〕四明出身的官員在南宋政權中佔據了重要地位。四明刻書業發達，藏書風氣頗盛，湧現出以樓郁、樓鑰父子以及史守之為代表的藏書大家，高似孫之父高文虎即建有藏書僚，其藏書當不在少數。

　　自高珍君時代起，高氏家族就有崇尚儒學的傳統，設私塾，延名師，重視子孫教育。高開進士出身，講學鄉里，親自教導子孫；高文虎博洽多聞，通《春秋》，長於史學；其母周氏出身剡縣名門望族，「善毓秀一門，媲美河東三鳳」，這些條件對於高似孫的成長不無裨益。高似孫繼承家學，自幼天賦過人，「凡讀書過目成誦，詩古文詞，涉筆即工，不待思索」，年少時已頗有詩名，陳振孫稱其「少有俊聲」〔註52〕。受其父文虎的影響，他博涉經史子集，尤愛詩賦，嗜好收藏書法字畫，對黃老之學也頗感興趣。

　　淳熙四年（1177）冬，似孫求學於杭州太學，為太學率履齋學生，與其舅氏周之瑞、周之章為同窗，「晨夕坐談文藝，討論典制」，關係頗為密切。在太學期間，似孫喜讀詩賦，《文苑英華》是他的主要讀本，在閱讀《文苑英華》的過程中發現該書存在很多文字訛誤，因而開始獨自校勘《文苑英華》，後來又結識翰林學士周必大，對周必大校勘秘閣本《文苑英華》多有幫助。高似孫《文苑英華纂要》自序云：

　　　　孝宗皇帝閱《文苑英華》，周益公直玉堂，夜宣對。上謂秘閣本

〔註51〕（宋）羅濬修，（宋）羅濬纂：《寶慶四明志》卷一《風俗》，《宋元方志叢刊》第 5 冊，北京：中華書局，1990 年，頁 4999。

〔註52〕（宋）陳振孫：《直齋書錄解題》卷二十，上海：上海古籍出版社，1987 年，頁 608。

太舛錯，再三命精讎十卷以進。一日侍公酒，公以無佳本為言，因白
架中有此書，問嘗用諸集是正，頗改定十之二三。公驚喜曰：「《英華》
本世所無，況集耶？」乃盡笈去，復以讎整者畀予研訂，書奏御，不
為無分毫助也。後以本傳之廬陵，手書寄來，急讀一遍，因取其可必
用者僅為帙四。又以奉公復答曰：「書千卷，鮮克展盡，顧乃獵之精，
舉之確耶？不減小洪公《史語》也。」〔註53〕

據周必大《文忠集》卷首之《年譜》記載，淳熙四年（1177）五月丁卯，
周必大除翰林學士。故而周必大校《文苑英華》當在這一時期之後。

周必大《文苑英華序》云：

　　臣事孝宗皇帝，間聞聖諭欲刻江鈿《文海》。臣奏其去取差謬不足
觀，帝乃詔館職裒集《皇朝文鑒》。臣因及《英華》，雖秘閣有本，然
舛誤不可讀。俄聞傳旨取入，遂經乙覽。時御前置校正書籍一二十員，
皆書生稍習文墨者……往往妄加塗注，繕寫裝飾，付之秘閣，後世將
遂為定本……晚幸退休，遍求別本，與士友詳議，疑則闕之。凡經、
史、子、集、傳注、《通典》、《通鑒》及《藝文類聚》、《初學記》，下
至樂府、釋老、小說之類，無不參用……始雕於嘉泰改元春，至四年
秋訖工。〔註54〕

又周必大《皇朝文鑒序》稱：

　　皇帝陛下……乃詔著作郎呂祖謙發三館四庫之所藏，裒緝紳故
家之所錄，斷自中興以前，匯次來上……為一百五十卷，規模先後，
多本聖心。承詔於淳熙四年之仲冬，奏御於六年之正月，賜名《皇
朝文鑒》，而命臣為之序。臣待罪翰墨，才識駑下……雖不肖，尚當
執筆以頌作成之效云。〔註55〕

從以上記載可見，宋孝宗下詔修《皇朝文鑒》的時間在淳熙四年仲冬，
即 1177 年 11 月，不久又因秘閣本《文苑英華》舛誤太多，故詔周必大校勘
《文苑英華》。高似孫對周必大的校勘多有幫助，頗得其賞識。因而，高似孫
在 1177 年 11 月之前已入太學。

淳熙十一年（1184），高似孫中進士第，賜文林郎。《直齋書錄解題》稱高

〔註53〕（宋）高似孫：《文苑英華纂要》卷首，《四庫全書存目叢書》子部第 119 冊，
　　　　濟南：齊魯書社，1995 年。
〔註54〕（宋）周必大：《文忠集》卷五十五，文淵閣四庫全書本。
〔註55〕（宋）周必大：《文忠集》卷六十五，文淵閣四庫全書本。

似孫「少有俊聲，登甲辰科」〔註56〕。《南宋館閣續錄》卷八稱高似孫「淳熙十一年衛涇榜進士出身，治詩賦」。《剡南高氏宗譜·內紀行傳》稱高似孫「由太學率履齋登淳熙甲辰進士第，與嫡叔文善同榜」。

二、出仕至罷官時期（二十六至五十歲）

紹熙元年（1190），已在紹興府會稽縣主簿任上。高似孫《文苑英華纂要》自序云：「初，予官越，洪公方在郡，日日陪隸華堂，書研頗及《史語》……明年，再上章告老……是歲卒」。《宋史·洪邁傳》載洪邁「紹熙改元，進煥章閣學士，知紹興府」〔註57〕。因而，高似孫陪侍洪邁在紹熙元年（1190），此時已在會稽縣主簿任上。《緯略》卷四「甘脆」條：「似孫昔奉祀攢陵，得牙盤食。」〔註58〕南宋皇陵位於會稽縣東南攢宮山。鮑永軍認為似孫奉祀在會稽主簿任上。〔註59〕

紹熙二年至三年（1191～1192），兩浙東路茶鹽司提舉黃唐主持刊刻《禮記正義》，高似孫任參校官。此本今藏國家圖書館，為宋紹熙三年（1192）兩浙東路茶鹽司刻宋元遞修本，卷末黃唐跋文云：

　　《六經》疏義自京監、蜀本，皆省正文及注，又篇章散亂，覽者病焉。本司舊刊《易》、《書》、《周禮》，正經、注、疏，萃見一書，便於披繹，它經獨闕。紹興辛亥仲冬，唐備員司庚，遂取《毛詩》、《禮記》疏義，如前三經編匯，精加讎正，用鋟諸木，庶廣前人之所未備。乃若《春秋》一經，顧力未暇，姑以貽同志云。壬子秋八月，三山黃唐謹識。

跋文後有進士傅伯庸、進士陳克己、應賢良方正直言極諫科莊冶、修職郎紹興府會稽縣主簿高似孫等參校官銜名8行，以及宣教郎兩浙東路提舉常平司幹辦公事李深、通直郎兩浙東路提舉茶鹽司幹辦公事王汾、朝請郎提舉兩浙東路常平茶鹽司公事黃唐校正官銜名3行。據此，紹熙三年（1192），似孫已為修職郎。

〔註56〕（宋）陳振孫：《直齋書錄解題》卷二十，上海：上海古籍出版社，1987年，頁608。

〔註57〕（元）脫脫等：《宋史》卷四百七十三，《洪邁傳》，北京：中華書局，1985年，頁11573。

〔註58〕（宋）高似孫：《緯略》卷四，《高似孫集》，杭州：浙江古籍出版社，2015年，頁582。

〔註59〕鮑永軍：《高似孫生平事蹟考辨》，《社會科學戰線》2009年第11期。

紹熙三年（1192），作《水仙花前賦》。《緯略》卷八「水仙賦」條云：
「余二十年前作《水仙賦》，自恨筆力欠奇偉。五年前，楊仲囦自蕭山致水
仙花一二百木，極盛，乃以兩古銅洗藝之，學《洛神賦》體，再作《後水仙
花賦》，頗愜人意。」〔註60〕此賦即載於《騷略》卷三的《水仙花前賦》。據
《緯略》自序，《緯略》撰於嘉定五年（1212），則《水仙花前賦》當作於紹
熙三年（1192）。

紹熙五年（1194），樓鑰除給事中，因欣賞同鄉後輩高似孫的才華，欲舉
其以自代。樓鑰《除給事中舉高似孫自代狀》云：「右臣伏見文林郎、紹興府
會稽縣主簿高似孫，夙有俊聲，能傳家學，詞章敏贍，吏道通明，臣今舉以自
代。」〔註61〕《南宋館閣續錄》卷九載樓鑰「（紹熙）五年二月，以中書舍人
兼（實錄院同修撰）。九月為給事中，仍兼」。可見朝廷未予採納，高似孫仍在
稽縣主簿任上。

慶元中（約在 1197～1198 年間），似孫隨父文虎遷居嵊縣。《剡南高氏宗
譜》稱高文虎「性愛山水，慶元中入剡，建玉峰堂、藏書僚於金波玉峰山，即
明心寺之東麓也」〔註62〕，「慶元中，來縣北明心寺東麓，建玉峰堂、秀堂、
藏書僚、雪廬」〔註63〕，又稱高似孫「生於鄞，從父雪廬公來剡」〔註64〕。

慶元五年（1199），由武學博士任秘書省校書郎。《宋會要輯稿》選舉二二
之一三載：「（慶元五年）正月二十五日，武學博士高似孫點檢試卷。」〔註65〕
《南宋館閣續錄》：「十月，除秘書省校書郎。」〔註66〕

慶元年間，南宋政局突變，發生了慶元黨禁這一重大政治事件。慶元黨禁
源於紹熙末年宰相趙汝愚與權臣韓侂冑兩黨的政治爭鬥。趙汝愚與權臣韓侂
冑同為擁立宋寧宗的功臣。趙汝愚得到朱熹的支持，「收召李祥、楊簡、呂祖
儉等道學諸君子以自壯」〔註67〕。壯大起來的理學勢力不再滿足於以清議的方

〔註60〕　（宋）高似孫：《緯略》卷八，《高似孫集》，杭州：浙江古籍出版社，2015 年，
　　　　　頁 670。
〔註61〕　（宋）樓鑰：《攻媿集》卷三，清武英殿聚珍版叢書本。
〔註62〕　高我桂等修：《剡南高氏宗譜》卷三，《內紀行傳》。
〔註63〕　高我桂等修：《剡南高氏宗譜》卷一，《雪廬公傳》。
〔註64〕　高我桂等修：《剡南高氏宗譜》卷一，《疏僚公行述》。
〔註65〕　（清）徐松輯：《宋會要輯稿》，北京：中華書局，1957 年，頁 4603。
〔註66〕　佚名：《南宋館閣續錄》卷八，北京：中華書局，1998 年，頁 327。
〔註67〕　（宋）周密：《齊東野語》，歷代筆記小說大觀，上海：上海古籍出版社，2012
　　　　　年，頁 25。

式干預朝政，朱熹用「吾黨」一詞來稱呼理學同道，理學派遂與趙汝愚結為一黨。韓侂冑集團則指斥道學家只是借著研究義理、修身養性的幌子從事政治上的陰謀活動，因而將道學斥為「偽學」，朱熹被視為「偽學之魁」。慶元元年（1195）六月，劉德秀首論道學為偽學，七月何澹請禁偽學，趙汝愚被彈劾而去相位，隨後韓黨主要成員京鏜、何澹、劉德秀、胡紘進而大力打擊支持趙汝愚的道學一派。慶元二年（1196），寧宗下詔禁止道學。同年朱熹落職罷祠，四年後病死於武夷山中。慶元三年（1197），先後有五十九人被列入偽學黨籍。慶元四年（1198）五月，高文虎受命草《諭告偽邪之徒改覿回聽詔書》，與御史胡紘共攻道學。《宋史‧高文虎傳》云：「韓侂冑用事，既逐趙汝愚、朱熹，以其門多知名士，設偽學之目以擯之，遂命文虎草詔……與胡紘合黨，共攻道學。」〔註68〕由於其父的政治立場，高似孫也成為反道學派的成員，在政治上支持韓侂冑，並因此直接受益，官途亨通，直接由縣主簿升為秘書省校書郎。不過由於高似孫官職不高，他在黨爭中的影響較為有限，《慶元黨禁》中所列攻偽諸人之名單中就沒有高似孫的名字。

關於高似孫《右道學圖》，朱熹弟子黃榦在《勉齋集》中說：「《道學之圖》，聞高文虎之子所為，又有一圖云《右道學》，則以鄭惠叔為首，楊元範次之，以其助佑道學也。」〔註69〕《宋元學案‧玉山學案》載：「鄭僑，字惠叔，莆田人也……黨禁起，高似孫作《右道學圖》，以先生為巨首，謂其庇之也。」〔註70〕弘治《八閩通志》卷七十一也有類似記載。鄭僑為目錄學家鄭樵之侄、名臣汪應辰之婿，寧宗時任參知政事，後升為知樞密院事。黨禁期間，朱熹被罷職，鄭僑四次上書諫言為朱熹辯護，由此被貶，於慶元三年（1197）出知福州。《右道學圖》中「庇之」之說即指此事。從以上記載來看，高似孫作《右道學圖》的時間應當介於鄭僑上書為朱熹申辯到他出知福州的這一期間。朱熹被免職於慶元二年（1196），而鄭僑上書之時在知樞密院任上，其時間也在慶元二年（1196）。因此，筆者認為高似孫作《右道學圖》當在慶元二年（1196）或慶元三年（1197）。

高似孫在館閣任職時，嘗獻韓侂冑「九錫」詩，此舉頗招非議，而嘉定元

〔註68〕 （元）脫脫等：《宋史》卷三百九十四，《高文虎傳》，北京：中華書局，1985年，頁12033。

〔註69〕 （宋）黃榦：《勉齋集》卷四，《與晦庵朱先生書》，文淵閣四庫全書本。

〔註70〕 （明）黃宗羲：《宋元學案》，《黃宗羲全集》第 7 冊，杭州：浙江古籍出版社，2012 年，頁 1645。

年高似孫落職即由此事而起。

　　慶元六年（1200）二月，為徽州通判。〔註71〕在赴任徽州通判的途中繞道金陵（今南京），作《由校中秘書授徽倅道出金陵投留守吳公琚》以投吳琚，其詩云：「四朝渥遇鬢微絲，多少恩榮世少知。長樂花深春侍宴，重華香暖夕論詩。黃金籯滿無心愛，古錦囊歸有字奇。一笑難陪珠履客，看臨古帖對梅枝。」〔註72〕該詩作於慶元六年（1200），吳琚此時任鎮安軍節度使判建康府兼留守。

　　嘉泰元年（1201），作《朝丹霞》。《騷略》卷二《朝丹霞》小引云：「歲辛酉元日，夜半夢昇天……夢忽寤，時已五鼓。既以詩記其事……作《朝丹霞》。」〔註73〕

　　嘉泰三年（1203），知信州，旋罷，與祠祿。《宋會要輯稿》職官七五之三七：「（嘉泰三年）十一月二十八日，新知信州高似孫與祠祿……以臣僚言，似孫倅徽陵轢，守喪寓居干擾郡政。」〔註74〕

　　開禧二年（1206），在知嚴州任上，四月二十七日被罷官，與宮觀。《宋會要輯稿》職官七四之二二：「（開禧二年）四月二十七日，知嚴州高似孫與宮觀，理作自陳，以臣僚言其廉聲不聞。」〔註75〕余嘉錫《四庫提要辯證》據《嚴州圖經》卷一知州題名無高似孫姓名，且開禧二年四月知州為鞏嶸，疑似孫未到任。〔註76〕實際上，開禧二年四月高似孫嚴州知州之職被罷，而鞏嶸為接任者，因而未到任之說並不成立。同年，韓侂冑主持北伐戰爭，史稱「開禧北伐」。宋金雙方互有勝敗，但南宋因為準備不足、用人不當、軍隊腐敗、內部鬥爭、吳曦降金等原因，最後戰敗。次年十一月三日，韓侂冑被史彌遠等人殺害。嘉定元年（1208）九月，宋金雙方簽訂「嘉定和議」，南宋最後一次北伐行動至此結束。

　　開禧三年（1207），作《水仙花後賦》。清浦銑《復小齋賦話》稱此賦「依

〔註71〕佚名：《南宋館閣續錄》卷八，北京：中華書局，1998 年，頁 327。

〔註72〕（宋）葉紹翁撰，馮惠民等點校：《四朝聞見錄》卷二，北京：中華書局，1989 年，頁 48～51。

〔註73〕（宋）高似孫：《騷略》卷二，《高似孫集》，杭州：浙江古籍出版社，2015 年，頁 973。

〔註74〕（清）徐松輯：《宋會要輯稿》，北京：中華書局，1957 年，頁 4092。

〔註75〕（清）徐松輯：《宋會要輯稿》，北京：中華書局，1957 年，頁 4061。

〔註76〕余嘉錫：《四庫提要辯證》卷七，北京：中華書局，2007 年，頁 413。

仿《洛神》句調，已為明人作俑矣」〔註77〕。

　　嘉定元年（1208），封通議大夫。《剡南高氏宗譜》卷首載「宋進士高似孫誥命」兩道，因高似孫封通議大夫，父文虎亦封通議大夫，母周氏封太恭人。〔註78〕二月，高似孫在知江陰軍任上，左諫議大夫傅伯成彈劾他諂事韓侂胄及無君之心，高似孫由此降五官，其父文虎亦落職。《宋會要輯稿》職官七四之二八：「（嘉定元年）二月九日，華文閣學士、提舉江州太平宮高文虎落職罷祠，新知江陰軍高似孫降一官，罷新任。以左諫議大夫傅伯成言文虎詭譎傾邪，似孫諂事侂胄，故有是命。既而臣僚復言似孫無君之心三事，又追五官。」〔註79〕從嘉泰三年（1203）到嘉定元年（1208）的六年間，高似孫因結交韓侂胄，多次遭受彈劾而罷官，在官場上起伏不定。

三、隱居嵊縣時期（五十一至六十五歲）

　　高似孫父子罷官後隱居於嵊縣，長達十五年之久。閒居期間，高似孫一面流連於剡縣山水，探尋名勝古蹟，「遇跡必考，遇物必詳」，一面將大量時間用於讀書與著述，他的許多重要著作如《緯略》《剡錄》《文苑英華纂要》《硯箋》等書都完成於這一時期。由於知識積累的不斷豐富，高似孫的治學風格在這一時期發生了明顯的轉變，從以往偏重於辭章之學轉向文獻考證之學。

　　嘉定五年（1212），著《緯略》十二卷。影宋本《緯略》載有高似孫《緯略》自序。據此序，其父高文虎卒於嘉定壬申春夏之際，即嘉定五年（1212）。《剡南高氏宗譜·內紀行傳》稱高文虎「卒於嘉定甲戌（1212 年）五月初一日」〔註80〕。

　　嘉定六年（1213）冬，似孫請其叔父高文善為《剡南高氏宗譜》作序。高文善《剡南高氏宗譜舊序》：「嘉定六年冬掄侄示余宗譜一編，請為之序。」〔註81〕

　　嘉定七年（1214），嵊縣知縣史安之以嵊無縣志，請高似孫作志。高似孫因撰成《剡錄》十卷（史安之序作於次年）。高似孫《剡錄》自序云：「史君尹剡，訪似孫錄剡事，剡始有史……宋嘉定甲戌高似孫。」《剡南高氏宗譜》：「邑令史君安之不以余為固陋，以《剡錄》十卷屬予編稽，時嘉定七年

〔註77〕（清）浦銑輯：《復小齋賦話》卷下，清乾隆五十三年（1788 年）刻本。
〔註78〕高我桂等修：《剡南高氏宗譜》卷首，《歷朝誥敕》。
〔註79〕（清）徐松輯：《宋會要輯稿》，北京：中華書局，1957 年，頁 4064。
〔註80〕高我桂等修：《剡南高氏宗譜》卷三，《內紀行傳》。
〔註81〕（宋）高文善：《剡南高氏宗譜舊序》，見高我桂等修：《剡南高氏宗譜》卷首。

也。」〔註82〕同年，為史安之新建成的嵊縣縣學撰《遷建學宮碑記》。〔註83〕
《嶠臺神弦曲》亦作於此年。

　　嘉定八年（1215）五月，提舉建康崇禧觀，作《周舅氏家乘序》，署名「中
大夫、提舉建康崇禧觀、通議大夫甥高似孫」。〔註84〕十二月，應「通妙道人」
易如剛之請，作《重修靖通庵記》，署名「玉笥山人高似孫」。

　　嘉定十二年（1219）八月，作《題喻工部樗所寫禊序》。

　　嘉定十五年（1222）十一月二十一日，作《選詩句圖》。

　　嘉定十六年（1223）三月七日，編成《文苑英華纂要》四卷。同年四月十
五日，應衡山僧瞿省之請，撰《硯箋》四卷。

四、再度出仕至去世時期（六十六至七十三歲）

　　嘉定十六年（1223）五月，似孫再度入仕，任秘書省秘書郎。《南宋館閣
錄續錄》：「高似孫（嘉定）十六年五月除（秘書郎）。」〔註85〕同年十一月冬
至（二十二日）作《真誥序》，署名「朝散大夫、行秘書郎高似孫」。《宋會要
輯稿》選舉二二之二八：「（嘉定）十六年六月二十五日，銓試，命司封郎官陳
貴誼、大理寺丞江模考試，秘書郎高似孫、國子監主簿姚子材考試。」〔註86〕

　　嘉定十七年（1224）八月，作《休寧縣禮物記》，署名「朝議大夫、行秘
書省著作佐郎、兼莊文府教授、兼權侍右郎官高似孫」〔註87〕。九月，為秘書
省著作佐郎、兼權侍右郎官。《南宋館閣錄續錄》：「高似孫，（嘉定）十六年五
月除（秘書郎），十七年九月為著作佐郎。」〔註88〕同年，應兩浙東路提舉齊
碩之請，刪訂桑世昌《蘭亭考》，刪改其父高文虎所作《蘭亭博議序》，將原署
時間「開禧元年十二月望日」改為「嘉定元年十二月望日」，並作《蘭亭考序》，
署名「朝議大夫、新除秘書省著作佐郎、兼權侍右郎官高似孫」。〔註89〕同年

〔註82〕（宋）高似孫：《周舅氏家乘序》，見高我桂等修：《剡南高氏宗譜》卷首。

〔註83〕（宋）高似孫：《剡錄》卷一，《高似孫集》，杭州：浙江古籍出版社，2015年，
頁40。

〔註84〕高似孫《周舅氏家乘序》，高我桂等修：《剡南高氏宗譜》卷首，亦見（清）周
工溧等修，（清）周德元等纂：《剡溪聯桂周氏宗譜》，清光緒十七年淵源堂活
字本。

〔註85〕佚名：《南宋館閣續錄》卷八，北京：中華書局，1998年，頁299。

〔註86〕（清）徐松輯：《宋會要輯稿》，北京：中華書局，1957年，頁4609。

〔註87〕（明）彭澤修，汪舜民纂：弘治《徽州府志》卷十二，明弘治十五年刻本。

〔註88〕佚名：《南宋館閣續錄》卷八，北京：中華書局，1998年，頁299。

〔註89〕（宋）喻松：《蘭亭續考》卷一，北京：中華書局，1985年。

秋，高似孫首修《剡南高氏宗譜》畢，並為該譜作序，同時請周宣子為該譜作序，周宣子《剡南高氏宗譜舊序》云：「似孫公作《剡錄》而邑斯有志，編家乘而剡斯有譜；下筆選詞，奇崛而古峭，非時流可跂……帙成屬敘，余忝戚誼，不敢以固陋辭，又不敢以浮泛語塞，乃責第述其淵源自來與里居遷移大概，題之簡端。」〔註90〕

寶慶元年（1225）九月，知處州。〔註91〕高似孫離杭赴任處州時，釋居簡為之送行並作《送侍左秘書高疏僚得處州》詩。十月十日至十一月七日，撰《史略》六卷。〔註92〕《直齋書錄解題》稱高似孫「晚知處州，貪酷尤甚」〔註93〕。《宋史·陳塤傳》稱陳塤任處州教授時「與郡守高似孫不合，去，歸奉其母」〔註94〕。高似孫在處州，尋訪道教名山名士，自得其樂，正如吳惟信《上高疏僚處州守》詩所謂「神仙來守神仙地」〔註95〕。

據光緒《處州府志》卷八記載，紹定中，處州守高似孫重修忠節祠，並作《忠節祠記》，其文曰：

> 似孫守括兩載，一日，小孫彭夢神人曰：「我太原孟縣義烈祝公也、姜官師也、章少傅也、詹光祿也。一屋荒寂。西亞角樓，云馬風車，謝守振拔者，魚魚闐闐，我甚慕焉，幸為啟太守。」彭曉白其事，乃謁以香，四公名稱，宛與夢合。即上奏，願賜旌額肖像而奉之。竊惟天之為天，人之為人，同一清明，其生為忠臣，為義士，死亦如之，耿亮湛澄，直可以配天。諸公皆以罵賊不屈於刀鋸，報之者嗇，有國者所當盡其義，為人臣者不當辭其責。予歸矣，稍刊其意，以告後之垂意於斯者。〔註96〕

高似孫重修的忠節祠供奉太原府孟縣主簿祝公明、忠翊郎姜綬、義士章

〔註90〕（宋）周宣子：《剡南高氏宗譜舊序》，高我桂等修：《剡南高氏宗譜》卷首。
〔註91〕 佚名：《南宋館閣續錄》卷八，北京：中華書局，1998 年，頁 317。
〔註92〕（宋）高似孫：《史略·序》，《高似孫集》，杭州：浙江古籍出版社，2015 年，頁 235。
〔註93〕（宋）陳振孫：《直齋書錄解題》卷二十，上海：上海古籍出版社，1987 年，頁 608。
〔註94〕（元）脫脫等：《宋史》卷四百二十三，《陳塤傳》，北京：中華書局，1985 年，頁 12639。
〔註95〕（宋）吳惟信：《上高疏僚處州守》，見（宋）陳起：《江湖後集》卷二十三，文淵閣四庫全書本。
〔註96〕 光緒《處州府志》卷八，《祠祀志》，《中國方志叢書》華中地方第 193 號，臺北：成文出版社，1974 年，頁 255。

雲龍、知雍州詹友四位處州籍忠烈守節之士，文中對他們表達了高度的讚賞，這也體現了高似孫的愛國之情。光緒《處州府志》卷十三稱高似孫「紹定戊子守郡時，村民獻雙蓮花三、雙蓮實二，咸以為仁德所召云」〔註97〕。紹定戊子即紹定元年（1228）。由這兩處事例來看，高似孫「無君之心」實乃別有用心之人因其結交韓侂冑而有意扣上的罪名。

紹定二年（1229）正月十一日，應建平縣知縣施德懋之請，作《小石山滄灣亭記》〔註98〕。鮑永軍稱該文「應江陰縣令林某之請」〔註99〕，誤。四月十二日，應江陰知縣林庚之請，作《冰玉堂記》〔註100〕。

紹定四年（1231年）十月十五日，卒，「縉紳慟哀，送葬者百數，群奉主入賢祠，春秋牲祀」〔註101〕，葬於嵊縣北金波山高文虎墳側〔註102〕。

高似孫晚年居於嵊縣之東墅園。〔註103〕元人戚輔之《佩楚軒客談》載：「高續古東墅亭館名：秀堂、疏閣、分繡閣、是堂、雪廬、京觀、聽雪齋、雲塈、清香館、漁莊、歷齋、綠漪、墨沼、游雅齋、藏書僚、疏僚、蘭磴、集硯亭、朝霞林、藻景亭、光碧鄉、剡興亭、蓬萊遊、探春塢、霽雪亭、耶溪月、水蘭徑、楊明麓、雪岩、西窯、鼇峰、岩塈。」〔註104〕高似孫所作《分繡閣夜作二首》和《蓬萊遊》即以其亭為題。

第三節　高似孫之人品爭議

高似孫生於四明望族，工詩文，「善以孔孟之旨，借發於淺近之言，邑中名俊類奉為宗法」，廣交當世名公巨卿如洪邁、周必大、樓鑰、陸游、辛

〔註97〕光緒《處州府志》卷十三，《職官志上・文職一》，《中國方志叢書》華中地方第 193 號，臺北：成文出版社，1974 年，頁 383。

〔註98〕（明）趙錦修，（明）張袞纂，劉徐昌點校：嘉靖《江陰縣志》卷五，上海：上海古籍出版社，2011 年，頁 67。

〔註99〕鮑永軍：《高似孫生平事蹟考辨》，《社會科學戰線》2009 年第 11 期。

〔註100〕（明）趙錦修，（明）張袞纂，劉徐昌點校：嘉靖《江陰縣志》卷十六，上海：上海古籍出版社，2011 年，頁 9～10。

〔註101〕高我桂等修：《剡南高氏宗譜》卷一，《列傳・疏僚公行述》。

〔註102〕高我桂等修：《剡南高氏宗譜》卷三，《內紀行傳》。

〔註103〕桑世昌《蘭亭考》卷十：「世昌近於東墅閣高續古校書、法書、名畫。」又，高似孫《文苑英華纂要序》云：「冶使史公來訪越墅。」

〔註104〕（元）戚輔之：《佩楚軒客談》，見陶宗儀等編：《說郛三種》，上海：上海古籍出版社，1988 年，頁 1298～1299。

棄疾、劉克莊、吳琚等人，於當世有盛名，堪稱一代名人，但因捲入慶元黨禁，身後屢遭非議，被理學一派斥為「異類」，以至於被視為「不忠、不孝、不仁、不義」之徒。

因曾獻「九錫」詩為韓侂胄祝壽，被斥為不忠於君。陳振孫譏高似孫「不自愛重，為館職，上韓侂胄生日詩九首皆暗用錫字，為時清議所不齒」〔註105〕。劉克莊《有宋龍圖學士光祿大夫致仕贈開府儀同三司傅公行狀》云：「高似孫嘗獻侂胄九詩，皆有『錫』字，公論其有無君之心。」〔註106〕《慶元黨禁》載：「高文虎之子似孫為秘書郎，因其誕日獻詩九章，每章用一錫字，侂胄當之不辭。辛棄疾因壽詞贊其用兵，則用司馬昭假黃鉞異姓真王故事。」〔註107〕盛如梓《庶齋老學叢談》將此事與辛棄疾贊韓侂胄用兵之辭相提並論，並加以評論：「如疏僚、稼軒負大文名，而有此作，穢名史冊，悲夫！」〔註108〕全祖望說：「疏僚觥觥，追配范、陸，苦吟之餘，尚聞三《略》，晚節微嫌，平原入幕。」〔註109〕

高似孫因應齊碩之請刪改其父高文虎所作《蘭亭博議敘》二篇，改其父之序，又因未盡贍養父親之責，被視為「不孝」。陳振孫對高似孫刪改《蘭亭博議》頗有微詞：「其書始成，本名《博議》，高內翰文虎炳如為之序，及其刊也，其子似孫主為刪改，去此二篇固當，而其他務從省文，多失事實，或戾本意。其最甚者，序文本亦條達可觀，亦竄改無完篇，首末闕漏，文理斷續，於其父猶然，深可怪也。此書累十餘卷，不過為晉人一遺帖，自是作無益，玩物喪志，本無足云。其中所錄諸家跋語，有昭然偽妄而不能辨者，未暇疏舉。〔註110〕周密《癸辛雜識·別集下》「銀花」條：「高疏僚一代名人，或有議其家庭有未能盡善者，其父嘗作《蘭亭博議敘》，疏僚後易為《蘭亭考》，且輒改翁之文，陳直齋嘗指其過焉。近得炳如親書與其妾銀花一紙，為之駭然，漫書於此。」〔註111〕

〔註105〕（宋）陳振孫：《直齋書錄解題》卷二十，上海：上海古籍出版社，1987年，頁608。

〔註106〕（宋）劉克莊：《後村先生大全集》卷四十九，四部叢刊本。

〔註107〕《慶元黨禁》不分卷，文淵閣四庫全書本，亦見《宋史全文》卷二十九下。

〔註108〕（元）盛如梓：《庶齋老學叢談》卷上，北京：中華書局，1985年，頁16。

〔註109〕（清）全祖望：《鮚埼亭集》卷四，四部叢刊本。

〔註110〕（宋）陳振孫：《直齋書錄解題》卷十四，上海：上海古籍出版社，1987年，頁409。

〔註111〕（宋）周密：《癸辛雜識·續集上》，上海：上海古籍出版社，2012年，頁153。

高似孫晚年知處州，被陳振孫指責為「貪酷尤甚」，又挾妓以去，故被指為「不仁」。周密《癸辛雜識·續集上》：「高疏僚守括時，有籍妓洪渠者，慧黠過人，一日歌《真珠簾》詞，至『病酒情懷猶困懶』，使之演，其聲若病酒而困懶者，疏僚極稱賞之。適有一客云：『卿自用卿法。』高因視洪云：『吾亦愛吾渠。』遂與脫籍而去，以此得囂言者。」〔註112〕

高似孫受程大昌《演繁露》的啟發而作《緯略》，被指責為剽竊該書而成《繁露詰》，故被斥為「不義」。周密《齊東野語》卷十九「著書之難」條：「程文簡著《演繁露》初成，高文虎炳如嘗假觀，稱其博贍。文虎子似孫續古時年尚少，因竊窺之。越日，程索回元書。續古因出一帙，曰《繁露詰》，其間多文簡所未載，而辯證尤詳。文簡雖盛賞之，而心實不能堪。或議其該洽有餘，而輕薄亦太過也。」〔註113〕

針對以上指責，現代學者多有駁斥。著名史學家洪業先生詳考高似孫之事蹟，辨明舊說之非，指出：「似孫好仙道窈渺之說，樂山水、園亭之美，縱情於詩酒字畫之間。或亦如晉時文士之流於曠放，非謹飭拘守之士，然又烏可誣之為輕薄、諂佞、貪酷、迕逆之人哉？」〔註114〕黃慧鳴進一步為高氏辨誣，並分析高氏遭非議的原因：「原其所以受非議之緣由，或因其學與當時主流之學相悖。宋學好議論、重性理，有別於漢之訓詁學與唐之文章學。然似孫治學之道似更接近於漢學，又是以詩名著稱於世者，與當時之風尚相左，受冷落之命運，當是不可避免的……似孫雖出身於儒學世家，而其行為志趣卻與理學家所確立的道德規範相去甚遠。理學家宣揚『克己』，而似孫在精神上卻更傾向於魏晉名士的無拘無束，放曠自然。」〔註115〕蔣鵬翔指出陳振孫對高似孫的責難主要源於二人文風好尚不同。〔註116〕王群栗《高似孫集·點校前言》認為：「高氏一生實遠離政治權力中心，但因其是高文虎之子，又可能曾作《右道學圖》，遂陷入政治誣衊的漩渦中，不能獨善其身。用今天的眼光來看，黨爭雙方顯然都不夠客觀，互相攻擊，不惜無中生有。『九錫詩』不見一字，且所謂諂媚韓侂胄，辛棄疾、陸游尚不免此譏（此三人亦有交集），亦可見一時好尚。陳振孫本身即是一名理學家，他對高似孫文風的厭惡自然

〔註112〕　（宋）周密：《癸辛雜識·續集上》，上海：上海古籍出版社，2012年，頁63。
〔註113〕　（宋）周密：《齊東野語》卷十九，上海：上海古籍出版社，2012年，頁201。
〔註114〕　洪業：《洪業論學集》，北京：中華書局，1981年，頁105。
〔註115〕　黃慧鳴：《高似孫的生平及其著作》，復旦大學碩士學位論文，2000年。
〔註116〕　蔣鵬翔：《高似孫目錄學思想發微》，湖南師範大學碩士學位論文，2007年。

可以理解，今其著作俱在，『怪澀』容或有之，『可笑』則實在不知何指；所謂『貪酷』，除了洪業先生所舉反證外，本書補遺所收高氏落官閒居時為徽州所作的《休寧縣禮物記》，為江陰縣所作的《冰玉堂記》《小石山滄灣亭記》，亦可證明高氏當時實見重士林——否則請他作序，豈非自取其辱？至於周密之書，本就是雜記，只管記錄見聞而不負考訂之責，前人駁之已盡。」〔註117〕司馬朝軍教授在《子略校釋》前言中評道：「平心而論，高似孫真是生不逢時。假如生在魏晉，他必定成為名士，與嵇康為鄰，與阮籍為友，因其生性無拘無束，『逍遙乎山水之阿，放曠乎人間之世』（潘岳《秋興賦》）。假如生在唐代或者清代，他必定成為名儒，因為他博覽四部，孜孜考古，勤於著述，上可窺陸德明、孔穎達之藩籬，下可開朱彝尊、紀曉嵐之先河。而他偏偏生在朱熹的時代。慶元四年（1198），朝廷宣布禁偽學，高文虎草詔，高似孫又作道學之圖。高氏父子聯袂站在『偽學』的對立面，難免大大小小的理學家要將他妖魔化。」〔註118〕

從以上研究來看，高似孫的人品爭議與他參與黨爭、得罪理學有極為緊密的聯繫。從家族史的角度分析，高氏家族的早期人物汲汲於伊川之學，高閌、高安世、高闓兄弟均師事楊時，為程頤的再傳弟子，高閌更是四明理學的代表性人物之一。不過，高閌與理學的關係不像表面上看起來那麼牢不可破，高閌因附和秦檜和議而受洛學人士非議，同門胡宏對此舉表示極大憤慨。到高文虎這一代，他在治學上繼承了高氏家學中的史學一途並將其發揚光大，又遊學於詩人曾幾門下，故而兼工詩文，他對理學那種空談性理的做法已有不滿。高似孫的學風與其父頗為相似，對理學不感興趣，他的政治立場、學術取向及品行志趣與理學多有不同。

第一，從政治立場的角度來看，宋孝宗至宋寧宗開禧年間的黨爭主要表現為道學派與反道學派之間的激烈鬥爭，這一鬥爭盛於淳熙年間，慶元黨禁標誌了道學派的暫時失利，而韓侂冑兵敗被誅意味著反道學派的徹底失勢。在政治派別的選擇上，高似孫由於其父的關係成為反道學派的一員，他與道學派發生衝突在所難免，他在仕途上的起伏與黨爭密切相關。在政治理想上，高似孫主張北伐，恢復失地，因此與韓侂冑有所交往，對其北伐戰爭持贊成態度。高似孫的人品非議主要緣於他追隨韓侂冑而被斥為不忠於君。合理地

〔註117〕 王群栗：《高似孫集·點校前言》，杭州：浙江古籍出版社，2015年，頁7。
〔註118〕 司馬朝軍：《〈子略校釋〉解題》，《漢籍與漢學》2018年第2期，頁143。

看待韓侂胄這一人物是我們正確評價高似孫的關鍵。韓侂胄一生主要做了兩件大事，一是發動黨禁，扳倒趙汝愚，二是解除黨禁，實施北伐。籌劃北伐時期，韓侂胄貶秦檜、崇岳飛，得到了不少士人的支持。辛棄疾、陸游就曾公開支持韓侂胄北伐，辛棄疾有頌韓之詞《清平樂》《西江月》《六州歌頭》，陸游為韓氏作《閱古泉記》《南園記》。高似孫作詩為韓氏祝壽，與陸游為韓氏作詩祝壽以及辛棄疾贊其「黃金假鉞、異姓真王」一樣，都是因為他們在北伐上的願望與韓不謀而合。因南宋政府腐敗、投降派抵制，加上韓侂胄自己犯了準備不足、用人失當的錯誤，至開禧三年（1207），韓侂胄兵敗被誅，投降派對他橫加罪名，命「史官改紹熙以來韓侂胄事蹟」〔註119〕。又因黨禁中得罪道學一派，韓侂胄死後遭到道學家的打擊報復。元初尊奉道學的《宋史》編者更是將他打入秦檜一流的姦臣之列，視其為禍國殃民的代表。對於韓侂胄受的惡評，宋末學者周密就提出不同意見：「（韓侂胄）身隕之後，眾惡歸焉；然其間是非，亦未盡然。若《雜記》所載，趙師睪犬吠，乃鄭斗所造，以報撻武學生之憤。至如許及之屈膝，費士寅狗竇，亦皆不得志抱私讎者撰造醜詆，所謂僭逆之類，悉無其實。」〔註120〕現代學者對這一問題更是多有質疑。〔註121〕而頗具諷刺意味的是，表面上抗戰、實際上迫害抗金功臣的張浚，因為是理學大師張栻的父親，卻被《宋史》吹捧為「忠君」「愛國」的抗金功臣。支持或接近韓侂胄的士人如辛棄疾、陸游、高似孫等人都受到理學派的批判，批判的標準自然是理學家的標準。

　　第二，從學術取向的角度來看，高似孫與理學一派截然不同。四庫館臣已經注意高似孫與理學派在學風上的嚴重分歧：「蓋南宋末年道學一派惟以語錄相傳習，江湖一派惟以近體相倡和，而似孫所述，多魏晉以來詩文事蹟，與當時風尚相左，故駭而走歟？」〔註122〕其分析可謂一針見血。不過，四庫館臣的總結還不夠全面。以下從四個方面加以探討：

　　在史學方面，理學家提倡義理，存在重經輕史的傾向。二程曾說：「相業

〔註119〕（元）脫脫等：《宋史》卷三十九，《寧宗本紀》，北京：中華書局，1985年，頁749。

〔註120〕（宋）周密：《齊東野語》卷三，歷代筆記小說大觀，上海：上海古籍出版社，2012年，頁29。

〔註121〕參見何忠禮：《南宋全史：政治、軍事和民族關係卷》，上海：上海古籍出版社，2016年，頁37～52。

〔註122〕《剡錄》卷首提要，文淵閣四庫全書本。

自《大學》、經學中來者深，自史學、俗學中來者淺。」〔註123〕張載（1020～1077）也不太重視史學，他在《經學理窟‧義理》中說：「觀書且勿觀史，學理會急處，亦無暇觀也，然觀史又勝於遊山水林石之趣，始是可愛，終無益，不如遊心經籍義理間。」〔註124〕楊簡云：「學者當先讀孔子之書，俟心通德純，而後可以觀於史學者；道心未明而讀非聖之書，溺心於似是而非之言，終其身汩汩，良可念也。」〔註125〕朱熹對史學也存有一定的偏見，他說「讀史之士多是意思粗淺，於義理之精微多不能識，而墮於世俗尋常之見，以為雖古聖賢，亦不過審於利害之算而已」〔註126〕，又說「看此等書，機關熟了，少間都壞了心術」〔註127〕，朱熹還對呂祖謙、陳亮重視史學大加批評，反對浙學「言性命必究於史」的主張。而高似孫則繼承家學，精於史學，其史學類著作有《史略》《古世本》《蜀漢書》《漢書司馬相如傳注》《漢官》《秦檜傳》等，他不僅整理和考證史籍，而且對宋代以前的史學史加以梳理和總結，他對通史、雜史以及亡佚史籍的重視具有鮮明的時代特色。

在諸子學方面，理學主張學術思想的一元化，認為「天下萬物皆能窮，只是一理」，「一物之理即萬物之理」。為了表明理學是直承孔孟的正統儒學，理學在學術上具有強烈的排他性。理學排斥先秦諸子百家之學，特別是將佛、老思想視為異端，一方面援佛、老入理學，一方面又不遺餘力地闢佛、老。朱熹早年泛濫佛、老，深受佛、老思想影響，而又極力排佛，稱「異端之害道，如釋氏者極矣」「禪學悟入乃是心思路絕」「卻回頭看釋氏之說，漸漸破綻罅漏百出」。高似孫對先秦諸子的看法與理學截然不同，高氏重視先秦諸子的學術價值與功用，提出經子「經緯表裏」的觀點，他推尊儒家，但也認為道家、兵家、縱橫家、雜家等均有可取之處。高氏對道家尤為偏愛，「少耽黃老說」，其詩中多涉仙道，對超凡脫俗的仙境無限嚮往，且與桐柏山、天台山、龍虎山等處的道士交往頻繁，知處州時好友吳惟信在《上高疏僚處州守》一詩中稱「神仙來守神仙地」，直呼似孫為「神仙」。高似孫的主張更

〔註123〕（明）薛瑄：《讀書錄》卷六，《讀陰符經雜言並序》，見《薛瑄全集》下，太原：山西人民出版社，1990年，頁1164。

〔註124〕（宋）張載：《張載集》，《經學理窟‧義理》，北京：中華書局，1978年，頁276～278。

〔註125〕（宋）楊簡：《慈湖遺書》卷十五，《泛論學》，四明叢書本。

〔註126〕（宋）朱熹：《朱熹集》卷五十四，《答趙幾道》，成都：四川教育出版社，1996年，頁2735。

〔註127〕（宋）朱熹：《朱子語類》卷一百二十二，武漢：崇文書局，2018年，頁2242。

接近於以蘇軾為代表的蜀學。

　　關於儒家道統的傳承譜系，韓愈在《原道》中提出「堯—舜—禹—湯—文—武—周公—孔子—孟子」的傳承譜系，認為孟子之後道統斷絕，提出而自己是孔孟的合法傳人。〔註128〕唐末文學家皮日休讚賞韓愈賡續道統之功，但認為孟子到韓愈之間還有荀卿、王通：「夫孟子、荀卿翼傳孔道，以至於文中子……文中之道，曠百祀而得室授者，惟昌黎文公焉。」〔註129〕於是提出「孔子—孟子—荀子—王通—韓愈」的儒家道統傳承譜系。理學家不認同韓愈、皮日休的說法，將漢唐諸儒排除在道統之外。程顥自謂：「聖人沒而聖學不傳，以興起斯文為己任。」〔註130〕程頤認為「周公沒，聖人之道不行；孟軻死，聖人之學不傳」，提出孟子之後「千載無真儒」，推尊程顥為孔孟道統的傳人，稱「聖人之道得先生而後明，為功大矣」。〔註131〕張載提出伏羲、神農、黃帝、堯、舜、禹、湯、武王、伊尹、周公、孔子的道統譜系，以繼承孔孟道統自許。朱熹系統論述道統之傳授，將周敦頤、二程和他自己作為道統的傳人。朱熹弟子黃榦總結說：「堯、舜、禹、湯、文、武、周公生而道始行，孔子、孟子生而道始明。孔孟之道，周、程、張子繼之；周、程、張子之道，文公朱先生又繼之，此道統之傳歷萬世而可考也。」〔註132〕高似孫對道統譜系的看法與理學家有很大的不同，受皮日休推崇王通的影響，他提出：「道始於伏羲，終於孔子，孔子以來二千餘年矣，孟軻氏、楊雄氏、王通氏、韓愈氏，皆祖述孔子而師尊之，若通拳拳於六經之學，自孟子而下未有也……嗚呼，蓋自孟子歷兩漢數百年而僅稱楊雄，歷六朝數百年而僅稱王通，歷唐三百年而唯一韓愈。」高氏以伏羲為道統始祖，提出「伏羲—孔子—孟子—揚雄—王通—韓愈」的儒家道統傳承體系，以學術史的眼光突出漢唐大儒楊雄、王通和韓愈的重要地位，認為他們都是傳承和振興道統的關鍵人物。

　　在文學方面，理學家普遍有重道輕文的傾向，對辭章之學不太重視，晁說之（1059～1129）云：「德義之士如聖人，其視章句之徒如僕役，自章句之徒

〔註128〕　（唐）韓愈撰，馬其昶校注：《韓昌黎文集校注》卷一，《原道》，上海：上海古籍出版社，1986年，頁18。

〔註129〕　（唐）皮日休：《皮子文藪》卷九，《請韓文公配饗太學書》，上海：上海古籍出版社，1981年，頁88。

〔註130〕　（宋）程顥、程頤：《二程集》，北京：中華書局，1981年，頁639。

〔註131〕　（宋）程顥、程頤：《二程集》，北京：中華書局，1981年，頁640。

〔註132〕　（宋）黃榦：《勉齋集》卷四，《與晦庵朱先生書》，文淵閣四庫全書本。

而視文字之學則如乞丐。」〔註133〕理學開山周敦頤（1017～1073）提倡文以載道，主張以道德為務，反對誇飾的文章之學，他說：「文，所以載道也⋯⋯文辭，藝也；道德，實也⋯⋯不知務道德而第以文辭為能者，藝焉而已。噫，弊也久矣。」〔註134〕二程斥文學為異端，程頤鮮明地提出「作文害道」，認為作文玩物喪志，《二程遺書》卷十八載：「問：『作文害道否？』曰：『害也。凡為文，不專意則不工，若專意則志局於此，又安能與天地同其大也。《書》云：『玩物喪志。』為文亦玩物也。」〔註135〕張載稱：「文集、文選之類，看得數篇無所取，便可放下。」〔註136〕湖湘學派奠基人胡宏（1106～1162）曾作詩「心恥文俳似班馬，眼看青紫自頭旋」，稱自己恥與文人為伍。楊時稱韓、柳之文「不詭於聖人蓋寡矣」。理學家把作詩視為徒耗心力的閒工夫，提倡闡發義理的「道學之詩」，對吟詠情性、體現生活的「詩人之詩」則持排斥的態度。在文學創作上，高似孫沒有理學家的偏見，他受高開、高文虎的影響，自幼喜好詩賦，少有詩名，其詩不主一家，風格多樣，山水詩、詠蟹詩頗具特色，南宋詩人方岳對其詩文頗為推崇，他在《答葉兄》一文中將高似孫的《秋蘭》作為典範：「讀（葉）君所謂羊口行諸篇，則誠不能解為何等語也。古人遠矣，君試取諸公之文參讀之，如讀蘭辭，則參高續古之《秋蘭》，如讀責蚤，則參以洪舜俞之《洪蚤》，蓋有不待言語，而了然胸次間者矣。」〔註137〕近代學者、藏書家張壽鏞（1876～1945）認為高似孫《騷略》中的《讀易賦》《秋蘭賦》《幽蘭賦》《後長門賦》《水仙花前賦》《水仙花前賦》《松江蟹舍賦》「均有為而言，所寄者遠而所託深，匪無病呻吟者可比」〔註138〕。

在治學方法方面，北宋以來的理學家有感於漢唐傳注繁冗穿鑿之弊，抨擊漢唐注疏之學，擯棄訓詁考據之學，注重闡發義理，發揮微言大義，致力於增新意，立新解。張載強調對經義的主觀發揮，而不必拘泥於經文的訓詁，「心

〔註133〕 （宋）晁說之：《儒言・三論》，文淵閣四庫全書本。

〔註134〕 （宋）周敦頤：《周敦頤集》，《通書・文辭第二十八》，北京：中華書局，1990年，頁34。

〔註135〕 （宋）程顥、程頤：《二程集・河南程氏遺書》卷十八，《伊川先生語》，北京：中華書局，1981年，頁239。

〔註136〕 （宋）張載：《張載集》，《經學理窟・義理》，北京：中華書局，1978年，頁276～278。

〔註137〕 （宋）方岳，《秋崖集》卷二十七，文淵閣四庫全書本。

〔註138〕 張壽鏞：《四明叢書本〈騷略〉序》，見高似孫：《高似孫集》下冊，杭州：浙江古籍出版社，2015年，頁985。

解則求義自明，不必字字相較」，「凡經義不過取證明而已，故雖有不識字者，何害為善」。〔註139〕程頤批評漢代章句訓詁之學，「漢之經術安用？只是以章句訓詁為事，且如解『堯典』二字，至三萬餘言，是不知要也」〔註140〕，主張以己意解經，以義理說經，「經，所以載道也，誦其言辭，解其訓詁，而不及道，乃無用之糟粕耳」，「善學者要不為文字所梏，故文義雖解錯，而道理可通行者不害也」〔註141〕。程頤弟子呂希哲（1039～1116）主張：「人君之學不在於遍讀雜書，多知小事，在於正心誠意，少私寡欲。」〔註142〕朱熹博極群書，藉重考據以闡發義理，於考據之學深有所得，但仍稱「若論為學，則考證已是末流，況此又考證之末流，恐自此不須更留意，卻且收拾身心，向裏做些工夫」〔註143〕，「讀書玩理外，考證又是一種工夫，所得無幾，而費力不少，向來偶自好之，固是一病，然亦不可謂無助也」〔註144〕。在朱熹看來，考證的作用次於研理，考證是用來探究義理的重要工具，不當為考證而考證。而高似孫在治學上長於文獻考辨，尤其是對史、子的考辨，他對注釋學、考據學的看法與理學一派截然不同。在注釋學方面，高似孫不僅撰有史注著作《漢書司馬相如傳注》，而且對注釋類書籍非常重視，例如，《史略》在著錄史書時將與之相應的史注之書單獨列出，設為一類，這是《史略》在分類上的一個突出特色；《子略》於《陰符經》《老子》和《莊子》解題之前均詳列相關的注疏著作；《緯略》稱讚劉孝標《世說新語注》引援詳確，堪為注書之法，高似孫引用此注甚多；《史略》推崇酈道元《水經注》「辭義峻拔，援引廣博」，《剡錄·山水志》即用《水經注》之例；高氏對《文選注》亦頗有研究，多有徵引。在考據學方面，高似孫撰有《戰國策考》，而《緯略》《子略》等書彙集了他的考據成果。在高似孫之後，黃震、王應麟等學者已經注意糾正理學高談性命、不重訓詁、排斥考證的弊端，他們繼承朱熹藉重考據以闡發義理的學術風格，體現出義理考據兼重的特點，尤其是王應麟宗朱而不泥朱，兼紹朱、陸，成為一代考據學大師，其著作實際上多可視為純粹的考據學成果，以至於有學者把王應麟

〔註139〕（宋）張載：《張載集》，《經學理窟·義理》，北京：中華書局，1978 年，頁276～277。

〔註140〕（宋）程顥、程頤：《二程集》，北京：中華書局，1981 年，頁232。

〔註141〕（宋）程顥、程頤：《二程集》，北京：中華書局，1981 年，頁671、378。

〔註142〕（宋）晁說之：《晁氏客語》，《全宋筆記》第 1 編第 10 冊，鄭州：大象出版社，2003 年，頁 93。

〔註143〕（宋）朱熹：《晦庵集》卷五十九，《答吳斗南》，文淵閣四庫全書本。

〔註144〕（宋）朱熹：《晦庵集》卷五十四，《答孫季和》，文淵閣四庫全書本。

看作清代樸學之鼻祖。

第三，從品行志趣的角度來看，高似孫支持韓侂胄北伐中原、收復失地的政策，與陸游、辛棄疾、洪邁、劉克莊等愛國人物頗有交往，常懷憂國憂民之心。在陸游、辛棄疾的影響下，高似孫的詩中多有讚頌抗金壯士、寄寓憂國情懷之作，如《答辛幼安》云：「青天不惜日，壯士偏知秋。自古有奇畫，如今空白頭。彼時當再來，吾老不可留。天推璧月上，星人銀河流。躔度若此急，人生與之浮。終夜自起舞，無人共登樓。典謨有陳言，河洛非故州。黃鶴呼不來，誰能理殘裘。」感歎壯士空白頭，而壯志仍未酬。《寄吳鈞幹》云：「有偉千人傑，能為萬里遊。掛帆春北雁，問驛夜驚鷗。道路空留滯，文章莫暗投。九疑生雨遍，三峽帶寒流。採藥青神觀，題詩白帝樓。乾坤供爛醉，星斗照閒愁。漢已歸蕭相，天難壽武侯。詞人頭欲雪，壯士淚如秋。中下猶須策，西南夙倚籌。有錢書盡買，滅虜志終酬。猿破高唐夢，龍馴灩澦腔。行人定安穩，夏近可歸不。」亦發出相同的感歎。《任賢良歸蜀》云：「衰衰江來急建瓴，一西還有幾長亭。峨眉雪罷添巴水，玉壘雲空見蜀星。白浪不侵魚復陣，青苔猶護劍關銘。堂堂功業今皆在，天意何時更一醒。」則為蜀地的一位抗金之士打抱不平。紹定中，高似孫在知處州任上重修忠節祠，作《忠節祠記》，文中寫道：「竊惟天之為天，人之為人，同一清明，其生為忠臣，死亦如之，耿亮湛瀅，直可以配天。諸公皆以罵賊不屈於刀鋸，報之者嗇。有國者所當盡其義，為人臣者不當辭其責。」於此可見他對忠烈守節之士的推崇。《子略》卷一「武侯八陣圖」條讚美諸葛亮矢志恢復、鞠躬盡瘁：「昔者先王處民以井，寄兵於民，熟之以禮，容用之以節制，是誠不陣而可以服人兵者。使武侯昌諸用、勒諸功，《甘誓》《牧誓》可也。天不壽漢，圖石如泣，悲夫！」〔註145〕

與高似孫同時的一些文人對他的品行多有肯定，如南宋江湖詩人吳惟信在《上高疏僚處州守》一詩中稱高似孫「道接聖賢韓愈學，詩關風教杜陵心」，稱讚他有韓愈、杜甫那樣心憂國家的崇高情懷。另一位詩人蘇泂在《次韻高秘書》一詩中認為高似孫「讀書識大體，於世無棄物……如君執謙柄，我不能萬一」。

屈原高潔之志對高似孫有很大的影響，高氏在《離騷序》中說：「《離騷》不可學。可學者章句也，不可學者志也。楚山川奇，草木奇，原更奇，原人高志高，文又高，一發乎詞，與《詩》三百五文同志同……嗚呼！余固不能窺作，

〔註145〕司馬朝軍：《子略校釋》，濟南：山東人民出版社，2018年，頁233。

猶或知原志……嗚呼！後之視今，今之視昔也，知我者《騷》乎。」〔註146〕因此，高氏仿《離騷》作《騷略》，以闡發屈原之志，同時表達自己不為時人理解的複雜心理，寄託曠達出世、高標絕塵、自辨清白之意。這種心境在他的《幽蘭賦》中體現得尤為明顯，該賦「小引」稱：「蘭曾伴屈大夫，政復何恨。然非屈大夫，無知蘭者。余固非知蘭，亦非知大夫者。後五百年或有知余焉。」

　　高似孫對魏晉名士極其推崇，正如《剡錄》序所云：「王、謝抱經濟具，二戴深經學，奈何純曰高逸也？嗚呼！山川顯晦，人也；人隱顯，天也。天下多奇山川，而一禊一雪，致有爽氣，可謂人矣。江左人物如此。」關於晉人品行，高似孫評論道：「晉人風尚高曠，往往如此。」〔註147〕他對於魏晉人士的文章也非常欣賞，如稱「郭璞之文精切如此，一一皆援據文章」〔註148〕，評價晉人成公綏《天地賦》「敘事之妙如此」，又說「晉人文章清暢如此」〔註149〕。高似孫嚮往魏晉雅士的無拘無束，「非老子兮孰悟，亦晉人兮予盟」，因此縱情於山水之間，自稱「平生略持山水眼，是處且了林泉素」〔註150〕。

　　總之，高似孫與道學一派在政治上為敵，在學風上相左，在行為志趣上迥然有異，正所謂「道不同，不相為謀」，高似孫遭到道學派的抨擊，受到理學家陳振孫的嚴厲批評，就是順理成章之事。從宋代的文獻記載來看，也有一些理學人士並沒有質疑高似孫的人品問題，與高似孫保持良好的關係，如樓鑰、鍾震、汪莘、王萬都與高似孫有交往，這也從側面證明高似孫在當時就已經遭到誤解。從高似孫同時的學者如陸游、辛棄疾、周必大、洪邁、劉克莊、吳惟信、蘇泂等人對他的評價來看，高似孫的人品並不像後來學者描繪得毫不足道。

〔註146〕（宋）高似孫：《騷略》卷一，《高似孫集》，杭州：浙江古籍出版社，2015年，頁960。

〔註147〕（宋）高似孫：《緯略》卷八，《高似孫集》，杭州：浙江古籍出版社，2015年，頁671。

〔註148〕（宋）高似孫：《緯略》卷十二，《高似孫集》，杭州：浙江古籍出版社，2015年，頁770。

〔註149〕（宋）高似孫：《緯略》卷十二，《高似孫集》，杭州：浙江古籍出版社，2015年，頁772。

〔註150〕（宋）高似孫：《高似孫集·補遺》，《萬年山》，杭州：浙江古籍出版社，2015年，頁1071。

第四節　高似孫之交遊

　　高似孫的學術成就固然源於家學傳承和自身的勤奮治學，然得於師友之請益切磋者亦多。他在詩賦的創作上造詣頗高，這為他的交遊提供了良好的條件。今稽考高似孫著作，參以《全宋詩》《全宋文》，以及當時學者的著作、詩詞，得出與高氏交遊密切者 62 人，其中可考者 36 人。其交遊對象不乏像陸游、周必大、辛棄疾、洪邁、樓鑰、劉克莊這樣的名公巨卿。通過考察高似孫的交遊情況，一方面可以瞭解當時學者對他的評價，另一方面也能以此分析高氏的學術淵源和治學經歷。

一、見於《高似孫集》者 25 人

（一）陸　游

　　陸游（1125～1210），字務觀，自號放翁。越州山陰（今浙江紹興）人。隆興初賜進士出身。秦檜死後任福州寧德主簿，除大理寺司直兼宗正簿。孝宗即位，遷樞密院編修官，出為鎮江通判，次年易隆興府，後通判夔州。乾道八年（1173），任四川宣撫使司幹辦公事兼檢法官職。范大成帥蜀，游為參議官。後任江西常平提舉，知嚴州，遷軍器少監。紹熙元年（1190），除禮部郎中，兼實錄院檢討官，嘉泰三年（1203），權同修國史、實錄院同修撰，以寶章閣待制致仕。晚年再出，為韓侂冑撰《南園記》《閱古泉記》，見譏清議。主要著述有《劍南詩稿》《渭南文集》《老學庵筆記》《入蜀記》等。

　　據蘇泂《次韻高秘書謁陸待制》詩，高似孫拜訪過陸游，陸游任寶謨閣待制的時間是嘉泰三年（1203），詩中有「松竹當姬侍，鷗禽是僕童」〔註151〕之句，則兩人相見當在 1203 年之後陸游退居山陰期間。

　　高似孫博學多識，身為前輩的陸游曾與他探討學術問題。高似孫《緯略》卷十《翠粲》條：「陸放翁嘗問余曰：『比在成都市時，見彩帛鋪，榜曰：翠色真紅。殊不曉所謂。紅而曰翠，何也？』余曰：『嵇康《琴賦》曰：新衣翠粲，纓徽流芳。班婕好《自悼賦》曰：紛翠粲兮紈素聲。翠粲，取其鮮明也。東坡《牡丹詩》：一朵妖紅翠欲流。蓋取鄉語。』放翁擊節大喜。」〔註152〕陸游對「翠」字含義大惑不解，高似孫以詩賦為例作答，令陸游擊節讚賞，

〔註151〕　（宋）蘇泂：《泠然齋詩集》卷三，文淵閣四庫全書本
〔註152〕　（宋）高似孫：《緯略》卷八，《高似孫集》，杭州：浙江古籍出版社，2015 年，頁 735。

高氏之博學於此可見一斑。陸游《老學庵筆記》的記載與此相呼應:「東坡《牡丹》詩,初不曉『翠欲流』為何語。及遊成都,有大署市肆,曰『鮮翠紅紙鋪』。問士人,乃知蜀語,『鮮翠』猶言鮮明也。東坡蓋用鄉語。」〔註153〕所謂「士人」指的就是高似孫。

(二)周必大

周必大(1126～1204),字子充,一字洪道,號省齋居士,晚號平園老叟,盧陵(今江西吉安)人。紹興二十一年(1151)進士。紹興十七中博學宏詞科,授秘書正字。孝宗初,除起居郎,累官至吏部尚書兼翰林學士承旨。淳熙七年(1180),拜參知政事。九年(1182),除知樞密院事。十一年(1184),任樞密使。十四年(1187),遷右丞相。十六年(1189),拜左丞相,封益國公。周必大學問淹博,工文詞,善校勘。著有《周益國文忠公集》二百卷。生平事蹟見《周益國文忠公集》後附李璧所撰《行狀》、樓鑰所撰《神道碑》、其子周綸所撰《年譜》及《宋史》卷三九一。周必大曾用諸本編校歐陽修文集,頗為精善。又校勘《文苑英華》千卷並加以刊刻,結束了此書二百年來只有寫本無刻本的局面。

高似孫曾助周必大校勘《文苑英華》,事見高似孫《文苑英華纂要序》:

> 孝宗皇帝閱《文苑英華》,周益公直玉堂,夜宣對。上謂秘閣本太舛錯,再三命精讎十卷以進。一日侍公酒,公以無佳本為言,因白架中有此書,間嘗用諸集是正,頗改定十之二三。公驚喜曰:「《英華》本世所無,況集耶?」乃盡篋去,復以讎整者畀予研訂,書奏御,不為無分毫助也。後以本傳之盧陵,手書寄來,急讀一遍,因取其可必用者僅為帙四。又以奉公復答曰:「書千卷,鮮克展盡,顧乃獵之精,舉之確耶?不減小洪公《史語》也。」〔註154〕

周必大《文忠集》卷首之《年譜》記載,淳熙四年(1177)五月丁卯,周必大除翰林學士。據周必大《文苑英華序》和《皇朝文覽序》,高似孫助周必大校勘《文苑英華》的時間在淳熙四年(1177)十一月之後,此時高似孫正在杭州太學讀書。1195～1204 年間周必大退休居盧陵,開始第二次校勘《文苑英華》,期間高似孫與周必大依然書信往來不斷,探討《文苑英華》的校勘

〔註153〕（宋）陸游:《老學庵筆記》卷八,北京:中華書局,1979 年,頁 102。

〔註154〕（宋）高似孫:《文苑英華纂要》卷首,《四庫全書存目叢書》子部第 119 冊,濟南:齊魯書社,1995 年。

問題，高似孫《文苑英華纂要》也在這一期間完成，周必大稱讚此書堪比洪邁《史語》。

高似孫曾輯《古世本》一書，周必大面借再三，閱後贊為「天下奇書」，此事見《史略》卷六「《世本》」條：「予閱諸經疏，惟《春秋左氏傳》疏所引《世本》者不一，因採掇匯次為一書，題曰《古世本》。周益公在西府，聞予有此，面借再三，因錄本與之。益公一見，曰：『天下奇書，學者雋功也。』予因曰：『劉孝標注《世說》，引摯氏《世本》，蓋敘摯氏世家。今人慾系譜諜，依摯氏法，名之曰某氏《世本》，殊為古雅。』益公曰：『此說尤新奇。』」〔註155〕西府指樞密院，周必大於淳熙九年（1182）除知樞密院事，十一年（1184）任樞密使，十四年（1187）遷右丞相。故周必大向似孫借《古世本》之事在淳熙九年至十三年之間（1182～1186）。

（三）楊囷道

楊囷道（生卒年不詳），字深仲，號雲莊，南宋人，著有《雲莊四六餘話》一卷。《雲莊四六餘話》有「紹興十九年（1149），予為福州教授，為府作《謝曆日表》」語，知其於紹興十九年任福州教授，為福州府作《謝曆日表》。書中又有「寧宗二年（1196）五月，奉孝宗皇帝御製藏文華殿」語，可知楊囷道於南宋初年至慶元年間在世。

楊囷道與高似孫的交往見《緯略》卷八《水仙賦》：「余二十年前作《水仙賦》，自恨筆力欠奇偉。五年前，楊仲囷自蕭山致水仙花一二百本，極盛，乃以兩古銅洗藝之，學《洛神賦》體再作《後水仙花賦》，頗愜人意……（楊仲囷今名囷道）。」〔註156〕據這一記載，楊囷道，原名仲囷，曾從蕭山（今屬浙江杭州）購買了水仙花一二百本，贈送給高似孫，可見兩人關係的密切。由《緯略》自序，高似孫《緯略》撰於嘉定五年（1212），因知楊囷道送似孫水仙花之事，在開禧三年（1207），似孫《後水仙花賦》即因楊仲囷所贈送的水仙花而作。

（四）徐似道

徐似道（生卒年不詳），字淵子，號竹隱，黃岩（今浙江台州）人。孝宗

乾道二年（1166）進士。歷任吳江尉、知太和縣、主管官告院、知郢州。開禧元年（1205）除禮部員外郎兼翰林權直，二年（1206）遷秘書少監、起居舍人，兼國史院編修官、實錄院檢討官，旋罷。嘉定四年（1211）為江西提刑。有詩名，嘗從戴復古遊。著有《竹隱集》十一卷，已佚。

高似孫曾與徐似道討論王維畫卷，《緯略》卷六「輞川圖」條：「今所見者摹本，不足道也。余與徐淵子同點檢南宮，出右丞《捕魚圖》一卷，如無咎公所題者，余曰：『此善摹者為之。』徐不以為然。一日得一卷，僅存三分之一，徐圖葭葦之外，意其為水耳，此特波濤浩瀰，水痕浪跡，一一畢具，人物尤精絕。淵子必欲易之，余有難色，已而，又有一卷，題曰《摩詰寒江釣雪》，上施秘閣之印。此乃淳化以前，未更秘書省印篆也。畫筆奇古，全不類世間所見山水圖也。」〔註157〕據此，高似孫與徐似道為秘書省同僚，一同點檢南宮，對王維畫卷的真偽看法頗不相同。兩人詩風亦頗為相似，劉克莊《茶山誠齋詩選序》云：「徐淵子、高續古曾參誠齋，警句往往似之。」〔註158〕

（五）史安之

史安之（生卒年不詳），字子由，鄞縣（今浙江寧波）人，史彌遠之侄，史彌茂之子。甫冠，從沈渙學。嘉定七年（1214），始知嵊縣。（清）杜春生《越中金石記》卷四載：「史安之，字子由，父名彌正……安之曾令剡，有善政，仕至朝奉大夫、浙東安撫司參議。」《剡錄》卷一載有史安之任縣令期間的政績。

史安之出身四明望族史氏，史氏與高氏淵源頗深，史氏第五世史漸的妻子即為高閌之後，知書達禮，為人稱道。史安之與高似孫為同鄉，史安之任嵊縣縣令時，高似孫罷官閒居嵊縣，與之相識。據《剡錄》自序，嘉定七年（1214），史安之欲修嵊縣志，遂請高似孫撰《剡錄》。史安之在任上新建嵊縣學宮，高似孫《遷建學宮碑記》即為此而作。似孫曾請史安之為其父文虎作傳，其事見史安之《雪廬公傳》：「余宰是邑，兼與通議交，命作傳，以故不得辭。」〔註159〕

〔註157〕　（宋）高似孫：《緯略》卷六，《高似孫集》，杭州：浙江古籍出版社，2015年，頁616。

〔註158〕　（宋）劉克莊：《後村先生大全集》卷九十七，《茶山誠齋詩選序》，四部叢刊本。

〔註159〕　高我桂等：《剡南高氏宗譜》卷一。

（六）富次律

富次律，生平本末不詳，趙師俠曾作詞《滿江紅（丙辰中秋定王臺即席餞富次律）》，為他送行。富次律與似孫的交往見《蟹略》卷三：「疏僚詩……又《富次律送蟳》詩：『鱗甲錯夏物，懷青莫如蟳。蘇公今張華，何微不知音。入手巨螯健，斫雪雋莫禁。宛然如玠輩，曾是秉玉心。蟹因龜蒙傑，酒與畢郎深。二者不可律，食之當酌斟。』」

（六）趙嘉甫

趙嘉甫，生平本末不詳。《蟹略》卷四有高似孫詩《趙嘉甫致松江蟹》。

（七）李迅甫

李迅甫，生平本末不詳。《蟹略》卷四有高似孫詩《李迅甫送蟹》。

（八）趙嘉父

趙嘉父，生平本末不詳。《蟹略》卷四有高似孫詩《趙嘉父送松江蟹》。

（九）同　父

同父，生平本末不詳。《蟹略》卷四有高似孫詩《同父送松江蟹》。

（十）趙廣德

趙廣德，生平本末不詳。《蟹略》卷四有高似孫詩《趙廣德送松江蟹》。

（十一）趙崇暉

趙崇暉（生卒年不詳），樂清（今浙江溫州樂清縣）人，南宋宗室。嘉定元年（1208），登進士第。嘉定七年至十年（1214～1217），任臨安府鹽官縣主簿，後遷大理評事。嘉定十六年（1223），任海寧縣知縣，累官至刑部郎官、大理少卿。事蹟見永樂《樂清縣志》卷七、嘉定《赤城志》卷十一、《蒙齋集》卷九。《蟹略》卷四有高似孫詩《趙崇暉送魚蟹》。

（十二）趙君海

趙君海，生平本末不詳。《蟹略》卷四有高似孫詩《趙君海惠蟳》。

（十三）江寺丞

江寺丞，生平本末不詳。《蟹略》卷四有高似孫詩《江寺丞送蟹》。《宋會要輯稿》二二之二八：「（嘉定）十六年六月二十五日，銓試，命司封郎官陳貴誼、大理寺丞江模考試，秘書郎高似孫、國子監主簿姚子材考試。」江寺

丞可能是大理寺丞江模。

（十四）吳　中

吳中生，平本末不詳。《蟹略》卷四有高似孫詩《吳中致蟹》。

（十五）汪強仲

汪強仲，生平本末不詳。《蟹略》卷四有高似孫詩《汪強仲郎中送蟹》。

（十六）王　份

王份（生卒年不詳），字文儒，號腠庵，以特恩補官，嘗為大冶令。嘗築圃於松江之側。《蟹略》卷四有高似孫詩《答腠庵致糟蟹》。

（十七）僧瞿省

瞿省，衡山僧人。高似孫《硯箋》序：

> 衡山浮屠氏瞿省以詩謁，一日，曰：「公愛硯入骨，與硯朋，蘇、歐、蔡、唐嗜不減公也，記載恨無所統。」余做其言，箋天下石遺之。瞿省曰：「然則端孰精也？」余曰：「唐彥猷所謂紫潤無聲者也。」「歙孰精也？」曰：「歐陽公所謂銛而膩理者也。然而嬋極受用莫如後山，其曰：『書生活計亦酸寒，斷磚半瓦寧求備。』石老矣。」省曰：「唯。」筆而西。嘉定癸未四月十五日似孫識。〔註160〕

（十八）蘇　楚

蘇楚，生平本末不詳。《騷略》卷二《花飛引》：「蘇楚自廬山來，與予同在山中數月，酒必酒，詩必詩。予平生友如楚者，不一二數，其去也，各灑淚花竹間，不勝依依，乃書此送之西。」〔註161〕蘇楚與高似孫同在山中飲酒賦詩數月，相交甚歡，《花飛引》即為蘇楚送別而作。

（十九）李龜朋

李龜朋（生卒年不詳），字才翁，自號靜齋，長安（今陝西西安）人。與兄龜年齊名，中特科，監南嶽廟。高宗紹興末年，隨錢忱寓居臨海（今浙江臨海市）。卒年六十八。事蹟見《嘉定赤城志》卷三十四。

〔註160〕（宋）高似孫：《硯箋・序》，《高似孫集》，杭州：浙江古籍出版社，2015年，頁875。

〔註161〕（宋）高似孫：《騷略》卷二，《高似孫集》，杭州：浙江古籍出版社，2015年，頁970。

《疏僚小集》有高似孫詩《答李才翁》：「素意杳難尋，殘爐屬晚陰。花知西洛事，雁叫北人心。客共艱難盡，詩隨老大深。金陵書不到，消息又沉沉。」抒發了對友人的無限關心與思念。

（二十）宋　研

宋研生平本末不詳。《疏僚小集》有高似孫詩《宋江都研》。

（二十一）宇文文學

宇文文學，生平本末不詳。《疏僚小集》有高似孫詩《答宇文文學》。

（二十二）吳廣文

吳廣文，生平本末不詳。《疏僚小集》有高似孫詩《答武昌吳廣文》。

（二十三）胡史君

胡史君，生平本末不詳。《疏僚小集》有高似孫詩《丹砂歌謝胡史君惠砂床》。

（二十四）吳鈐幹

吳鈐幹，生平本末不詳。鈐幹，官名，宋代為路都兵馬鈐轄司幹辦公事的省稱。《疏僚小集》有高似孫詩《寄吳鈐幹》。

（二十五）吳道士

吳道士，句曲山道士，生平本末不詳。《疏僚小集》有高似孫詩《騎鸞引贈句曲山吳道士》。句曲山即茅山，在句容縣（今江蘇句容市）東南，為道教的發祥地之一。

二、見於《高似孫集·補遺》者24人

（一）王尊師

王尊師，桐柏山道士，生平本末不詳。《天台續集別編》卷四有高似孫詩《寄桐柏山王尊師》。

（二）桑世昌

桑世昌（約1175～1250），字澤卿，號莫庵，高郵（今江蘇高郵）人，世居天台，陸游之甥。工詩文，擅賞鑒，廣交當世名流。陳亮《桑澤卿莫庵詩集序》稱：「桑澤卿來客西湖，為詩數百篇，無一句一字刺人眼者，可謂用工於

斯術者。」〔註162〕葉適《蘭亭考跋》稱他「事事精習，詩尤工」。輯《蘭亭考》
《回文類聚》，桑世昌著有《莫庵詩集》。

　　高似孫曾為《蘭亭考》作序，稱：「桑君盡交名公巨卿，以及海內之士，
以充其見聞者固不一。然與予遊從三十年，見必及此，其有贊於帖考者，尤
為不一。」〔註163〕桑世昌與高似孫交遊達三十年之久，關係非同一般，高似
孫《桑世昌澤卿歸天台》一詩即為桑世昌送行而作。《蘭亭考》卷十：「世昌
近於東墅，閱高續古校書法、書名畫。」〔註164〕桑世昌與高似孫之父高文虎
亦交好，曾攜《蘭亭考》請序。

（三）沈台州

　　《天台續集別編》卷四有高似孫詩《次韻沈台州遊桐柏山》。沈台州當指
沈作賓，字賓王，歸安（今浙江湖州）人。慶元五年（1199）十一月，以朝
請大夫試太府卿、淮東總領，除直龍圖閣。六年二月，轉朝議大夫。三月，
除兩浙路轉運副使。

（四）黃法師

　　黃法師，桐柏山道士，生平本末不詳。《天台續集別編》卷四有高似孫詩
《桐柏山黃法師齋》。

（五）鄭先生

　　鄭先生，生平本末不詳。《天台續集別編》卷四有高似孫詩《桐柏山鄭先
生齋》。

（六）鹿何

　　鹿何（1127～1183），字伯可，台州臨海（今浙江臨海市）人。紹興三十
年（1160）進士，授秀州華亭尉，乾道四年（1168）知南安縣，歷監登聞鼓
院、通判吉州、知饒州、諸王宮教授，遷尚書屯田員外郎、郎中。五十二歲
乞致仕，進朝奉郎、直秘閣，歸築見一堂，自號見一先生。有《見一堂集》，
已佚。樓鑰有《鹿伯可郎中園池雜詠》十三首，朱熹有《挽鹿伯可郎中二首》。

　　《天台續集別編》卷四載有高似孫詩《鹿郎中山居》，說明高氏曾拜訪鹿
何居所。洪頤煊《台州札記》云：「鹿郎中何，世居臨海東鄉白竹嶴。所居山水

〔註162〕　（宋）林表民：《赤城集》卷十七，明弘治十年謝鐸刻本。
〔註163〕　（宋）桑世昌：《蘭亭考》卷首，文淵閣四庫全書本。
〔註164〕　（宋）桑世昌：《蘭亭考》卷十，文淵閣四庫全書本。

清佳，極園林之勝，曰見一堂，曰止室，曰小東山，曰桂堂，曰雲龕，曰柑隅，曰桃蹊，曰月沼，曰星潭，曰三友徑，曰竹塢，曰梅坡，曰松嶺。」〔註165〕

（七）王卿月

王卿月（1138～1192），字清叔，號醒庵居士，台州臨海（今浙江臨海）人，祖籍開封祥符（今河南開封）。乾道二年（1166）中武舉，乾道五年（1169）中進士第，歷官樂清縣尉、宗正寺主簿、秘書郎、起居舍人、中書舍人、知廬州、知靜江府、知襄陽、利州路提刑等。紹熙三年（1192）授宗正少卿兼中書門下檢正諸房公事，除太府卿。善詞章，博學多藝，精於書法、繪畫、音律，旁通百家之學。著有《醒庵集》，已佚。事蹟詳見樓鑰《攻媿集》卷一百零二《太府卿王公墓誌銘》。

王卿月于北山之麓築有玉寒堂，並詩《題北山玉寒堂》三首。高似孫曾拜訪王卿月，對其玉寒堂大為讚賞，作有《王清叔舍人玉寒堂》一詩〔註166〕。

（八）蕭煉師

蕭煉師，天台山道士，生平本末不詳。《天台續集別編》卷四有高似孫詩《寄天台蕭煉師》。

（九）鄭練師

鄭練師，桐柏山道士，生平本末不詳。《天台續集別編》卷四有高似孫詩《桐柏鄭練師歸故山》。

（十）吳　琚

吳琚（生卒年不詳），字居父，號雲壑，汴（今河南開封）人，吳益之子，宋高宗吳皇后之侄。歷任尚書郎、部使者、知明州兼沿海制置使。光宗時，知襄陽府。寧宗時，知鄂州、慶元府。慶元六年（1200），以鎮安軍節度使留守建康，遷少保。卒諡忠惠。工詩詞，尤精翰墨，孝宗常召之論詩作字。著有《雲壑集》。

葉紹翁《四朝聞見錄》卷二載高似孫投吳琚之詩《由校中秘書授徽倅道出金陵投留守吳公琚》，該詩作於高似孫赴任徽州通判途中。

〔註165〕 （清）洪頤煊：《台州札記》卷五，北京：中國文史出版社，2004年，頁65。
〔註166〕 （宋）林表民等：《天台續集別編》卷四，《宋元浙江方志集成》第14冊，杭州出版社，2009年，頁6902。

（十一）楊　輔

楊輔（生卒年不詳），字嗣勳，遂寧（今四川遂寧市）人。乾道二年（1166）進士。淳熙七年（1180），除秘書省正字，遷校書郎。次年，出知眉州。累遷戶部郎中。紹熙三年（1192），總領四川財賦。次年，權轉運使，升太府少卿、利州路安撫使。慶元二年（1196），召為秘書監，除禮部侍郎。次年，出為江東提刑。六年（1200），知江陵府兼荊湖北路安撫使，移知襄陽，又移守潼川。開禧年間，以顯謨閣直學士知成都府兼本路安撫使，後任四川制置使、四川宣撫使、四川制置使兼知成都府。召還，除兵部尚書兼侍讀。嘉定二年（1209），知建康府兼江淮制置使，旋卒於官，諡莊惠。事蹟見《宋史》卷三九七本傳、《建炎以來朝野雜記》卷十八。樓鑰曾為楊嗣勳送行，作《送楊嗣勳校書守眉山》一詩〔註 167〕。楊嗣勳曾向高似孫贈茯苓，高似孫作詩《楊嗣勳惠茯苓》。

（十二）辛棄疾

辛棄疾（1140～1207），字幼安，號稼軒，歷城（今山東濟南市）人。歷任江陰簽判、建康府通判、湖北及湖南轉運副傳、知潭州兼湖南安撫使、知隆興府兼江西安撫使、知滁州、知江陵府兼湖北安撫使、提點福建路刑獄。晚年支持韓侂冑北伐，被起用為紹興知府兼浙東安撫使、鎮江知府，遭劾去職，憂憤而死。作品集有《稼軒長短句》存世。一生力主抗金，為著名的軍事家、政治家和愛國詞人，詞風豪放，與蘇軾並稱「蘇辛」，《四庫全書總目》稱「其詞慷慨縱橫，有不可一世之概」〔註 168〕。

高似孫與辛棄疾有詩歌往來，高似孫答辛棄疾之詩《答辛幼安》云：「青天不惜日，壯士偏知秋。自古有奇畫，如今空白頭。彼時當再來，吾老不可留。天推璧月上，星人銀河流。躔度若此急，人生與之浮。終夜自起舞，無人共登樓。典謨有陳言，河洛非故州。黃鶴呼不來，誰能理殘裘。」〔註 169〕詩中感歎時光之匆匆，抒發了對辛棄疾英雄暮年而壯志未酬，才華卓越卻不受重用的憤慨，又隱含對當局消極作為、錯失抗金大業歷史機遇的悲歎。據詩中「知秋」「白頭」之語可知，作詩的時間在辛棄疾晚年，即在 1199 至 1207

〔註 167〕　（宋）樓鑰：《攻媿集》卷二，四部叢刊本。

〔註 168〕　（清）紀昀等：《欽定四庫全書總目》，北京：中華書局，1997 年，頁 2793。

〔註 169〕　（宋）劉克莊：《後村先生大全集》卷一百八十，《後村詩話‧續集》，四部叢刊本。

年間。從二人的生平軌跡推測，他們有可能在信州相識。開禧元年（1205），辛棄疾被彈劾罷官，返回鉛山（今江西上饒市鉛山縣）居所，此時已 66 歲。高似孫恰好於嘉泰三年（1203）知信州（今江西上饒市）。

（十三）釋居簡

釋居簡（1164～1246），字敬叟，號北磵，潼川（今四川三臺）人，南宋著名的詩文僧。居杭州飛來峰之北磵十年。後詔遷淨慈，晚居天台。《補續高僧傳》卷二十四有傳。著有《北磵文集》十卷、《北磵詩集》九卷、《外集》一卷、《續集》一卷及《語錄》一卷。居簡與士大夫交遊甚廣，以詩文聞名，文章簡潔而具哲理，其詩主張「以自己為準的」，詩作中不乏關心民生疾苦、國家安危的優秀作品。葉適詩《奉酬般若長老》稱「簡公詩語特驚人」〔註170〕。《四庫全書總目》評其詩文「格意清拔，自無蔬筍之氣」〔註171〕。

高似孫與釋居簡交往甚篤。嘉定五年（1212），釋居簡曾請高似孫為希夷禪師作碑文，《北磵集》卷十《夷禪師碑陰·靈隱》條載：「石鼓既得銘於秘書、侍右郎官高公似孫。」〔註172〕石鼓即為杭州靈隱寺的希夷禪師，號石鼓，是居簡的先師。嘉定十六年（1223），似孫為秘書郎，次年任著作佐郎、兼權侍右郎官。可知作碑文之事當在 1223～1224 年間。

釋居簡與高似孫往來頻繁，多有贈別酬唱之詩，其中釋居簡所作今存六首，高似孫所作僅存一首。釋居簡所作之詩有：《答疏僚高處州論激字》〔註173〕、《謝高秘書雪蕈》〔註174〕、《謝疏僚高秘書同常博王省元見過》〔註175〕、《送侍右秘書高疏僚得處州》〔註176〕、《寄處州高使君疏僚》〔註177〕、《送湯少瞻見疏僚》〔註178〕。《宋才子傳箋證·高似孫傳》所錄居簡詩僅三首，

〔註170〕（宋）葉適：《葉適集》，北京：中華書局，1961 年，頁 127。

〔註171〕（清）紀昀等：《欽定四庫全書總目》，北京：中華書局，1997 年，頁 2178。

〔註172〕（宋）釋居簡：《北磵集》卷十，文淵閣四庫全書本。

〔註173〕（宋）釋居簡：《北磵集》卷六，文淵閣四庫全書本。

〔註174〕（宋）釋居簡：《北磵詩集》卷一，《宋集珍本叢刊》第 71 冊，北京：線裝書局，2004 年，頁 261。

〔註175〕（宋）釋居簡：《北磵詩集》卷五，《宋集珍本叢刊》第 71 冊，北京：線裝書局，2004 年，頁 298。

〔註176〕（宋）釋居簡：《北磵詩集》卷五，《宋集珍本叢刊》第 71 冊，北京：線裝書局，2004 年，頁 299。

〔註177〕（宋）釋居簡：《北磵詩集》卷六，《宋集珍本叢刊》第 71 冊，北京：線裝書局，2004 年，頁 309。

〔註178〕（宋）釋居簡：《北磵詩集》卷七，《宋集珍本叢刊》第 71 冊，北京：線裝書

尚有遺漏。高似孫所作《和居簡師韻》〔註179〕，即為答釋居簡《謝疏僚高秘書同常博王省元見過》之詩而作。從「高處州」「高秘書」這些稱謂來看，作詩時間是高似孫任秘書郎以及知處州這段時間，即在 1223～1228 年間。

（十四）陳校書

陳校書，生平本末不詳。元李衎《竹譜》卷五有高似孫詩《次韻陳校書送鶴竹筍詩》。

（十五）范仲藝

范仲藝（生卒年不詳），字東叔，號覺庵，成都府華陽（今四川成都）人。范百祿之孫。乾道五年（1169）進士。乾道年間，曾入王炎幕府，與陸游為同僚。淳熙七年（1180），累遷為秘書郎。歷任著作郎、軍器監、樞密院檢詳文字、右司郎中等職。紹熙年間，嘗知潼川府，改除湖南路提點刑獄。慶元三年（1197）除宗正少卿。次年，遷中書舍人兼實錄院同修撰。慶元五年（1199），進吏部侍郎。《華陽人物志》有傳。《陽春白雪》卷二有高似孫詞《金人捧露盤·送范東叔給事帥維揚》。

（十六）洪　邁

洪邁（1123～1202），字景盧，號容齋，饒州鄱陽（今江西波陽）人。洪皓季子。幼好學，紹興十五年（1145）中博學宏詞科。乾道年間，歷任中書舍人、兼侍讀、直學士院、同修國史。曾出使金國，威武不屈，有父風。淳熙十三年（1186），為翰林學士。寧宗時，以端明殿學士致仕。卒諡文敏。洪邁博極群籍，學識淵博，尤熟於宋代掌故，著作頗富，著有《容齋隨筆》《夷堅志》《史記法語》《南朝史精語》《經子法語》等。《容齋隨筆》堪稱南宋說部之首。

洪邁年長高似孫三十五歲，是高似孫的長輩。高氏在洪邁晚年曾陪侍身邊，交往密切，其事載於高似孫《文苑英華纂要序》：

> 初，予官越，洪公方在郡，日日陪棣華堂書研，頗及《史語》。公曰：「不過觀書寫筆，示不苟於觀耳。」予曰：「類書帙多字繁，非惟不能盡記，蓋亦未嘗盡見，古人是以有撮取之功。然乃切於自用，非為它人設也。」洪公擊節曰：「此正余意，《鈔》亦出是歟？」〔註180〕

局，2004 年，頁 314。
〔註179〕 見《北磵詩集》卷五《謝疏僚高秘書同常博王省元見過》附錄。
〔註180〕 （宋）高似孫：《文苑英華纂要》卷首，《四庫全書存目叢書》子部第 119 冊，

　　《宋史‧洪邁傳》云：「紹熙改元，進煥章閣學士，知紹興府……明年，再上章告老……是歲卒。」〔註181〕據此可知高氏陪侍洪氏在紹熙元年（1190）左右，此時高似孫任會稽縣主簿，洪邁任紹興府知府。陪侍期間多次討論到《史語》的問題。《史語》可能為洪氏所輯《史記法語》，此書摘《史記》中文句之古雋者，依次標出，亦間錄舊注。洪邁非常重視節本，擅長摘錄精語，輯有《史記法語》《南朝史精語》《經子法語》，這種思想對高似孫影響頗大，高氏《史略》中有多處摘錄人物之精語，還專門列出「史鈔」這一類目，他所編纂的《文苑英華》節本──《文苑英華纂要》就受到了洪氏的啟發，《四庫僵屍總目》即稱此書「仿洪邁《經子法語》之例，鈔合成帙」〔註182〕。

（十七）史定之

　　史定之，字子應，自號月湖漁老，鄞縣（今浙江寧波）人，史浩之孫。以祖廕補修職郎，授豫章丞。紹熙末，為成都府錄事參軍。慶元四年（1198），知邵武縣。嘉泰初，改知蘭溪縣。開禧三年（1207），知吉州。嘉定間，遷提點坑冶鑄錢公事兼知饒州。曾在嘉定年間刊印高似孫《文苑英華纂要》。《文苑英華纂要序》云：「冶使史公來訪越墅，因從容硯僚，見鈔本曰：『鉤玄摘奇，便於後學者也。』書成，索甚力。第二書報已刊。第三書寄刊本令作鈔序，乃誦益公、洪公語以謝好雅。嘉定十六年三月七日高似孫續古識。」〔註183〕冶使史公即指史定之。

（十八）易如剛

　　易如剛（生卒年不詳），龍虎山道士。《龍虎山志》：「易如剛，字仁甫，安仁人。南宋末道士，道法精嚴，尤工詩文。嘉泰年間赴召。制受三茅山崇禧觀左街監義，五遷至左右街都道錄，太乙宮都監，賜號『通妙葆真先生』。理宗立，眷遇益隆。嘉定間，得請還山，卒。」〔註184〕

　　嘉定八年（1215），高似孫應通妙道人易如剛之請作《重修靖通庵記》〔註185〕，文中稱：「通妙道人易君如剛，以文學道義，如玉在山，相攸岩峒

　　　　　　濟南：齊魯書社，1995 年。

〔註181〕（元）脫脫等：《宋史》卷三百七十三，北京：中華書局，1977 年，頁 11573。

〔註182〕（清）紀昀等：《欽定四庫全書總目》，北京：中華書局，1997 年，頁 1730。

〔註183〕（宋）高似孫：《文苑英華纂要》卷首，《四庫全書存目叢書》子部第 119 冊，
　　　　　　濟南：齊魯書社，1995 年。

〔註184〕（清）婁近垣輯：《龍虎山志》卷七《人物》，清乾隆五年刻本。

〔註185〕此文為《高似孫集》補遺所失收。

……擇羽士薛端友重建是庵，迄諧其謀。虛靖後人仁靖先生亦裨助不靳……先公翰林既撰（虛靖）先生傳，通妙君又以《記石》屬似孫，乃作楚語，俾薦泉菊。」〔註186〕靖通庵為龍虎山天師道第三十代天師「虛靖先生」張繼先（1092～1128）所創，易如剛與薛端友等重建。高似孫父文虎曾為張繼先作傳。似孫又應易如剛之請，作騷體賦《記石》以薦泉菊。

高似孫《真誥序》云：「太乙宮高士、玉京外臣易如剛告予以茅山刊《真誥》，敘其略。」〔註187〕

（十九）吳　靜

吳靜，江西道士，生平本末不詳。高似孫《真誥序》云：「少耽黃老說，搜索道家者流幾千家，殫精日月，無能深鑿其鍵。嘗接江西道士吳靜，極言玄事，靜曰：『誤矣！』余驚拜曰：『願學道！』靜曰：『讀《易》乎？讀《易》足矣。』後乃以《易》悟，所得者《易》也。」〔註188〕高似孫結識江西道士吳靜很可能在知信州這一時期。龍虎山即位於信州的貴溪縣（今江西貴溪市），為天師道發祥地。吳靜可能為龍虎山道士。

（二十）尹良弼

尹良弼（生卒年不詳），徽州休寧縣縣令。嘉定十七年（1224），高似孫為尹良弼作《休寧縣禮物記》，對尹良弼在任上的功績大為讚賞：「休寧輔新安郡之縣，其宰任尹良弼，有政有教，聲流大江之東。」〔註189〕

（二十一）齊　碩

齊碩（生卒年不詳），青社（今山東青州）人。嘉定十四年（1221），以宣教郎知台州，期間組織纂修《赤城志》。嘉定十六年（1223），除兩浙東路提舉常平茶鹽。次年知慶元府。寶慶元年（1225），除金部郎官。

嘉定十七年（1224），高似孫應兩浙東路提舉齊碩之請刪訂桑世昌的《蘭亭考》。高似孫《蘭亭考》序載有此事：「今茲浙東臺使齊公屬加匯正，遂略用史法剗裁之。為此書者無非風流大雅之事，又無非博古好事之人，若齊公獨拳拳於此者，是為風流大雅、博古好事之極矣。嘉定十七年秋九月□日，朝議大

〔註186〕　（清）婁近垣輯：《龍虎山志》卷十四《藝文·記五》，清乾隆五年刻本。
〔註187〕　《真誥》卷首，叢書集成初編本。
〔註188〕　《真誥》卷首，叢書集成初編本。
〔註189〕　（明）彭澤修，汪舜民纂：弘治《徽州府志》卷十二，明弘治十五年刻本。

夫、新除秘書省著作佐郎、兼權侍右郎官高似孫謹書。」〔註190〕齊碩《蘭亭考》跋：「內相高公曩嘗序其編首，今吏部復刪潤之，豈非是編之幸！」〔註191〕

（二十二）林　庚

林庚（生卒年不詳），事蹟見嘉靖《江陰縣志》：「林庚，寶慶三年（1227）知江陰縣。多惠愛，嘗增廣漏澤園，又籍餘糧若干，以飼獄囚無家屬者，其生人之政可知已」。〔註192〕《光緒江陰縣志》卷一《建置》：「紹定二年，知縣林庚……建冰玉堂。」〔註193〕

紹定二年（1229），高似孫應江陰知縣林庚之請，為新建成的冰玉堂作記，成《冰玉堂記》一文，稱讚林庚「以才智風猷，裁劃而施行之，饑者盡飽，病者盡蘇，濟有新梁，囚有淨榻，已足以匵服若吏與民矣」。〔註194〕

（二十三）施德懋

施德懋（生卒年不詳），建平縣知縣，事蹟見雍正《建平縣志》：「施德懋，浙江會稽人，端平間進士，典邑事。庚子歲大饑，多方賑恤，全活甚眾。士多失業，公遂招邑弟子教之復學，田伍百餘畝贍焉。修橋樑、治傳舍、招流民，卓有惠政。秩滿遷審計司。」〔註195〕則施德懋約在1234～1240年在建平縣知縣任上，頗有政績，後任審計司。

施德懋與高似孫的交往，見高似孫所作《小石山滄灣亭記》：

> 予在墅，殫極千岩競秀，萬壑爭流，草木薰籠，雲興霞蔚之狀，有非一日。曹能日同予酒，同予筆研，所以考高明之具，闢廣大之觀，意接情諧，若有得於斯者。然非其心胸不凡，目力不俗，筆下不塵埃，則匠幽裁奧，何能頡是哉？書來再三，委載其事。予曾不得同彼酒，同彼筆硯，往往神馳而意騖，又安能為之淋漓傾倒哉？乃歌《江騷》答之，使歌者歌以酒，其必有知戶曹及予者……戶曹

〔註190〕　《蘭亭考》卷首，文淵閣四庫全書本。

〔註191〕　《蘭亭考》卷末，文淵閣四庫全書本。

〔註192〕　（明）趙錦修，（明）張袞纂，劉徐昌點校：嘉靖《江陰縣志》卷十六，上海：上海古籍出版社，2011年，頁291。

〔註193〕　（清）陳延恩等修，李兆洛等纂：道光《江陰縣志》卷一，《中國方志叢書》華中地方第457號，臺北：成文出版社，1983年，頁250。

〔註194〕　（明）趙錦修，（明）張袞纂，劉徐昌點校：嘉靖《江陰縣志》卷十六，上海：上海古籍出版社，2011年，頁9～10。

〔註195〕　（清）衛廷璞修：雍正《建平縣志》卷十七，清雍正九年刻本。

姓施，名德懋，予嘗字曰商輔，同年著作郎兼右司郎官諱槩之子，
矯乎儁秀而端挺者也。紹定二年正月十一日。〔註196〕

此文應施德懋之請而作，施德懋為施槩之子，施槩和高似孫同為淳熙十一
年（1184）進士。施德懋與高似孫關係甚密，常從之遊，高似孫稱他「矯乎儁
秀而端挺」。

（二十四）陳堯章

陳堯章生平本末不詳。高似孫《八景樓記》：「陳君堯章甘棲其濱，斲其麓，
凡海情狀，以智受之，又希昔人所以心乎愛矣者，為其遊息之物。高明之具雖
未得，拍斯闌，建斯酒，固已翛然望蓬萊之雲氣，懷乘桴之壯遊。」〔註197〕

三、見於其他書傳者 13 人

（一）樓　鑰

樓鑰（1137～1213），字大防，號攻媿主人，汪大猷外甥，明州鄞縣（今
浙江寧波）人。孝宗隆興元年（1163）進士，任溫州教授、宗正寺主簿、知溫
州，光宗時任考功郎中、中書舍人，遷給事中，寧宗時權吏部尚書兼侍讀。出
知婺州，移寧國府，慶元黨禁中被奪職。韓侂冑被誅後，起為翰林學士，遷吏
部尚書，除同知樞密院事。嘉定二年（1209），進參知政事。樓鑰雖為理學家，
但為學篤實，博採兼取，學問賅博，詩文皆工。性喜藏書，聚書逾萬卷，精於
校讎，他所寫的題跋將近 400 篇，為清儒所重，王士禎說「諸體中題跋最勝」
〔註198〕，《四庫全書總目》稱「尤多元元本本，證據分明」〔註199〕。

樓鑰與高家關係匪淺，交往密切，與高閌次子高得全為親家〔註200〕。他
曾為高閌《春秋集注》作序，對高閌極為推崇，稱高文虎「博學篤志，承伯父
之傳」。〔註201〕樓鑰對同鄉後學高似孫頗為欣賞，極力推薦他代替自己任給事
中這樣的要職，見樓鑰《除給事中舉高似孫自代狀》：「右，伏見文林郎、紹興

〔註196〕（明）趙錦修，（明）張袞纂，劉徐昌點校：嘉靖《江陰縣志》卷五，上海：
上海古籍出版社，2011 年，頁 67。

〔註197〕（宋）林表民：《赤城集》卷十四，文淵閣四庫全書本。

〔註198〕（宋）王士禎：《居易錄》卷十一，文淵閣四庫全書本。

〔註199〕（清）紀昀等：《欽定四庫全書總目》，北京：中華書局，1997 年，頁 2133。

〔註200〕樓鑰詩《送高仲遠赴滁倅》云：「今日當門戶，友愛深弟昆……與我親兒女，
次第了嫁婚」，見《攻媿集》卷三，清武英殿聚珍版叢書本。

〔註201〕（宋）樓鑰：《攻媿集》卷五十四，《黃州貢院記》，清武英殿聚珍版叢書本。

府會稽縣主簿高似孫，夙有俊聲，能傳家學，詞章敏贍，吏道通明，臣今舉以自代。」〔註202〕據《南宋館閣續錄》卷九記載，樓鑰「（紹熙）五年二月，以中書舍人兼（實錄院同修撰）。九月為給事中，仍兼」，則樓鑰向宋光宗薦高似孫以自代在 1194 年。

（二）劉克莊

劉克莊（1187～1269），字潛夫，號後村居士，福建莆田人。嘗受學於真德秀。以世廕補官，淳佑六年（1246），賜同進士出身，任秘書少監兼中書舍人，累官至工部尚書，以龍圖閣學士致仕。卒諡文定。著有《後村先生大全集》196 卷。劉克莊為南宋晚期文壇宗主，不僅是江湖詩人的代表，而且詩詞深受陸游、辛棄疾影響，是繼陸、辛之後的愛國詩詞家，因主張收復中原、抨擊時弊，屢遭貶黜。劉克莊在史學上亦負盛名，宋理宗稱他「文名久著，史學尤精」〔註203〕。

高似孫與劉克莊的交往始於嘉定十七年（1224），劉克莊《後村詩話》續集卷四載：

> 癸未（1223）甲申，余自桂林入都改秩。一日自外歸，逆旅主人云：「有二客訪君不遇，留刺而去。」視之，蓋高續古、鍾春伯二館職也，皆素昧。明日往謝，高云：「吾於陸伯敬處見子某詩。」鍾云：「吾於南唐處見子四六。相約訪君，共論此事，何相避之深也！」鍾惠四六一卷，高遺《疏僚詩》二冊。未幾，鍾顯貴，高出館，不復入。今皆物故。余老矣，四六姑置，惟詩結習未忘，所得《疏僚詩》二冊，前已摘出一二聯，後得其全集，數倍於舊，老筆如湘弦泗磬，多人間俚耳所未聞者，有石湖、放翁、誠齋之風。部帙既多，不能遍閱，姑錄其警語於編，以備遺忘。〔註204〕

1223 年高似孫任秘書郎，與館閣同事鍾震相約拜訪住在杭州旅館的劉克莊，當天沒有見到，第二天劉克莊到館閣答謝，高似孫贈他《疏僚詩》二冊，自此相識，後來又將《疏僚詩》全集贈給劉克莊。劉克莊對高似孫詩評價甚

〔註202〕（宋）樓鑰：《攻媿集》卷三十一，清武英殿聚珍版叢書本。
〔註203〕（宋）劉克莊：《後村先生大全集》卷七十六，《辭免賜同進士出身除秘少狀·丙午》，四部叢刊本。
〔註204〕（宋）劉克莊：《後村先生大全集》卷一百八十，《後村詩話·續集》，四部叢刊本。

高，稱其「老筆如湘弦泗磬，多人間俚耳所未聞者，有石湖、放翁、誠齋之風」，評《題四聖觀》詩「極藻繪追琢之功，二宋殆不能過」，贊《答辛幼安》詩「此篇甚高古」。〔註205〕劉克莊《茶山誠齋詩選序》謂：「初，陸放翁學於茶山，而青於藍。徐淵子、高續古曾參誠齋，警句往往似之。」〔註206〕《後村詩話》前集：「高續古《題四聖觀》云：『射熊館暗花扶屐，下鵠池深柳拂舟。』極藻繪追琢之功，二宋殆不能過。晚兼都官，《題直舍》云：『無詩如鄭谷，有法似馮唐。』亦警策。」〔註207〕

（三）鍾　震

鍾震（生卒年不詳），字春伯，善化（今湖南長沙）人。紹熙五年朱熹講學嶽麓書院時，受業門下。於湘潭築主一書院，講學其中，湘南之士，從之甚盛。慶元二年（1196）進士。嘉定十五年（1222），除國子博士。嘉定十六年（1223）正月，任秘書郎，七月任著作佐郎。嘉定十七年（1224），任秘書丞，同年高似孫入秘書省任秘書郎，與鍾震相識。端平元年（1234），任吏部侍郎兼同修國史、實錄院同修撰。事見《南宋館閣續錄》卷七、八、九。嘉定十七年（1224），鍾震與高似孫結伴，前往探訪劉克莊，事見於劉克莊《後村詩話》續集。

（四）蘇　泂

蘇泂（生卒年不詳），字召叟，山陰（今浙江紹興）人，蘇頌四世孫，江湖詩人。曾隨祖宦遊入蜀，以薦作過短暫朝官，後落拓走四方，在荊湖等地作幕賓，曾再入建康幕府，身歷開禧北伐，終偃蹇不遇，有《金陵雜興》二百首。以詩名，嘗師事陸游，與辛棄疾、劉過、王柟、潘檉、趙師秀、周文璞、姜夔、葛天民等人往來唱和。其詩法源於陸游，「其所作皆能鑱刻淬煉，自出清新，在江湖詩派之中可謂卓然特出」〔註208〕。《直齋書錄解題》著錄《冷然齋集》二十卷、《冷然齋詩餘》一卷，均佚。清四庫館臣從《永樂大典》中輯為《冷然齋集》八卷。

〔註205〕　（宋）劉克莊：《後村先生大全集》卷一百八十，《後村詩話・續集》，四部叢刊本。

〔註206〕　（宋）劉克莊：《後村先生大全集》卷九十七，《茶山誠齋詩選序》，四部叢刊本。

〔註207〕　（宋）劉克莊：《後村先生大全集》卷一百七十四，《後村詩話・前集》，四部叢刊本。

〔註208〕　（清）紀昀等：《欽定四庫全書總目》，北京：中華書局，1997年，頁2170。

蘇泂與高似孫唱和之詩作頗多，有《次韻高秘書謁陸待制》二首、《問訊知府高校書》《東墅次高秘書韻》《次韻高秘書》《簡高秘書》《走筆謝高秘書送示詩文》《奉和高秘書雪中雜興》。

（五）汪莘

汪莘（1155～？），字叔耕，休寧（今安徽休寧）人，新安理學家。幼從學於呂希哲，不事科舉，退安丘園讀《易》，後屏居黃山。嘉定間應詔上書，不報。徐誼帥江東，以遺逸薦，亦不果。遂築居休寧柳塘之上，圍以方渠，自號方壺居士，學者稱柳塘先生。與朱熹頗友善，在朱子的影響下研究理學，為朱熹在徽州的及門弟子。曾於休寧柳溪書院講學。著述有《方壺存稿》《方壺詩餘》《方壺詞》。明弘治《徽州府志》卷九、《新安文獻志》卷八十七有傳。工詩詞、文章，詩學李白，詞則推崇蘇軾、朱敦儒、辛棄疾，為文雄壯奇偉。

高似孫在徽州通判任上，與徽州學者多有交遊，汪莘即其中之一。《方壺存稿》載有汪莘詩《辛酉正月初八日入郡赴高校書之約二十二日出西郊即事》〔註209〕，此詩作於嘉泰元年（1201 年），汪莘應高似孫之約到徽州治所歙縣與之相見。汪莘還作有《壽高秘書》詩〔註210〕，為高似孫祝壽。

（六）洪諮夔

洪諮夔（1176～1236），字舜俞，號平齋，於潛（今浙江臨安）人。嘉泰二年（1202）進士，授如皋主簿，尋為饒州教授。嘉定中，為成都府通判。嘉定十七年（1224），召為秘書郎。寶慶元年（1225），遷金部員外郎，轉考功員外郎，拜監察御史。端平元年（1234），為中書舍人。累官至刑部尚書、翰林學士、端明殿學士。為官耿直，屢次上次抨擊弊政。事蹟具《宋史》本傳。著述有《春秋說》三十卷、《平齋文集》三十二卷、《平齋詞》一卷。詩受江西詩派影響，詞風似稼軒。

洪諮夔與高似孫多有唱和，今存洪諮夔詩三首，有《和高似孫省中雪》：「升平見一斑，未臘得三雪。天開銀色界，人立水晶闕。小團醉後煮，清夢梅邊說。莫道石渠春，不似山陰月。」〔註211〕《和續古蜜術》：「參桂齊名骨自

〔註209〕（宋）汪莘：《方壺存稿》卷七，《北京圖書館古籍珍本叢刊》第 88 冊，北京：書目文獻出版社，1998 年，頁 747。

〔註210〕（宋）汪莘：《方壺存稿》卷五，《北京圖書館古籍珍本叢刊》第 88 冊，北京：書目文獻出版社，1998 年，頁 738。

〔註211〕（宋）潛說友：《咸淳臨安志》卷十五，《宋元浙江方志集成》第 1 冊，杭州：

香，百花釀醑助甘涼。含金咀玉風標別，消得肩吾為發揚。」〔註212〕《和續古謝送墨》:「黑月鬒雲脫太清，海風吹上筆頭輕。瑣窗冷透芙蕖碧，定有新銘到九成。」〔註213〕

（七）陸伯敬

陸伯敬與高似孫的交往亦見於劉克莊《後村詩話》續集，高似孫稱於陸伯敬陸伯敬處看到了劉克莊所作之詩，因而欲前往探討劉克莊。陸伯敬事蹟史志均不載，惟釋居簡《跋西嶽降靈圖》稱:「嘗見諸白玉樓畫於臨川陸伯敬，伯敬，象山之子。」〔註214〕可知，陸伯敬，臨川人，陸九淵之子。

（八）吳惟信

吳惟信（生卒年不詳），字仲孚，號菊潭，霅川（今浙江湖州）人，寓居嘉定（今上海市）白鶴村。不喜官場，布衣終身。記聞該博，有詩名。工於七律、七絕，其詩清雅秀麗，吳中老儒麋先生拜其為「謫仙人」，翁方綱《石洲詩話》稱其「小詩極有意味」。著有《菊潭詩集》一卷。其傳記資料散見《宋詩紀事》《齊東野語》《江湖後集》等。

吳惟信與高似孫多有酬唱，吳惟信贈給高似孫的兩首詩《上高疏僚處州守》和《寄越上高疏僚》分別作於高似孫知處州和閒居嵊縣時期。《上高疏僚處州守》詩中稱似孫「道接聖賢韓愈學，詩關風教杜陵心」，對他評價甚高。

（九）王　萬

王萬（?～1234），字萬里，號淡齋，邛州蒲江（今屬四川成都市蒲江縣）人，魏了翁門人。博通經術，尤善《戴氏禮》。嘉定三年（1210），類省試第一，故被高似孫稱為「王省元」。歷仕資州教授、敘州教授、除吏部架閣文字、太常錄、太常博士、知廣安軍、知紹熙府，積官朝散郎。主張以理學治國，提出厚風俗在於明人倫，尊朝廷在於聚賢才，崇學校在於養士氣。著有《心銘》《淡齋規約》等。事蹟見魏了翁《太常博士知紹熙府朝散郎王聘君墓誌銘》（《鶴山先生大全集》卷八十六）、《宋元學案》卷八十《鶴山學案》。

高似孫任秘書郎時，曾與太常博士王萬一同前往拜訪釋居簡，《北磵詩集》有居簡《謝疏僚高秘書同常博王省元見過》詩:「友生朱與葛，月旦說

　　　　　　杭州出版社，2009年，頁485。
〔註212〕（宋）洪諮夔:《洪諮夔集》，杭州:浙江古籍出版社，2015年，頁104。
〔註213〕（宋）洪諮夔:《洪諮夔集》，杭州:浙江古籍出版社，2015年，頁105。
〔註214〕（宋）釋居簡:《北磵集》卷七，文淵閣四庫全書本。

疏僚。老錫思投越，春江夢趁潮。句新哦易熟，燈喜剪難消。聞道搴旗鼓，山林不寂寥。不縱青雲步，行間著得麼。官居最華要，吟似老頭陀。行輩今差少，聲名早厭多。猶將三萬軸，清夜答絃歌。」〔註215〕

（十）史彌寧

史彌寧（生卒年不詳），字安卿，號友林，鄞縣（浙江寧波）人，史浩之姪，史源之子。《宋史》無傳。嘉定中以國子舍生，帶閤門宣贊舍人，知邵陽軍。有詩名，厲鶚《友林乙稿跋》稱「安卿詩宗蕭千巖，清疏有出塵之致」〔註216〕。著有《友林詩稿》二卷，今存《友林乙稿》一卷。

南宋時，詩人結社風氣盛行，史彌寧與同鄉高似孫於慶元、嘉定年間曾在鄞縣組織詩社。全祖望《句餘土音》序稱：「吾鄉詩社，其可考者……慶元、嘉定而後……高疏僚、史友林別有詩壇，則從事於苦吟者也。」〔註217〕可見二人在詩風上在相似之處。陳小輝《宋代詩社研究》也認為，高似孫曾設有寧波詩社，史彌寧參與其中。

（十一）韓侂胄

韓侂胄（1151～1207），字節夫，韓琦曾孫，安陽（今河南安陽）人。以策立寧宗有功，自宜州觀察使兼樞密都承旨，加開府儀同三司，累遷少師，封平原郡王，進太傅，拜太師，除平章軍國事，權傾一時。斥理學為偽學，興「慶元黨禁」。力主北伐，收復中原。追封岳飛為鄂王，奪秦檜王爵。開禧北伐失敗後被誅。

劉克莊《龍學行隱傅公行狀》、陳振孫《直齋書錄解題》、《慶元黨禁》、《宋史全文》等文獻均認為高似孫曾向韓侂胄獻九錫詩，傅伯成彈劾他「有無君之心」。

（十二）周之瑞、周之章

據《剡南高氏宗譜》所載之《疏僚公行述》，似孫「嘗與舅氏周子瑞、周子章等同學，晨夕坐談文藝，討論典制，相契最厚。」〔註218〕按，「周子瑞、

〔註215〕（宋）釋居簡：《北磵詩集》卷五，《宋集珍本叢刊》第71冊，北京：線裝書局，2004年，頁298。

〔註216〕（清）厲鶚撰，羅仲鼎、俞浣萍點校：《厲鶚集》，杭州：浙江古籍出版社，2016年，頁616。

〔註217〕（清）全祖望：《鮚埼亭集外編》卷二十五，四部叢刊本。

〔註218〕高我桂等修：《剡南高氏宗譜》卷一。

周子章」當為「周之瑞、周之章」之誤。阮元《兩浙金石志‧宋紹興府進士題名碑》載：「周之瑞（汝能侄），淳熙十四年王容榜進士；周之章（之瑞弟），嘉定元年鄭自誠榜進士。」〔註219〕周之瑞、周之章是高似孫的表舅，周氏家族為剡縣的科舉世家。

〔註219〕　（清）阮元：《兩浙金石志》卷十，四部叢刊本。

附錄三 童子希《子部專科目錄——
子略》

一、《子略》的版本

《子略》的主要版本有日本內閣文庫藏南宋刊本、南宋左圭《百川學海》本、《學津討原》本和四庫全書本。現存宋本《子略》有兩種，國內為左圭《百川學海》本，該本流傳最廣，影響也最大，明清以來的翻刻本及抄本眾多。《學津討原》本和四庫全書本均源於《百川學海》本。日本則保存了另一種宋本，藏於內閣文庫。

（一）日本內閣文庫藏南宋刊本

此本今藏於日本國立公文書館內閣文庫，漢 5208 號。一冊，僅存目及前三卷（缺第四卷）。封面墨書題《高氏子略》，書前有寶慶元年自序（未題撰人與年代）。卷一為《子略目》，撰者題「高似孫續古」，卷二至卷三為正文，卷四缺。版心有刻工名「吳茂」「王進」「王日」「金振」「王桂」「昌」「桂」「吳」「王」「進」「金」「茂」「日」。行款、藏書印與內閣文庫藏南宋刊本《史略》相同，僅無「日本政府圖書」印，則兩書當是同一機構所刻，在日本的收藏情況亦相同。董康認為兩書同時刊刻，《書舶庸譚》云：「《子略》三卷，與前（指《史略》）同一行款，蓋同時梓行。前有序目，序未署名。」〔註1〕在避諱上，「恒」「貞」「匡」有缺筆，《子略目》所錄《通志·藝文略》中《桓

〔註1〕 （清）董康：《書舶庸譚》卷八，《書目題跋叢書》，北京：中華書局，2013年，頁 262。

子新論》作《元子新論》,「桓譚」作「元譚」(避宋欽宗趙桓諱)。此本國內各書目均未見著錄,為海外孤本,其版本價值值得重視。

(二)南宋左圭《百川學海》本及翻刻本

南宋咸淳年間,左圭刻《百川學海》叢書,收錄有《子略》一書。此本為國內最早的刻本,今藏國家圖書館,自序頁缺,卷一為《子略目》,卷二至卷四為正文。鈐印有「季振宜藏書」「劉占洪少山氏珍藏」「東萊劉占洪字少山藏書之印」。目錄每半頁十二行,行十六字。正文每半頁十二行,行二十字。注文雙行,細黑口,左右雙邊,雙魚尾,版心內有子書名、頁碼。今國圖《中華再造善本叢書》第36~37冊收錄此本《子略》,自序缺頁據明弘治華氏翻宋本補。對於《百川學海》本,顧頡剛並不滿意:「《百川》本時代雖早,可是刻得太壞,誤字滿紙。」〔註2〕這一評價未免有些誇張。

由於《百川學海》叢書流傳較廣,明華燧會通館活字本、明弘治十四(1501)年華珵刻本、明嘉靖十五(1536)年福建建陽鄭氏宗文堂刻本、民國十六年(1927年)武進陶湘涉園刻本均據《百川學海》本翻刻。

(三)清嘉慶十年(1805)照曠閣《學津討原》本及影印本

此本每半頁九行,行二十一字,黑口,左右雙邊。前有《四庫全書提要·子略》《子略序》,卷一至四為正文,後附張海鵬跋,末附《子略目》,更改了《百川學海》本的編次。張海鵬跋曰:「宋槧久廢,茲從《百川學海》中錄出,為校正脫訛四百餘處,復取《隋》《唐》諸志及馬、鄭兩家之書,覈其篇目,悉為釐正,稍還高氏之面目云。」

《四明叢書》本、《叢書集成初編》本、《四部備要》本均據《學津討原》本影印。

(四)四庫全書本

此本係取《百川學海》與《學津討原》本《子略》重新核訂而成,竄改處較多,如《子略》「曾子」條「予續先太史《史記注·七十二弟子傳》」,「續」字改為「讀」;「莊子」條「長江長河」改為「長江大河」;「鬻子」條「非二公之言殊相經緯」改為「蓋二公之言實相經緯」;「戰國策」條引柳宗元《非國語》序「余懼世之學者惑其文采而淪其是非」,四庫本將「淪其是非」改為

〔註2〕 顧頡剛主編:《古籍考辨叢刊》第一集,北京:社會科學文獻出版社,2010年,頁608。

「不論其是非」。顧頡剛稱四庫本「為求文從字順，時時憑意竄改」〔註3〕。

此外，明吳琬所輯類書《三才廣志》（明抄本，今存天一閣文物保管所）卷 675 至 680 全文抄錄了《子略》（缺《子略序》）。《子略》的整理本有顧頡剛校點本（北平樸社 1928 年版）、張豔雲和楊朝霞校點本《史略·子略》（新世紀萬有文庫，遼寧教育出版社 1998 年版）、王群栗校點本《高似孫集·子略》（浙江文叢，浙江古籍出版社 2015 年版）和司馬朝軍《子略校釋》（子海精華編，山東人民出版社 2018 年版）。

二、《子略》的內容

此書卷一為《子略目》，依次節抄《漢書·藝文志》、《隋書·經籍志》、《唐書·藝文志》、庾仲容《子鈔》、馬總《意林》和鄭樵《通志·藝文略》的子部，只著錄書名、撰人、卷數，諸家注本則用小字注於該書之下。此目摘抄舊志，雖然其學術價值並不高，但可根據高似孫選擇子書的標準以及他對舊志的評價，瞭解他的目錄思想與分類理念。《子略》卷二至卷四著錄諸子共三十八家，包括《陰符經》《風后握奇經》《八陣圖》《鬻子》《六韜》《孔叢子》《曾子》《魯仲連子》《晏子》《老子》《莊子》《列子》《文子》《戰國策》《管子》《尹文子》《韓非子》《墨子》《鄧析子》《亢桑子》《鶡冠子》《孫子》《吳子》《范子》《鬼谷子》《呂氏春秋》《黃石公素書》《淮南子》《新書》《鹽鐵論》《論衡》《太玄經》《新序》《說苑》《抱朴子》《文中子》《元子》《皮子隱書》，每家分別撰有提要。從《子略》的分卷編排來看，卷二至卷三收錄的都是先秦子書，而卷四《黃石公素書》《淮南子》《新書》《鹽鐵論》《論衡》《太玄經》《新序》《說苑》《抱朴子》《文中子》《元子》《皮子隱書》（《呂氏春秋》除外），均為漢代至唐代的子書。

高似孫在《子略》自序中對該書宗旨以及諸子的功用進行闡述：

> 六經後，士以才藝自聲於戰國、秦、漢間，往往騁辭立言，成一家法。觀其跌宕古今之變，發揮事物之機，智力足以盡其神，思致足以殫其用。其指心運志，故不能盡宗於經，而經緯表裏，亦有不能盡忘乎經者。使之純乎道，昌乎世，豈不可馳騁規畫，鈞錚事功，而與典謨、風雅並傳乎。所逢如此，所施又如此，終亦六六與

〔註3〕 顧頡剛主編：《古籍考辨叢刊》第 1 集，北京：社會科學文獻出版社，2010 年，頁 608。

群言如一，百氏同流，可不嗟且惜哉！嗚呼！仲尼皇皇，孟子切切，猶不克如皋、夔，如伊、呂、周、召，況他乎？至若荀況、揚雄氏、王通、韓愈氏，是學孔孟者也，又不可與諸子同日語。或知此意，則一言可以明道藝，究籲謨；可以立身養性，致廣大，盡高明；可以著書立言，丹青金石，垂訓乎後世也。顧所擇如何耳，審哉！審哉！乃繫以諸子之學，必有因其學而決其傳，存其流而辨其術者，斯可以通名家，究指歸矣。作《子略》。〔註4〕

漢代以降，諸子被視為「六經之支與流裔」（《漢書‧藝文志》），以至於淪為經學附庸，諸子之學久不為學者所重，而高似孫治學以博雅為宗，對諸子頗為重視，他對經子關係提出了新的認識，認為諸子「不能盡宗於經」「不能盡忘乎經」，經與子是「經緯表裏」的關係。在宋儒普遍尊崇儒道、闢諸子為離經畔道的時代背景下，高似孫的這一見解尤為可貴，堪稱卓識。宋衛湜《禮記集說》卷一一七引嚴陵方氏曰：「經者，緯之對。經有一定之體，故為常。緯則錯綜往來，故為變。聖人之言，道之常也。諸子百家之言，道之變也。故聖人之言特謂之經焉。」正與高氏之說相發明。清儒對經子之間的密切關係多有論述，如朱一清《無邪堂答問》卷二稱「周秦諸子，文字訓詁又多與經相出入」，張之洞《輶軒語‧語學》指出「子有益於經者三：一證佐事實，一證補諸經訛文、佚文，一兼通古訓、古韻」。考其本源，則高氏《子略》已先言之。

高氏還認為子與經可以並傳後世，同時總結了諸子之學的作用在於「跌宕古今之變，發揮事物之機」、「純乎道，昌乎世」、「明道藝，究籲謨」、「立身養性，致廣大，盡高明」、「著書立言，丹青金石，垂訓乎後世」、「通名家，究指歸」。該序指明《子略》的編纂宗旨在於「因其學而決其傳，存其流而辨其術」，即辨別諸子之學術源流。

高氏在《子略》一書中對經子「經緯表裏」的觀點有進一步的發明。高氏對《易》相當重視，稱《易》為解「道」之要，高氏自述他治《易》的心得體會：「予自少惑於方外之說，凡丹經卦義、秘籍幽篇，以至吐納之香、餐煉之粹，沉潛啟策，幾數百家，靡不竭其精而頤其隱，破其鋌而造乎中，猶未以為得也。於是棄去，日攻《易》，日讀《繫辭》，所謂天地之幾、陰陽之妙，相與

〔註4〕 司馬朝軍：《子略校釋》，《子略序》，濟南：山東人民出版社，2018 年，頁 1。

橐籥之、甄治之，而吾之道盡在是矣。」〔註5〕可見高氏對《易》下過不少工夫。《子略》對諸子與《易》的淵源關係提出了自己的看法。如《子略》卷二《老子》提要云：

> 卦始於犧，重於文王，成於孔子，天人之道極矣。究人事之始終，合天地之運動，吉凶悔吝，禍福興衰，與陰陽之妙，迭為銷復，有無相乘，盈虛相蕩，此天地之用，聖人之功也。《易》有憂患，此之云乎？《書》紀事，《詩》考俗，《春秋》以明道，《禮》《樂》以稽政，往往因其行事，書以記之者也。《易》之作，極聖人之蘊奧，而天下無遺思矣。《老子》之學，於道深矣。反覆其辭，鉤研其旨，其造辭立用，特欲出於天地範圍之表，而道前古聖人之所未道者，然而不出於有無相乘、盈虛相蕩之中。所謂道者，蓋犧皇之所鑿，周、孔之所貫，豈復有所增損哉？六經之學，立經垂訓，綱紀萬世。老氏用心，又將有得於六經之外，非不欲返世真淳、挈民清淨。〔註6〕

高氏對《老子》與六經的關係進行討論，認為《老子》與《易》淵源頗深，《易》之「道」在於探究人事始終、天地運動、吉凶悔吝、禍福興衰與陰陽之妙，《老子》之「道」源自於《易》，其「返世真淳、挈民清淨」的作用與六經「立經垂訓，綱紀萬世」的功用相通。高氏將《老子》與六經相提並論，強調《老子》的重要價值。《子略》卷二《莊子》提要也說明《老子》與《周易》的聯繫：「《道德》三千言，辭絜旨謐，澹然六經之外，其用則《易》也。」〔註7〕

高似孫將《陰符經》列為《子略》之首，對該書極為推重，稱《陰符經》「雖與八卦相表裏，而其辭其旨，涉乎幾、入乎深」〔註8〕。高氏指出《陰符經》與《周易》的八卦相表裏，與《周易》存在密切聯繫，這也是他不認同唐李荃偽撰說的一個理由。高似孫的見解與現代學者的研究頗有相合之處。〔註9〕

高氏在論述《風后握奇經》與《周易》的淵源關係時說：「《風后握奇經》

〔註5〕司馬朝軍：《子略校釋》，濟南：山東人民出版社，2018年，頁359。
〔註6〕司馬朝軍：《子略校釋》，濟南：山東人民出版社，2018年，頁265。
〔註7〕司馬朝軍：《子略校釋》，濟南：山東人民出版社，2018年，頁280～281。
〔註8〕司馬朝軍：《子略校釋》，濟南：山東人民出版社，2018年，頁208～209。
〔註9〕關於《陰符經》與《周易》的關係問題，參見梁琦：《〈陰符經〉對〈周易〉的繼承與發展》，《周易研究》2019年第1期。

三百八十四字，其妙本乎奇正相生，變化不測，蓋潛乎伏羲氏之畫，所謂天、地、風、雲、龍、鳥、蛇、虎，則其為八卦之象明矣。蓋注『奇』讀如『奇耦』之『奇』，則尤可與《易》準……所謂八陣者，特八卦之統爾。」〔註10〕高氏認為《風后握奇經》中的天、地、風、雲、龍、鳥、蛇、虎八陣與八卦之象相合，八陣實際上源於《周易》。

揚雄《太玄經》為擬《周易》而作，高似孫對揚雄《太玄經》闡發《周易》之功予以極高評價：「《易》經三聖以經天、地、人之道。是道也，吉凶悔吝、消息盈虛，雖天地鬼神無所藏其蘊，而匹夫匹婦可與知者也。楊雄氏欲以一人之力而規三聖所成之功，是為難乎？子雲豈不知此者？然則子雲亦有得於《易》之學而欲自神其用，其曰：『天以不見為玄，地以不形為玄，人以腹心為玄。』此子雲之所以神者也。」〔註11〕高氏認為楊雄深得《易》學，指出楊雄作《太玄經》的本意就在於發明《周易》之功用。

此外，《子略》對諸子與《詩》《書》《禮》等其他經書的關係也有所論及，如《子略》卷三《墨子》提要說：「《墨子》稱堯曰：『采椽不斫，茅茨不剪。』稱周曰：『嚴父配天，宗祀文王。』又引『若保赤子』『發罪惟均』，出於《康誥》《泰誓》篇，固若依於經、據於禮者。」〔註12〕高氏指出《墨子》一書中有源於《孝經》《尚書》的內容。《子略》卷一《曾子》提要論《曾子》與《禮記》的淵源：「自《修身》至於《天圓》，已見於《大戴禮》，篇為四十九、為五十八。它又雜見於《小戴禮》。」〔註13〕又如，《子略》卷一《太公金匱六韜》提要論此書與六經的關係：

> 武王之問太公曰：「何以知人心？」王時寢疾，太公負而起之曰：「行迫矣，勉之。」武王乃駕鶩宴之車，周旦為之御，至於孟津。大黃參連弩、大才扶胥車、電影……吹鳴箛。審此，則康成所曰「兵甲之強，師率之武」為可考歟？亦《詩》所謂「檀車煌煌，駟騵彭彭」者也。又考諸武王曰：「殷可伐乎？」太公曰：「天與不取，反受其咎。」武王又曰：「諸侯已至，士民何如？」太公曰：「大道無親，何急於元士。」武王又曰：「民吏未安，賢者未親，何如？」太公曰：「無故無新，如天如地。」其言若有合於《書》

〔註10〕司馬朝軍：《子略校釋》，濟南：山東人民出版社，2018年，頁227～228。
〔註11〕司馬朝軍：《子略校釋》，濟南：山東人民出版社，2018年，頁351。
〔註12〕司馬朝軍：《子略校釋》，濟南：山東人民出版社，2018年，頁304。
〔註13〕司馬朝軍：《子略校釋》，濟南：山東人民出版社，2018年，頁251。

者。《詩》之上章曰「保右命爾，燮伐大商」「上帝臨汝，無貳爾心」。

此之謂歟？〔註14〕

高氏指出《太公金匱六韜》一書中的內容既與《詩經・大雅・大明》及鄭玄箋相印證，又與《尚書》的記載相合。

三、《子略》與《意林》的關係

高似孫對庾仲容《子鈔》和馬總《意林》極為推重，他在《子略目》中對《意林》的重要價值有這樣的論述：

> 《子鈔》百十有七家，仲容所取，或數句，或一二百言，是有以契其意、入其用而他人不可共享者也。馬總《意林》，一遵庾目，多者十餘句，少者一二言，比《子鈔》更為取之嚴、錄之精且約也。戴叔倫序其書曰：「上以防守教之失，中以補比事之闕，下以佐屬文之緒，有疏通、廣博、潔淨、符信之要，無僻放、拘刻、讖蔽、邪蕩之患。」亦足以發其機、寫其志矣。孔子曰：「雖小道，亦有可觀。」是於諸子未嘗廢也。聖人既遠，承學易殊，義向之少純，言議之多詭，則百氏之為家，不能盡叶乎一，亦理之所必然也。當篇籍散闕、人所未見之時，而乃先識其名，又得其語，斯足以廣聞見、助發揮，何止嘗鼎臠、啖雞跖也。〔註15〕

在高氏看來，諸子在流傳的過程中散佚嚴重，《意林》很大程度上保存了子書的舊貌，可以增廣見聞，對於研讀諸子有重要作用，《意林》採錄之精嚴勝於《子鈔》。高似孫撰寫《子略》時往往根據《意林》採錄的文本加以立論。清藏書家周廣業（1730～1798）校勘《意林》時已經注意到這個現象，周氏《意林例言》云：「《易林》為學家壯觀，而其名在五季，尚未甚著，故劉昫但云《子鈔》，《藝文》亦不著錄，宋葉少蘊、王伯厚、洪景盧諸公始盛稱之，《埤雅》《路史》等書並見採錄，而高氏《子略》往往全用其語，蓋雖帳中之秘，不是過矣。」〔註16〕那麼，在《子略》的引文中，究竟有多少內容引自《意林》？這一問題有必要加以探究。以下按《子略》原文順序進行考論：

1.《子略》「鬻子」條：「發政施仁謂之道，上下相親謂之和，不求而得謂

〔註14〕司馬朝軍：《子略校釋》，濟南：山東人民出版社，2018年，頁242～243。

〔註15〕司馬朝軍：《子略校釋》，濟南：山東人民出版社，2018年，頁166。

〔註16〕（清）周廣業：《蓬廬文鈔》卷八，周氏種松書塾刻本

之信，除天下之害謂之仁。」

今按，此句《鷸子》原文作：「發教施令為天下福者謂之道，上下相親謂之和，民不求而得所欲謂之信，除去天下之害謂之仁。」《意林》「鷸子」條引作：「發政施令天下福謂之道，上下相親謂之和，不求而得謂之信，除天下之害謂之仁。」因此，《子略》此段實引自《意林》。「發政施令天下福」，《子略》引作「發政施仁」，疑誤引。

2.《子略》「鷸子」條：「君有六守：仁、義、忠、信、勇、謀。」

今按，此句《鷸子》原文作：「君有六守、三寶。文王曰：『六守者，何也？』太公曰：『一曰仁，二曰義，三曰忠，四曰信，五曰勇，六曰謀，是謂六守。』」《意林》「鷸子」條引作：「君有六守、三寶。六守者，仁、義、忠、信、勇、謀。三寶者，農、工、商。」

3.《子略》「鷸子」條：「《藝文志》敘鷸子名熊，著書二十二篇。今一卷，六篇。」

今按，高氏所謂「今一卷，六篇」的本子並非宋時傳本，因為宋代流傳的有三種本子：一是《郡齋讀書志》著錄的十四篇本，二是高似孫的家傳十二篇本，三是《直齋書錄解題》著錄的陸佃校十五篇本。檢《意林》「鷸子」條，首曰：「《藝文志》云名熊，著子二十二篇。今一卷，六篇。」所以，此句抄自《意林》無疑。

4.《子略》「曾子」條：「君子愛日，及時而成，難者不避，易者不從。且就業，夕自省，可謂守業。年三十、四十無藝，則無藝矣。五十不以善聞，則無聞矣。」

今按，《意林》「曾子」條作：「君子愛日以學，及時而成，難者不避，易者不從。且就業，夕自省，可謂守業。年三十、四十無藝，則無藝矣。至五十不以善聞，則無聞矣。」《子略》引《意林》時，略有脫誤，「君子愛日」下脫「以學」二字，「且」當作「旦」，「五十不以善聞」上脫「至」字。

5.《子略》「文子」條：「神者智之淵，神清則智明；智者心之府，智公則心平」「上學以神聽之，中學以心聽之，下學以耳聽之」「貴則觀其所舉，富則觀其所欲，貧則觀其所愛」「人性慾平，嗜欲害之」

今按，此三則文字，《文子》原文分別引作「神者智之淵也，神清則智明；智者心之府也，智公則心平」「上學以神聽，中學以心聽，下學以耳聽」「貴即觀其所舉，富即觀其所施，貧即觀其所受」「人性慾平，嗜欲害之」。《意林》

分別引作：「神者智之淵，神清則智明；智者心之府，智公則心平」「上學以神聽之，學在骨髓矣；中學以心聽之，學在肌肉矣；下學以耳聽之，學在皮膚矣」「貴則觀其所舉，富則觀其所欲，貧則觀其所愛」「人性慾平，嗜欲害之」。根據文本比對，《子略》將《意林》的「學在骨髓矣」「學在肌肉矣」「學在皮膚矣」三句刪去，其他完全相同。因此《子略》所引顯然抄自《意林》，而非《文子》。

6.《子略》「尹文子」條：「又有不變之法、齊等之法、理眾之法、平準之法。」

今按，此句《尹文子》原作：「名有三科，法有四呈……一曰不變之法，君臣上下是也；二曰齊俗之法，能鄙同異是也；三曰治眾之法，慶賞刑法是也；四曰平準之法，律度權量是也。」《意林》「尹文子」條引作：「法有四呈：一曰不變之法，君臣上下是也；二曰齊等之法，能鄙同異是也；三曰理眾之法，慶賞刑罰是也；四曰平準之法，律度權量是也。」《尹文子》「齊俗之法」「治眾之法」，《意林》作「齊等之法」「理眾之法」，因此，《子略》所引當本自《意林》。

7.《子略》「范子」條：「聖人之變，如水隨形。」

今按，《范子》一書今佚，此句出《意林》「范子」條。

8.《子略》「鬼谷子」條：「世無常貴，事無常師」「人動我靜，人言我聽」「知性則寡累，知命則不憂」

今按，《子略》所引以上三條均見於《意林》「鬼谷子」條，為《鬼谷子》佚文。

9.《子略》「鹽鐵論」條：「行遠者因於車，濟海者因於舟，成名者因於資」「九層之臺傾，公輸子不能正；大朝一邪，伊望不能復」。

今按，《鹽鐵論》原文分別作：「行遠者假於車，濟江海者因於舟」「九層之臺一傾，公輸子不能正；本朝一邪，伊望不能復」。《意林》「鹽鐵論」條分別引作：「行遠者假於車，濟海者因於舟，成名者因於資」「九層之臺傾，公輸子不能正；大朝一邪，伊望不能復」。「假於車」，《子略》引作「因於車」，其餘文字均同。因此，《子略》所引的這二條文字顯係抄自《意林》。

據以上分析，《子略》所引出自《意林》者合計 15 條。《意林》一書選取子書謹嚴，收錄語句精當，多載子書佚文，因而高似孫對《意林》頗為青睞，在撰寫《子略》時，將《意林》作為重要參考書。

四、《子略》的學術價值

第一，《子略》在目錄體例上多有創新，是一部學術價值頗高的子部專科目錄。《子略》對著錄的子書都撰寫提要，分析其產生的背景，辨其真偽，評其得失，並融入了作者對諸子的獨特見解，因而《子略》對於諸子研究具有較高的參考價值。高氏在《子略》的個別解題中也運用了輯錄體，例如《子略》卷一《陰符經》條首錄《陰符經》原文，次列相關注釋與研究著作 37 種，次錄《陸龜蒙讀陰符經詩》《皮日休詩陰符經詩》，最後是高氏對《陰符經》的評論。《子略》卷二《老子》條首列《老子》注解著作 60 種，次列《何晏道德二論》和《裴徽論老子》，最後是高氏所撰的《老子》提要。《子略》卷二《莊子》條首列《莊子》注解著作 27 種，次列《向秀莊子解義》《支道林莊子逍遙義》《晉人好言老莊》，最後是高氏所撰的《莊子》提要。司馬朝軍教授對此書的學術價值有精到的總結：「《子略目》一卷大體摘錄前志，價值不大。不過高氏對於每篇志前分別撰有按語，其中所蘊含的高氏本人對待官方史志目錄與私家目錄的不同態度，直接體現了他的目錄學思想。《子略》正文四卷，共三十六篇題識，雖然彙集了別家言論，但大多為高氏本人撰寫的評論和心得體會，包含了高氏對諸子各家獨到的理解和看法。其中有不少考訂和辨偽的內容……高氏於諸子中選取三十八家，逐一解題，採納眾言，分析入理，考證大體精詳。就《子略》全書的組織形式而言，高氏對書目體式的探索和嘗試，體現了他在書目體例建構方面勇於創新的一面。」〔註 17〕

第二，《子略》重視辨別諸子的學術源流。《子略》在子書的解題中對各家的學術源流多有闡發，如《韓非子》解題云：「今觀其書，往往尚法以神其用，薄仁義，屬刑名，背《詩》《書》，課名實，心術辭旨，皆商鞅、李斯治秦之法，而非又欲凌跨之。」〔註 18〕總結了《韓非子》的思想特點以及韓非與商鞅、李斯思想的異同。又如《淮南子》解題云：「《淮南》之奇，出於《離騷》；《淮南》之放，得於莊、列；《淮南》之議論，錯於不韋之流。」〔註 19〕精到地概括了《淮南子》的特點，分析了《淮南子》的學術傳承情況。《墨子》解題云：「墨之為書，一切如莊周，如申、商，如韓非、惠施之徒，雖不關可也。惟其言近乎訛，行近乎誣，使天下後世人盡信其說，其害有不可勝言者，

〔註 17〕司馬朝軍：《〈子略校釋〉解題》，《漢籍與漢學》2018 年第 2 期，頁 147。
〔註 18〕司馬朝軍：《子略校釋》，濟南：山東人民出版社，2018 年，頁 301～302。
〔註 19〕司馬朝軍：《子略校釋》，濟南：山東人民出版社，2018 年，頁 337。

是以不可不加闢也。」〔註20〕則對《墨子》提出了自己的看法。

第三，《子略》體現了高似孫對諸子分類的獨特認識。高氏編纂《子略目》，雖然刪減標準不一，以致多有疏失，但他對舊志並未完全信從，能夠提出自己的見解。他認為《隋志》「志甚淆雜，乏詮匯之工」，《唐志》「殊虧詮敘，書之涉於瑣瑣，有不可以入子類者，合分別錄，若不可淆錯如此也」，《通志‧藝文略》「秩翦繁歸匯，亦欠理擇，是又失於患多者也」。

關於子書的分類，高氏能夠不拘成說，抒發己見。如《子略》卷三《尹文子》解題云：「班固《藝文志》名家者流錄《尹文子》。其書言大道，又言名分，又言仁義、禮樂，又言法術、權勢，大略則學老氏，而雜申、韓也……然則其學雜矣，其學淆矣，非純乎道者也。」〔註21〕高氏不贊同班固《漢志》將《尹文子》歸入名家的做法，提出《尹文子》兼有道家和法家的思想，歸入雜家更為合理。又如，《子略》卷三《鄧析子》解題云：「觀其立言，其曰『天於人無厚，君於民無厚』，又曰『勢者君之輿，威者君之策』，其意義蓋有出於申、韓之學者矣。班固《藝文志》乃列之名家。列子固嘗言其操兩奇之說，設無窮之辭，數難子產之治，而子產誅之，蓋則與左氏異矣。荀子又言其不法先王，不是禮義，察而不惠，辯而無用，則亦流於申、韓矣。」〔註22〕對於班固《漢志》將《鄧析子》列入名家的觀點，高氏提出不同意見，他根據書中思想內容以及列子、荀子的觀點，提出《鄧析子》應當歸入申、韓之流。

對於後世將《陰符經》視為兵書的看法，高似孫並不認同，他說：「此黃帝心法，而後世以為兵法者，是以此書見之兵家者流，殆未曾讀《陰符》矣。嗚呼，若符之學一乎兵，則黃帝之所以神其兵者，豈必皆出於此哉。古之聰明睿知神武而不殺，故通其變，使民不倦。神而化之，使民宜之。此為《陰符》之機矣。」〔註23〕高氏將《陰符經》視為黃帝之書的說法顯然不可信，但他對《陰符經》分類的看法則有可取之處，他認為《陰符經》並不僅僅是一部兵法書，而且是一部關乎社會治理、倫理教化的政治教科書。

第四，《子略》在諸子真偽的考辨方面取得了較高成就。《子略》對《鬻子》《六韜》《孔叢子》《曾子》《列子》《文子》《戰國策》《尹文子》《鬼谷子》《亢桑子》《鶡冠子》等十五種圖書的真偽進行考辨。高似孫對柳宗元極為推

〔註20〕司馬朝軍：《子略校釋》，濟南：山東人民出版社，2018年，頁304～305。
〔註21〕司馬朝軍：《子略校釋》，濟南：山東人民出版社，2018年，頁298～299。
〔註22〕司馬朝軍：《子略校釋》，濟南：山東人民出版社，2018年，頁308。
〔註23〕司馬朝軍：《子略校釋》，濟南：山東人民出版社，2018年，頁208～209。

崇，他對子書的辨偽顯然受到了柳宗元的影響，同時《子略》的辨偽成就也為黃震、宋濂、胡應麟等後來學者所吸收。因此，在諸子辨偽方面，高似孫是承上啟下的重要人物。關於高似孫的辨偽成就，詳見本書第四章。

第五，《子略》體現出高似孫對先秦以來諸子典籍的獨特看法。高氏尊儒家學說為正統，對儒家代表人物大力表彰。高氏對孟子推崇倍至，稱「其能屹立中流，一掃群異，學必孔氏、言必六經者，孟子一人而已」〔註24〕，「《孟子》之學，一於羽翼群經、推尊聖人者歟」〔註25〕，「養氣之學，孟子一人而已」〔註26〕。《子略》推尊孟子，對孔子的另一重要傳人——荀子卻幾乎不贊一詞，未收《荀子》一書，這可能與宋儒極力表彰孟子、尊之為經而對荀子則加以痛斥有密切關係。春秋時期的儒者晏子在齊國「禮亡義隳」之時仍然諫齊景公堅持禮儀，對此，高似孫感歎說「戰國之污，有臣如此，亦庶幾焉」。戰國儒者魯仲連是齊國的另一位高士，高似孫表彰他「辭旨激亮，隱然出乎戰國之表，其義高矣……戰國以來，一人而已」。西漢河間獻王劉德好儒術，修禮樂，有傳經之功，高似孫對他評價極高，稱「三代以下，一人而已……磐石之宗，莫可及之者」。高氏將劉向與河間獻王相提並論，稱「向以區區老臣，老於文學，窮經之苦，崛出諸儒，炯炯丹心，在漢社稷，奏篇每上，無言不危」，又稱《說苑》《新序》之旨在於「正紀綱、迪教化、辨邪正、黜異端」。高氏對王通頗為推重，稱：「若通拳拳於六經，自孟子而下未有也……蓋自孟子歷兩漢數百年而僅稱楊雄，歷六朝數百年而僅稱王通，歷唐三百年而唯一韓愈。」〔註27〕

對於道家人物與著述，高氏評價頗高，這跟高氏個人偏愛仙術、喜結交道士有很大關係。關於《老子》一書，高氏認為它繼承並發展了《周易》的思想，甚至將老子與聖人相提並論，稱「《老子》之學，於道深矣」，「其造辭立用，特欲出於天地範圍之表，而道前古聖人之所未道者」，「老氏用心又將有得於六經之外」，「辭絜旨諡，澹然六經之外，其用則《易》也」。對當時尊孔抑老的流俗，高氏引柳宗元和楊雄的話加以批評，這說明他認為老子的地位不亞於孔子，不能忽視老子的思想。高氏還認為，用《老子》的思想治國，其成敗的關鍵在於當政者是否善用之。這些見解不失為通達之論。關於《莊子》一書，高氏認為：「其說意空一塵，倜儻峻拔，無一毫蹈襲沿仍

〔註24〕司馬朝軍：《子略校釋》，濟南：山東人民出版社，2018年，頁299。
〔註25〕司馬朝軍：《子略校釋》，濟南：山東人民出版社，2018年，頁305。
〔註26〕司馬朝軍：《子略校釋》，濟南：山東人民出版社，2018年，頁341。
〔註27〕司馬朝軍：《子略校釋》，濟南：山東人民出版社，2018年，頁361。

之陋，極天之荒，窮人之偽。放肆迤演，如長江長河，袞袞灌注，泛濫乎天下，又如萬籟怒號，澎湃洶湧，聲沉影滅，不可控搏。率以荒怪詭誕，狂肆虛眇，不近人情之說，瞀亂而自呼。至於法度森嚴，文辭雋健，自作瑰新，亦一代之奇才乎！」〔註28〕高度讚揚《莊子》的獨特魅力。

對於雜家的代表性典籍《淮南子》，高氏視其為奇書，高度肯定其文學成就：「少愛讀《楚辭》淮南小山篇，聱峻環磊，他人製作不可企攀者。又慕其《離騷》有傳，窈窕多思致……與《莊》《列》《呂氏春秋》《韓非子》諸篇相經緯表裏，何其意之雜出，文之泬復也……《淮南》之奇，出於《離騷》。《淮南》之放，得於《莊》《列》。《淮南》之議論，錯於不韋之流。其精好者，又如《玉杯》《繁露》之書，是又非獨出於淮南。」又稱「其文字殊多新特」，「其推測物理、探索陰陽，大有卓然出人意表者」。〔註29〕

對於法家，高氏持批評的態度。他攻擊管仲說：「嗚呼，仲其不仁者哉！而況井田既壞，概量既立，而商鞅之毒益滋矣。封建既隳，詩書既燎，而李斯之禍益慘矣……蓋三代之法其壞而掃地久矣，壞三代之法其一出於管仲乎？」〔註30〕對於《鄧析子》一書，高氏不同意《漢書・藝文志》將其歸入名家的做法，而認為鄧析出於申韓之學，又借用《荀子》「不法先王，不是禮義，察而不惠，辯而無用」的話來評價鄧析，認為「析之見殺，雖歜之過，亦鄭之福也」，可見高氏對鄧析主張法治的思想是不贊成的。對於春秋、戰國時列國推行刑名、不施仁義之舉，高氏站在儒家的立場加以批評：「嗚呼，春秋以來，列國棋錯，不以利騰，則以威行，與其民揉轕於爭抗侵凌之域，豈復知所謂仁漸義摩者？其民苦矣。固有惠而不知為政者，豈不賢於以薄為度、以威為神乎」〔註31〕又說：「世日益亂，分日益陵，三綱五常，斫喪乖紊，天地之變，有不可勝言者。」〔註32〕

關於縱橫家，高似孫批評縱橫家以追逐名利作為人生目標的做法：「當是時，士掉三寸舌，得意天下，一言捭闔，取富貴如拾芥，往往挾詐尚謀，揉轕於名利之場，如恐不及。」〔註33〕又說：「士之生於春秋、戰國之間，其所

〔註28〕司馬朝軍：《子略校釋》，濟南：山東人民出版社，2018 年，頁 281。

〔註29〕司馬朝軍：《子略校釋》，濟南：山東人民出版社，2018 年，頁 337～338。

〔註30〕司馬朝軍：《子略校釋》，濟南：山東人民出版社，2018 年，頁 294。

〔註31〕司馬朝軍：《子略校釋》，濟南：山東人民出版社，2018 年，頁 308。

〔註32〕司馬朝軍：《子略校釋》，濟南：山東人民出版社，2018 年，頁 257。

〔註33〕司馬朝軍：《子略校釋》，濟南：山東人民出版社，2018 年，頁 254～255。

以薰炙染習、變幻擺闔、求騁於一時而圖其所大欲者，往往一律而同歸。」〔註34〕不過，高似孫對縱橫家也沒有完全否定，他對縱橫家在文辭上的成就有高度的評價：「士有挾雋異豪偉之氣，求騁乎用，其應對酬酢變詐，激昂以自放於文章，見於頓挾險怪離合揣摩者，其辭又極矣。」〔註35〕

關於墨家，高氏稱「其為說異矣」，又認為：「其言近乎訛，行近乎誣，使天下後世人盡信其說，其害有不可騰言者，是不可不加闢也。」〔註36〕

關於兵家，高氏從儒家立場批判孫武「兵者詭道」的軍事思想：「兵流於毒，始於孫武乎？武稱雄於言兵，往往捨正而鑿奇，背義而依詐。凡其言議反覆，奇變無常，智術相高，氣驅力奮，故《詩》《書》所述，《韜》《匱》所傳，至此皆索然無餘澤矣。」〔註37〕但對注重仁義的《孫臏兵法》，高氏卻非常推崇。

清代著名藏書家張海鵬（1755～1816）在《子略》跋中稱高似孫的學術思想是「俯首孟氏，折衷孔經」「卑法術、拒刑名、黜玄虛、掃摒闔」。張氏的評價基本上概括了高氏的思想主張，但是關於「黜玄虛、掃摒闔」的說法，筆者認為並不符合事實。對於玄虛一派的代表性著作《老子》《莊子》，高氏的評價其實是非常高的，他稱《老子》「道前古聖人之所未道」，論《莊子》「意空一塵，倜儻峻拔」，將老子與孔子並稱，贊莊子為「一代奇才」，這些都顯示高氏對老、莊的喜愛，而對戴逵、戴顒、王羲之、謝靈運等魏晉名士的推崇也說明高氏對這一派人物並沒有採取完全貶黜的態度，因此「黜玄虛」說不能成立。關於「掃摒闔」的說法，高氏實際上反對的是他們不顧仁義、追求個人名利的做法，但是對他們在文辭上的造詣則持肯定態度，對於縱橫家的鼻祖鬼谷子，高氏贊其為「一代之雄」，又說「鬼谷子書，其智謀，其數術，其變譎，其辭談，蓋出於戰國諸人之表」，這些評價可謂獨具慧眼，也是極其大敢的，遭到宋濂、胡應麟等不少學者的批評。因此，「掃摒闔」說也是不夠準確的。

當然，《子略》本身也存在一些謬誤，如清周中孚針對高氏《子略》「戰國策」條批評說：「《漢書・遷傳》贊祇云『據《左氏》《國語》，採《世本》《戰國策》，述《楚漢春秋》』，不曾數及《新語》，高氏頻言三書，其誤已甚，

〔註34〕司馬朝軍：《子略校釋》，濟南：山東人民出版社，2018年，頁299。
〔註35〕司馬朝軍：《子略校釋》，濟南：山東人民出版社，2018年，頁325～326。
〔註36〕司馬朝軍：《子略校釋》，濟南：山東人民出版社，2018年，頁304～305。
〔註37〕司馬朝軍：《子略校釋》，濟南：山東人民出版社，2018年，頁317。

況《新語》一書，《漢志》著錄在儒家，繹其文，絕非《戰國策》《楚漢春秋》之類，且亦不見有為太史公所採擇者，何得相提而並論乎？予於子書考縱橫家《戰國策》下全採高氏此條，竟將兩《陸賈新語》刪去，三書俱改作二書，免滋學者之惑。」〔註38〕王重民《讀高氏〈子略〉小識》對《子略》的訛誤有細緻的總結。

　　不過，從總體上來看，《子略》作為一部解題型的子部專科目錄，是南宋時期考鏡諸子學術源流的一部代表性著作，包含了高似孫研究諸子的獨到心得，體現出不同於流俗的學術創新精神。自漢代罷黜百家、獨尊儒術以來，諸子之學大受影響，魏晉南北朝時期雖有所復興但仍非學術的主流，之後子學日趨衰微，唐宋時期深入研究子學的學者也寥寥無幾，因此，從古代諸子學的發展史來看，《子略》一書對諸子學無疑具有重要的學術價值。馬端臨《文獻通考‧經籍考》對《子略》頗為重視。《四庫全書總目》將《子略》列為目錄類之首，其中關於秦漢諸子的提要大量參考《子略》的成果，評價《子略》「頗有所考證發明……以其會稡諸家，且所見之本猶近古，終非焦竑《經籍志》之流輾轉販鬻、徒構虛詞者比」。《子略》的辨偽成果為宋濂《諸子辨》、姚際恒《古今偽書考》等辨偽名著所吸收。《子略》對諸子作用的認識也值得稱道。宋儒從尊崇儒家出發，將諸子視為異端，如程顥說：「楊、墨之害，甚於申、韓；佛、老之害，甚於楊、墨。」張載認為：「大《易》不言有無，言有無，諸子之陋也。」而《子略》提出經子「經緯表裏」之說，諸子「不能盡宗於經，亦有不能盡忘乎經者」，這種看法可謂正中當時學者輕視諸子的弊端。《子略》對後人研究諸子的版本與流傳也頗有價值。如《子略》卷一《鶡子》提要載其卷數與篇數情況：「今一卷，六篇……予家所傳，乃篇十有二。」卷一《曾子》提要說：「凡十篇。自《修身》至於《天圓》，已見於《大戴禮》，篇為四十九、為五十八。它又雜見於《小戴禮》，略無少異。」卷三《范子》提要說：「此編卷十有二，往往極陰陽之變，窮曆數之微。」這些記載反映了一些子書在南宋時期的版本和篇卷情況。

五、前人對《子略》的評價

　　明人胡應麟批評《子略》「至《握奇》《鬼谷》，則極其尊信，以真出風後

〔註38〕（清）周中孚：《鄭堂札記》卷一，清光緒趙氏刻仰視千七百二十九鶴齋叢書本。

諸人，大可哂也」〔註39〕。

《四庫全書總目》卷八十五《子略》提要持論較為公允：

> 《子略》四卷，《目錄》一卷，宋高似孫撰。似孫有《剡錄》，
> 已著錄。是書卷首冠以目錄，始《漢志》所載，次《隋志》所載，次
> 《唐志》所載，次庾仲容《子鈔》、馬總《意林》所載，次鄭樵《通
> 志・藝文略》所載，皆削其門類而存其書名，略注撰人卷數於下。
> 其一書而有諸家注者，則惟列本書，而注家細字附錄焉。其有題識
> 者，凡《陰符經》《握奇經》《八陣圖》《鬻子》《六韜》《孔叢子》《曾
> 子》《魯仲連子》《晏子》《老子》《莊子》《列子》《文子》《戰國策》
> 《管子》《尹文子》《韓非子》《墨子》《鄧析子》《亢桑子》《鶡冠子》
> 《孫子》《吳子》《范子》《鬼谷子》《呂氏春秋》《素書》《淮南子》
> 《賈誼新書》《鹽鐵論》《論衡》《太元經》《新序》《說苑》《抱朴子》
> 《文中子》《元子》《皮子隱書》，凡三十八家。其中《說苑》《新序》
> 合一篇，而《八陣圖》附於《握奇經》，實共三十六篇。惟《陰符經》
> 《握奇經》錄其原書於前，餘皆不錄，似乎後人刪節之本，未必完
> 書也。馬端臨《通考》多引之，亦頗有所考證發明。然似孫能知《亢
> 倉子》之偽，而於《陰符經》、《握奇經》、《三略》、諸葛亮《將苑》
> 《十六策》之類，乃皆以為真，則鑒別亦未為甚確。其盛稱《鬼谷
> 子》，尤為好奇。以其會稡諸家，且所見之本猶近古，終非焦竑《經
> 籍志》之流輾轉販鬻、徒構虛詞者比。故錄而存之，備考證焉。

《學津討原》本《子略》載有清張海鵬《子略跋》：

> 續古氏取鬻熊以下三十八家，著之論說，其卑法術、拒刑名、
> 黜玄虛、掃捭闔，可謂卓然絕識矣。唯能決洞靈之妄而樂治丹經，
> 能戒黷武之殘而侈譚陳法，未免目溳五色，見涉兩歧。至謂殷梄既
> 奠，子思未生，竟忘泰山未頹，伯魚蚤卒，偶疏點檢，未足訾謷。
> 要其俯首孟氏，折衷孔經，揚子有云：「好書而不要諸仲尼，書肆也；
> 好說而不要諸仲尼，說鈴也。」續古其免於此議歟？宋槧久廢，茲
> 從《百川學海》中錄出，為校正脫訛四百餘處，復取漢、隋、唐諸
> 志及馬、鄭兩家之書，覈其篇目，悉為釐正，稍還高氏之面目云。

〔註39〕 （明）胡應麟：《少室山房筆叢》，北京：中華書局，1958年，頁348。

嘉慶甲子夏五張海鵬跋。〔註40〕

　　針對《子略》關於《孔叢子》的辨偽清初學者汪琬提出反對意見，譏高氏為「好古而失之愚」，進而否定《子略》的價值。《堯峰文鈔》卷三十九《跋高似孫〈子略〉》云：

　　　　高氏疑《孔叢子》偽書，歷引《孟子》及《家語後敘》證孔子、子思無問答事最悉。然予以為非是。《漢書·孔光傳》首載孔氏譜牒，孔子生伯魚鯉，鯉生子思伋，伋生子尚高，則伯魚為子思父，審矣。《孔子家語》：「孔子年二十娶亓官氏，明年生伯魚，伯魚年五十，先孔子卒。」孔子後三年始卒。使子思猶未生，則《孔氏譜》不足據邪？《史記·魯世家》：「穆公之立也，距孔子已七十年。」子思壽止六十二，使穆公時猶在，則與孔子相隔絕久矣。其去伯魚當益遠，不得為其子。然遍考諸書，又不言孔子有佗支庶，何也？予以為宜從《孔叢子》。蓋《孔叢子》與譜牒皆出孔氏子孫之手，其說必有證左，非他書臆度者比也。嗚呼！盡信書則不如無書。後世迁儒小生讀書不知通變，往往捨其大者，旁引瑣細，以相辨難，豈非好古而失之愚者哉！〔註41〕

　　清紐樹玉對《子略》黜管崇晏、貶低《孫子兵法》提出了批評，評此書「是非之是無定」，他在《匪石先生文集》卷下《讀高氏〈子略〉》中說：

　　　　按《漢·藝文志》所載子書，流傳於今十不存五，又多依託者。由今溯古，豈能惑哉？夫《黃帝陰符》《太公金匱》及《鶡子》之類，見稱雖遠，而太史公已言百家言黃帝，其文不雅馴，薦紳先生難言之矣。余觀《子略》所採，皆據前志，足資考覽。然論管、晏則黜管而進晏，恐非持平之論。至於《孫子兵法》，甚貶其權詐，而於《風后握奇》《黃帝陰符》又全登之。是非之是無定，見欲限服於後世，難矣。〔註42〕

　　民國著名學者孫德謙對《子略》評價較高，肯定高氏「諸子之無違經義」

〔註40〕清孫原湘（1760～1829）《天真閣集》卷五十四有《高似孫〈子略〉跋》，其文與張海鵬跋幾乎完全相同。《學津討原》叢書書前「同校姓氏」列有孫原湘，則孫原湘幫助張海鵬校訂《學津討原》叢書，疑張海鵬跋實出孫原湘之手。
〔註41〕（清）汪琬：《堯峰文鈔》卷三十九，《跋高似孫〈子略〉》，四部叢刊本。
〔註42〕（清）紐樹玉：《匪石先生文集》，《清代詩文集彙編》第463冊，上海：上海古籍出版社，2010年，頁489。

的觀點和「以究其指歸為務」的做法，認為「高氏之於子學猶有得焉」，他在《諸子通考》卷二中說：

> 諸子立言，無不自成一家。故治其學者，莫要於辨別家數。何者為儒，何者為道，知其家數，而立言之意，亦可由此而窺矣。宋之學者，以尊儒之故，屏諸子為離經畔道。高氏今謂不能盡宗於經，亦不能盡忘於經，猶曉然於諸子之術，不盡有悖於經教，其見超矣。吾嘗謂劉向之辨章諸子，用經為衡，而班固故曰「六經之支與流裔」。今觀高氏之說，諸子之無違經義，殆亦先得吾心之同然乎。夫諸子名為專家，其書則各有指歸。高氏云「可以通名家，究指歸」，其說是也，惟高氏能言之。而其論列諸子，則未必能得其指歸。《列子》貴虛，彼未識其指歸，疑為「鴻蒙列缺」之類。《鄧析》則以為流於申、韓，且不辨名自為名，與法家不可混，何能探其指歸乎？然遊文六經，留意仁義，為儒家之指歸；清虛自守，卑弱自持，為道家之指歸；班氏於《諸子》一略，固皆標揭之。有好家學者，從高氏之言，以究其指歸，則誠確鑿而無可易者也。若謂荀況、揚雄，不可與諸子同語，吾不知高氏何憒憒若此。是二家者，均諸子之儒家流也，漢、隋、兩唐，其史志皆然，乃謂不可與諸子同語，大可異矣。將二氏非諸子乎？〔註43〕雖然，諸子亦宗於經，而以究其指歸為務，高氏之於子學猶有得焉者也。〔註44〕

王重民先生在《讀高氏〈子略〉小識》一文中指出《子略》一書中書名、人名與卷數訛誤甚多：

> 楊惺吾《日本訪書志》稱：「高似孫《史略》餖飣雜抄，詳略失當，罅漏甚多，而《子略》《緯略》則頗為精覈。」今詳按是書，其餖飣謬誤，殆有不讓《史略》者。敘《陰符》則一本《通志·藝文略》，談《老》《莊》純襲《世說新語·文學篇》，《風后握奇經》則錄

〔註43〕《子略序》：「嗚呼！仲尼皇皇，孟子切切，猶不克如皋、夔，如伊、呂、周、召，況他乎？至若荀況、揚雄氏、王通、韓愈氏，是學孔孟者也，又不可與諸子同日語。」孫德謙在這裡的評論是針對《子略序》的這段文字而發。筆者認為，高氏的本意是說，孔、孟尚且不如皋、夔、伊、呂、周、召，荀況、揚雄等人就更比不上了，並非否定荀況、揚雄等人不在諸子之列。《子略》收錄楊雄《太玄經》就是明證。

〔註44〕孫德謙：《諸子通考》，長沙：嶽麓書社，2013 年，頁78～79。

其全書，《荀卿》《商鞅》竟不登於目。於《老子》注家，既有任真子，又出李榮，不知任真子即李榮也。於《莊子》注家，既據《隋志》著錄李叔之《義疏》三卷，又據兩《唐志》著錄王穆《義疏》十卷，不知「李」為誤字，本作王叔之，叔之字穆叔，兩《唐志》「穆」下脫一「夜」字，實一人耳。其他書名之誤、人名之誤與卷數之誤亦甚多。〔註45〕

日本書志學家長澤規矩也在其代表作《中國版本目錄學書籍解題》中對《子略》有所評介，他對《子略》的看法與余嘉錫相近，其《子略》解題云：

略說古今子書，或說其內容，或引其語句，或論其真偽，加評論，體裁不一。其排列順序，如《四庫提要》所說，由《漢志》《隋志》《唐志》《子抄》《意林》《通志・藝文略》所載之順序，削其門類而列其書名，《漢志》未載之《亢倉子》《鬼谷子》等，在所錄《呂氏春秋》《淮南子》《鹽鐵論》等之前，不得其序。《陰符經》《老子》《莊子》《太玄經》，述注釋書或其流傳……說明《亢桑子》之偽而不指出其他假託之偽，《文獻通考》多引之。作為很少有流傳下來之宋代書目，雖甚珍貴，但率而成書，或襲他說，或偏於主觀，失考難免。〔註46〕

〔註45〕王重民：《冷廬文藪》，上海：上海古籍出版社，1992 年，頁 388～389。原載於《圖書館學季刊》第三卷第三期（1929 年 9 月）。
〔註46〕（日）長澤規矩也：《中國版本目錄學書籍解題》，北京：書目文獻出版社，1990 年，頁 189～190。

附錄四　童子希《高似孫文獻學研究》序

司馬朝軍

　　人們往往以推崇義理之學的「宋學」來代表宋代學術，清代漢學家傾向於批判宋學空談心性、學風空疏。其實此種論調不無偏頗。殊不知宋代學術亦有注重考據的特點，宋儒在考金石、辨偽書、輯佚書、考詩文等方面多有創獲，如歐陽修的《集古錄》、趙明誠的《金石錄》以及兩宋時期的學術筆記都是堅實的證據。當代名家張舜徽先生認為：「考證之學，南宋為最精。」此說不無道理。因此，關於南宋時期文獻學的研究是一個值得重視的研究課題。目前對於南宋文獻學家的研究有所展開，而高似孫的學術貢獻與他受到的關注卻明顯不成比例，這與歷來關於高似孫的爭議有很大的關係。高氏不好義理之學，不願空談心性，在政治上加入反理學一派，以至於被扣上「不忠、不孝、不仁、不義」的帽子，學者以「甚可笑」「迂詭不振」「抄撮之功多」「學識低暗」「無所發明」之語批評其著作。平心而論，高似孫博覽四部，勤於著述，精於目錄、辨偽、考證之學，多有發明。

　　童子希君十餘年前問學於我，當時我開始整理《子略》，遂以「高似孫文獻學研究」為題，囑咐他做成一部高質量的專題研究。他畢業之後又經過十年的修改打磨，充實了不少新的材料。該書第一次對高似孫的文獻學成就作了全面的研究，不僅對研究高似孫一家之學術有重要意義，而且有助於深化宋代文獻學的研究。具體來說，該書具有以下幾個特點：

　　第一，糾正了前人有關高似孫著作抄撮他書、無所發明的偏頗看法，指出高似孫在目錄學上具有破舊立新的勇氣，最早採用輯錄體、互著法，在史部分類上貫穿古今，在子部分類上破除繁冗，認為《史略》《子略》不同於以往的依據藏書編纂書目的範式，其目錄體例的特點是囊括百家，存佚兼取，

提要鉤玄，評介著述得失，總結學術流變。

第二，指出高似孫在辨偽方面敢於抒發己見，不僅在子書辨偽的範圍、論據上比柳宗元都有所發展，而且在辨真方面提出了自己的見解，同時在辨偽方法上能夠綜合運用多種辨偽方法，尤其注意從書籍文本內容的比勘來辨偽，體現出他在辨偽方法上成熟的一面。有學者認為高似孫在辨偽方面「多襲前人之說，發明甚少」，現在看來這種說法是不夠公允的，高似孫在古代辨偽學史上應有一席之位。

第三，指出高似孫注重輯佚的原因既與南宋初中期的社會背景和現實需求密切相關，又與他對歷代圖書散佚嚴重性的認識以及其自身的學術愛好有直接的關係，輯佚學理論與方法的發展以及學者輯佚意識的增強也是一個重要因素。該書認為高似孫是南宋從事輯佚工作的先驅人物，他的輯佚方法啟發了王應麟輯《三家詩考》《周易鄭康成注》，為南宋輯佚學的發展乃至清代輯佚學的繁榮提供了可貴的實踐經驗。通過細緻的文本分析，該書發現，高似孫輯佚的主要方法是取材於類書和古注，基本上出自《太平御覽》和《世說新語》劉孝標注。

第四，結合區域學術、家學、交遊、學術旨趣等因素，指出高似孫文獻學的主要特色在於：注重資料的輯錄，重視理清學術源流，強調會通與創新；在史書編纂思想方面，高氏主張敘事簡略，反對刻意為文、過於追求辭藻，重視史學評論，推崇秉筆直書，提倡博採史料、兼收並蓄；在書目編纂思想方面，具有重視著錄佚書、注重考證、不錄蕪雜之書、注重剪裁等特點。

此外，本書還提出了一些新的看法，如張海鵬《子略》跋認為高氏「卑法術、拒刑名、黜玄虛、掃捭闔」，而該書認為「黜玄虛、掃捭闔」之說並不能成立。又如關於高似孫考辨偽書的數量，一般認為有 9 種，而該書經過一一分析之後，提出共計 16 種，彌補了以往研究的不足。此外，該書還對《剡南高氏宗譜》所載高氏世系提出質疑，參考石田肇的成果編製了新的高氏世系圖，對研究高氏家族具有一定的參考價值。

童君來自湖北隨州，父母以種田為業。他為人忠厚，生性內向，不善言談，自少酷愛讀書。2005 年 9 月負笈珞珈山，就讀於武漢大學圖書館學系——那是國內排名第一的王牌專業，但他對這門偏信息化的學科起初並沒有太大的熱情，課外讀的多是學術史方面的書籍。在上了版本學、文獻學等專業課之後，逐漸對閱讀和收藏古籍產生了興趣。2009 年本科畢業之後，他留校繼續

攻讀文獻學碩士，2011 年 7 月獲碩士學位。畢業後服務於黃岡師範學院圖書館，業已發表《高似孫辨偽方法探析》《論高似孫對專科目錄學的貢獻》等論文十餘篇，主持黃岡師範學院青年科研基金等項目，獲湖北省圖書館學會2013 學術年會徵文二等獎、湖北省圖書館學會 2014 年學年會徵文一等獎等。前些年我還在武漢大學任教時，曾經勸他繼續攻讀博士學位，他當時面有難色，也沒有說明理由。一個可以在專業方面有所作為的年輕人自動放棄機會，很長一段時間我都不太理解，我當時敦促不力，用是耿耿於懷。前不久，他又想重返高校繼續攻讀博士學位，但我已經愛莫能助。他在專業方面一直還在默默用功，業餘治學十分不易，還是值得肯定的。在博士學位已經嚴重貶值之時，讀不讀其實已經無傷大雅。只要不忘初心，牢記使命，仍然可以圓學者之夢。

2021 年 11 月 25 日

寫於上海淀山湖畔之震旦園

跋

童子希

  《子略》是南宋學者高似孫的目錄學代表作之一，為品評古代諸子的子部專科目錄。因高似孫在黨爭中與道學一派為敵，其學風及行為志趣與代表當時主流學術的道學相左，故論者多鄙其為人，歷代學者對《子略》的評價也趨於兩極。隨著相關研究的推進，《子略》在目錄學、諸子學、辨偽學等方面的重要價值逐漸為學界所重，但關於此書的專門研究仍不多見。民國以降，該書一直缺少質量上乘的精校精注本，顧頡剛、張艷雲、王群栗三家點校本均難稱盡美。鑒於《子略》久無善本，業師司馬朝軍先生歷數年之功，遍閱群書，參各家之長，對《子略》一書詳加校勘，精心考釋，撰成《高似孫子略校理集釋》（以下簡稱《校理集釋》）一書，於 2018 年 9 月由山東人民出版社隆重推出。該著初版曾經入選《子海精華編》，為國家社科基金重大委託項目「《子海》整理與研究」成果之一，現在又經過反覆修訂，有所增益。

  《校理集釋》校訂精覈，訓解詳明，語必溯源，事必數典，為當前《子略》整理的集大成之作。在版本選擇上，《校理集釋》選用底本精當，並利用其他七種版本參校，囊括了海內外現存的《子略》重要版本。在校勘方面，《校理集釋》不輕改底本，而是於校記中以案語之法間出己意，體現出嚴謹的古籍整理態度。《校理集釋》還充分利用《文獻通考》所引《子略》等其他文獻材料，解決不少文本校勘方面的問題，如《子略》卷三《戰國策》提要「有不可而辨者」句，諸本均同，但於義難通，《校理集釋》據《文獻通考》於「而」前補一「得」字，則暢然可通。〔註1〕《校注》還注意到以往整理本沒有發現的文

〔註1〕 司馬朝軍：《子略校釋》卷三，山東人民出版社 2018 年版，第 290 頁。

本訛誤，如《子略》卷二《文子》提要「李白進訓注十二卷」句，以往整理本均無疑義，《校理集釋》指出「『李白進』為『李暹』之訛」〔註2〕，這就糾正了原文的訛誤。

更為重要的是，《校理集釋》博採廣徵，所收諸子研究資料與辨偽學資料頗為豐富，可補《子略》之疏漏。乾嘉學者杭世駿曾云：「為之箋與疏者，必語語覈其指歸，而意象乃明；必字字還其根據，而證佐乃確。才不必言，夫必有什倍於作者之卷軸，而後可以從事焉。」〔註3〕若謂《校理集釋》「什倍於」原書，亦不為過。《校理集釋》旁搜遠紹，廣徵博引，取材書目、文集、序跋、筆記、類書、考證專書、今人專著等各類文獻，將輯錄體運用於古籍注釋之中，這種做法進一步提高了《子略》的學術價值，對目錄學研究、諸子學研究和辨偽學研究均極具參考意義。

其一，從目錄學方面來看，《校理集釋》於「辨章學術、考鏡源流」用力甚深。《子略》注重考辨諸子百家之源流，《子略目》摘錄前代子書書目即有此意，但《子略目》對各志子書作了大量刪減，並刪去原有小序，因而學術價值有限。有鑑於此，《校理集釋》以《漢志》為重點，從「著錄源流」「學術源流」方面對每一子書加以考辨，使其著錄流傳、學術淵源犁然可觀。「著錄源流」主要彙集了存佚與否、篇卷變化、書目收錄、流傳情況等方面的研究資料。「學術源流」則涉及子書的學派歸屬及其在目錄中的歸類問題，《校注》抉隱闡幽，刪繁撮要，梳理各家觀點，間下按語，質以己意。如關於《晏子》的歸類，《校理集釋》綜覈柳宗元、晁公武、馬端臨、孫星衍、顧實、陳朝爵、《四庫提要》、陳直、蔣伯潛諸家之說，並下按語以蔣氏之說為是，讀此則各家觀點之異同暢然可知。

其二，從諸子學方面來看，《校理集釋》凡注《漢志》諸子一書，不僅注重從「著錄源流」「學術源流」考其流變，而且從「書名理據」「學術大旨」「作者事蹟」「校讎源流」「讀書方法」諸方面系統輯錄了有關諸子的研究資料。這一分類方法，獨特精到，全面系統，自成一體，為先秦子書之集釋開闢了新的路徑。歷代關於《漢志》的考證、注釋之作成果甚豐，但尚有大量關於先秦諸子的心得、考證、論述文字散見於群書，翻檢頗為不易。《校理集釋》搜羅、爬梳之功甚偉，不僅取材《漢志》注疏或考證專書，而且廣泛引用古代各類筆

〔註2〕 司馬朝軍：《子略校釋》卷三，第287頁。
〔註3〕 （清）杭世駿：《道古堂集》卷八《李太白集輯注序》，光緒十四年刻本。

記、文集等文獻中的諸子研究原始資料，其中不乏罕見之書，同時參考了最新發現的出土文獻，因而具有很強的學術前沿性，為我們研究先秦諸子提供了一大批的線索，指明了進一步研究的門徑。如關於《管子》一書，歷代研究汗牛充棟，《校理集釋》取精用宏，輯錄了劉向《序》、司馬遷《史記》、傅玄《傅子》、葉夢得語、蘇轍《古史》、朱熹《朱子語類》、葉適《習學記言》、《周氏涉筆》、宋濂《諸子辨》、嚴可均《鐵橋漫稿》、呂思勉《經子解題》、張舜徽《漢書藝文志通釋》、孫德謙《諸子通考》及王叔岷《管子斠證序》之說，這些材料可以說是各家論述中最具代表性的意見。

其三，從辨偽學方面來看，《校理集釋》在《子略》的基礎上進一步擴充了有關諸子辨偽的資料。對《子略》所疑辨之子書，《校理集釋》在注釋中細緻地梳理了歷代學者對這些子書真偽的看法，通過對比可以更清楚地認識和研究《子略》關於諸子辨偽之得失。不僅如此，《校理集釋》對《漢志》諸子中凡屬偽書或疑偽之書均加標注，重要子書則於集釋中設「論真偽」一項，博徵群籍，鉤考眾說，以考見歷代各家看法之異同，如關於《列子》真偽，《校理集釋》就引用了柳宗元《辨列子》、李石《方舟集》等十五家之說，堪稱一篇簡明的《列子》辨偽學史。《校理集釋》對一些子書的真偽問題還提出了獨到的看法，如關於《文子》的真偽，《校理集釋》據出土文獻指出：「簡書《文子》的出土，證明傳世本《文子》不偽，也證明傳世本《文子》並非古本《文子》之原貌，曾經後人竄改。歷代學者關於《文子》之辨偽意見，由於簡書《文子》的出土，多已不攻自破。」〔註4〕所論甚塙。

綜上所述，《校理集釋》體例新穎，引證廣博，校訂精覈，是一部《子略》整理的後出轉精之作，不僅對研讀《子略》，評析高似孫之諸子學、辨偽學思想有直接的推進作用，而且對考鏡諸子之源流，考察歷代學者諸子辨偽之得失，促進諸子學的深入研究，具有重要的學術價值。

【說明】此跋原為《子略校釋》一書所擬的書評，一直沒有公開發表，藉此版發布之際，附於書末。

〔註4〕 司馬朝軍：《子略校釋‧子略目》，第 71 頁。